優渥叢書

優渥叢書

股素人、卡小孜 著

理科阿伯的存股術

股素人、卡小孜教你
資產翻倍的12個選股方法！

CONTENTS
目錄

推薦序　欲淘金者眾，唯成功者有幾人？／股魚　005

作者序 1　我是堅持「不缺錢急用，不賣股票」的老頑固／股素人　007

作者序 2　如果有八成勝率的投資方法，你願意試試看嗎？／卡小孜　011

前言　存股理財是無趣的事，因此你準備好了嗎？　015

Chapter 1

我嘮叨一下，
存股的遊戲規則是…… 020

1-1　遵守「收租股操作SOP」＋「20個存股觀念」　022

1-2　堅持「適當買價」，你才有機會翻倍獲利　026

1-3　相信我，存股收租絕對比定存好15倍　029

1-4　投資務必用閒錢，沒壓力才會腦袋清楚　033

1-5　必懂25個投資術語，EPS、現金配息率……　035

Chapter 2

「跌20％＋分批買進」，
是股市萬點的選股良策 046

方法1　萬點思維是「買股忍一忍，倍漲賣股可考慮」　048

方法2　別人說台積電適合存股，為何我卻賣在高點？　052

方法3 堅持買在微笑曲線時，你就有倍漲的機會 *060*

方法4 我會觀察月K線圖，估計「最壞可能套牢多久」 *063*

方法5 潛力收租股太貴怎麼買？用2方案進場最安全 *068*

Chapter 3

好存股套牢不用怕！
學我逢低買進更快翻倍 *074*

方法6 買鉢德慘賠提醒我，盲信績優股照樣住套房！ *076*

方法7 收租股套牢時，掌握跌20%時機加碼來賺錢 *078*

方法8 股神巴菲特也曾套牢，怎樣成為獲利前段班的高手？ *083*

方法9 收租股沒有停損點，只要買對價錢就能獲利100% *088*

Chapter 4

掌握「董監改選行情」，
存股還能搶賺額外財 *094*

方法10 董監改選行情能讓股價猛漲50%，怎麼抓時機？ *096*

方法11 用一張表，看懂「董監事持股比例」規定 *099*

方法12 瞄準3關鍵，鎖定下一個董監改選行情股　*101*

提 醒 董監事改選資訊哪裡找？活用公開資訊觀測站……　*106*

Chapter 5

上市上櫃股票中，哪些是收租潛力股？（附參考示意圖）　*110*

5-1 避免買到「類績優股」套牢，可以從台灣50……當中挑選　*112*

5-2 列出150檔真正績優股，給你作為操作的參考　*115*

5-3 台灣50這檔ETF並非最好的收租股，因為……　*129*

Chapter 6

精選75檔收租潛力股（附參考示意圖）　*136*

6-1 用「買前檢查表」來判斷，哪一檔才是潛力股　*138*

6-2 用4張表精算75檔股票，找出最佳買賣點　*141*
　　（A）上市股①～㉟檔　*146*
　　（B）上櫃股㊱～㉖檔　*216*
　　（C）權重股㉑～㉕檔　*266*

圖表索引　*296*

欲淘金者眾，唯成功者有幾人？

財經部落客／股魚

人人皆有在股市淘金致富的夢想，但成功者有幾人呢？一言以蔽之，鮮矣。想在市場中立足，最重要的並非個人的聰明才智，而是面對股市起伏時的紀律與心態。

股票市場有個特徵，就是交易迅速、價格明確，幾乎可以每天計算自己投資標的的規模變化與報酬率。然而，這種便利性也造成投資人容易因為一時的損益，而做出錯誤的判斷。有多少人可以每天看著手中的持股虧損，而不做出反應呢？

當我們觀察市場贏家具備的條件時，必定會發現，他們都專精某種特定的投資技巧，並具備一套自己的作法，便是所謂的SOP（Standard Operating Procedures），即透過事前定義的指標與反應作法，來應對當下面對的市場變化。指標必須具備可操作性，例如明確的計算數據與變化範圍，以便面對波動風險，能有確實的依據做出判斷。

本書特殊之處在於，結合作者前一本著作，不再贅述過往的內容，而以問答的方式，回應讀者在投資過程中常見的問題。忙碌的讀者可以挑選自己有興趣的章節，不一定要逐章閱讀。

雖然書中以定存股（好存股）的角度切入，逐一解析各項指標的應用與實戰範例，但作者也提供不少自身定存失敗的個股案例，並檢討原因，這對於讀者有良好的啟示作用。

個股的經營條件與財務績效，經常會因為大環境的變化而持續改變，有些企業從名不經傳的小公司，搖身一變成為台灣50成分股，卻也有些個股從風光的百元俱樂部，跌落雲端淪為雞蛋水餃股。這樣的經驗告訴我們：沒有永遠不變的定存股，唯有持續觀察與紀律操作，才能降低選錯個股的風險。

書中也指出另一個重要的觀念：「績優股買貴了一樣低報酬。」以台積電為例，在目前市場上幾乎是人人認定的好公司，也深受外資喜愛，但是否一定有好報酬呢？其實並不盡然。只要涉及到買賣關係，價位高低必然影響最終的報酬率表現。所以，如何沈住氣，專心等待好股票好價位的出現，就考驗投資人的耐心與毅力。

想存股成功嗎？參考書中作法按圖索驥，細細體會作者傳達的經驗與實際作法，相信你也能找到自己的獲利之道。

我是堅持「不缺錢急用，不賣股票」的老頑固

　　「賣股票」對多數人而言，是稀鬆平常之事，但我是個堅持「不缺錢急用，不賣股票」的老頑固。在1998年至2002年間，我用閒錢600多萬元（當時在高雄市區可買兩座3樓透天厝）買理專所報的明牌，投入股票市場，4年多共虧掉200多萬元，還有475萬元套牢在7檔股票上（見**表3-1**）。至2018年已住套房20年，獲利遠低於蘇武牧羊19年的殖利率（至少他可以每天喝羊奶、吃羊肉）。

　　2017年9月，台積電董事長張忠謀宣布隔年6月即將退休的消息後，一週內股價不跌反升，甚至創下公司成立23年來的新高紀錄225元。常聽人說：「總有一天等到你」，藉此良機我終於在2017年10月18日，以239.5元的歷史新高價賣掉台積電（前一天收盤235.5元，當日收盤237.5元）。這是我自2009年重返股市，以**收租股操作準則（以下稱收租股操作SOP）**存股理財以來，首次賣出的股票。

　　我長抱台積電18年，前14年住套房，第15年才開始走出套房逐漸獲利，總結獲利僅2.7倍。這證實兩件事：**沒有永遠的績優股；高價買進績優股也可能被套牢。**

　　沒有永遠的好存股（績優收租股），而且任何產業均有所謂的景氣循環週期，尤其是原料、物產等傳統產業的景氣週期，短則3～4年，長則7～8年。這些傳統產業大多已上市20年以上，至少已撐過3個景氣循環週期，仍然屹立不倒。其間股價有漲有跌，正因為起伏不定，才會吸引投資大眾「有人看好、有人看衰」，你丟我撿，進場買賣股票，於是出現價差的利基與風險。

　　散戶在面對套牢股時，多半抱著「不賣不算賠」的心態。如果買到好存股，這種想法並不算錯，但不能置之不理，**應在股價每跌20％以上時，再買進以攤平成本，才有機會盡早解套**。就拿我在2013年6月以46.0元買進的裕民（2606）來看，如果我沒有在2016年2月以25.1元再加碼買進，持股成本依然會比市價高。成本攤平後，我的裕民持股成本僅29.66元（見**表3-2**），等於解套了。

　　本書**表3-2**當中的先益（3531）也很慘，我持股2年半，股價就腰斬，但之後照樣加碼買進，以攤平成本，我的持股成本變成16.06元，然後在2017年10月，以32.3元倍漲獲利賣出。所以，**當好存股套牢時，必須「逆人性操作」──他人恐懼我貪婪，逢低再加碼**。正因為知易行難，股市理財才有所謂的「二八法則」：20％的贏家從80％的輸家手中賺取利潤。

　　曾有位讀者說：「我確實是用閒錢買股票，只是現在（股市指數約9,500點）找不到好存股可買，你可不可以推

薦一、兩支股票給我參考？」當時，我檢視書中的潛力股，找到一檔仍完全符合收租股操作SOP的股票。

然而，依照我近幾年幫朋友報明牌的經驗，朋友聽話往往僅聽前半段，沒有聽到後面的「要持股3～5年」，因此報存股明牌是「跌有罪、漲無功」。長達3～5年的存股理財，靠的是紀律原則和耐心毅力，而想問明牌的人大多希望明牌的股價，能在3～5個月就飆漲30～50％。不過，股價漲跌的變數太多，我們並非專業理財族，實在不宜報存股理財的明牌，尚請諒解。

我們的明牌就在第六章的75檔收租潛力股中，但是**你不理財，財不理你**，加上投資理財必有風險，**不當理財，財會損你**。本書第六章收租潛力股的4張表，已為讀者縮小找尋好存股的摸索範圍與時間，但你得自己走最後一哩路，以最近4季的EPS計算「適當買價」（即建議買價）。若想低買高賣安穩賺，建議依據收租股操作SOP，慎選好存股，長抱3～5年，股利、價差自然來。

財富人人要，但是小資族（包含上班族、SOHO族、菜籃族及退休族等股市散戶）大多缺乏資金、技術及資訊，是股市的弱勢團體。想要突破困境、扭轉劣勢並安穩獲利，應有一套規律且簡單易懂的存股理財準則。不應貪求暴利，高獲利必然伴隨高風險，任何投資都要有承擔虧損的心理準備。小資族存股理財必須更理性，看得更長遠，遵守本書的收租股操作SOP，從選對收租股開始，耐

心靜待獲利倍漲的賣股時機。

在股神巴菲特的眾多名言中，我最喜歡的一句話是：
「買進好股票後，要假設從明天起，股市將休市5年。」雖
然我缺乏股神的專業與遠見，只能做到休市半年的境界，
但是仍可達成持股5年獲利100％，與各位讀者共勉之。

如果有八成勝率的投資方法，你願意試試看嗎？

中國信託銀行與遠見雜誌合作的「2017家庭理財與樂活享退指數」調查報告顯示：民眾最優先使用的理財工具，第1名是銀行定存，佔34.8％（保險30.4％居次）。也就是說，約有35％的民眾因為怕投資虧損、套牢，即使銀行定存利率不到1.1％，還是寧願選擇把錢放在銀行定存儲蓄。

誠然，**沒有穩賺不賠的投資理財法，但如果有勝率八成以上的方法，就值得嘗試**。當初，我也是這樣開始存股理財，而比別人幸運的是，我有家父股素人的前車之鑑可以參考，才能在10年的存股理財經驗中，安穩獲利不蝕本。

我自2009年12月，買進人生的第一檔股票統一超（2912）以來，一直抱持穩紮穩打的心態，以每年領息6％為目標，希望能增加另一份收入。由於我平時從事日文教學與翻譯的工作，加上服裝設計與製作的副業，還得照顧2歲多的小孩，沒有多餘的心力去想如何賺大錢，因此當不成專職的股市理財專家，只適合當每年僅買股二次的股市打工族。

　　2017年5月以來的萬點行情仍然持續，在約1,800檔的上市櫃股票中，**能夠完全符合收租股操作SOP的股票，僅約10檔左右，而且股價多已偏高，所以一旦選中適當買價的好存股，實在不宜只以獲利50％為目標，眼光應該要看得更遠、更貪婪，要能耐心等待，以獲利1、2倍為目標**。否則，若你已持有超過10檔股票，在賣出這些股票後，可能很難再找到另一檔好存股，還不如細水長流，每年安穩地領取約6％的股利。

　　在我多年的存股理財經驗中，我每年平均領取5.8～6.3％的現金股利（又稱現金息），從2015年開始陸續賣掉獲利至少100％的光明、亞翔、統一超、閎康及亞泰等股票。獲利100％看似賺很多，其實不然，因為我每次買新股的上限是10萬元，而且堅持「買跌不買漲」的準則，即使買進後只漲不跌，賺100％也僅賺10萬元而已。事後檢討發現，原因是持股太多（18檔），以及首購股票金額太低（10萬元）。

　　所以，趁著2017年股市上萬點的賣股良機，我賣掉部份股價倍漲的股票，將持股降為13檔，並將首購新股的金額提高為20萬元。但是，堅持買跌不買漲的準則，以免墊高持股成本。

　　平心而論，我認為短線操作是政府當莊家的合法賭局，缺乏資金與技術的散戶小資族即使偶爾小賺數筆，賺的錢也只是暫時存放在口袋而已。每日看盤、進出股市廝

殺，著眼於10～30％的價差輸贏很刺激，卻會影響上班與生活的心情。相對地，存股收租是長途馬拉松競賽，路途難免有上、下坡（股價漲、跌），著眼於長期持股的股利與100％價差獲利，講求紀律和原則，雖然很平淡無聊，卻可以安穩獲利、細水長流。

誠然，嚴守紀律與原則可能錯失高獲利的良機，但頻繁買賣股票，卻可能把持不住，而陷入追高殺低的迷思之中，因此個性保守的我決定採取穩紮穩打的態度，不貪功冒進。

許多理財專家在書上或節目中總是報喜不報憂，只談獲利而避談虧損。股素人與我都不敢以存股理財專家自居，而僅是業餘理財者，因此得老實告訴各位，在我們於2017年底持股滿3年的股票當中，2017年初時還有台橡（2103）及裕民（2606）二檔仍然被套牢。

存股理財成功的重要因素，是對於沒有倒閉下市危機，且每年仍配發現金息（即現金股利）的公司，要有逢低買進、攤平成本的勇氣。在2017年10月，台橡及裕民的股價均已脫離住套房的困境（見**表3-2**）。

我從錯誤中學習，將失敗經驗引以為戒，依照買股的**3個15準則**及**3個先決條件**來選擇好存股，並以**基準買價與複查買價的雙剎車機制**，決定買股的**適當買價**，才能避免重蹈覆轍，遠離套牢的困境。

正因為曾有被存股套牢的經驗，我深深體會到，沒有

穩賺不賠的投資理財法，也沒有永遠的好存股，股價的起伏漲跌是常態，所以買進現階段的好存股之後，應該至少每年檢視一次。希望此書能為沒時間深入研究存股理財的小資族，提供參考資料。

　　存股理財獲利的秘訣，在於「戒貪念、等時機、慎選股、長持有、逢低買」，再加上用閒錢買股票，才能跌不心驚、漲不心動，進而避風險、領高息、安枕眠！遵守收租股SOP，富貴不需險中求，小富可以安穩得。祝您存股理財獲利長久遠。

前言

存股理財是無趣的事，
因此你準備好了嗎？

　　2014年9月出版第一本股市理財書籍**《股票收租法：我4年賺100％》**時，我們只是忠實敘述自己存股理財的心得，沒想到無心插柳柳成蔭，獲得讀者的青睞，出版不到2個月，即登上金石堂網路書店投資理財類暢銷排行榜第一名。當時承蒙許多讀者來函詢問，除了逐一回信外，也適時增修原本不夠詳盡的內容。

　　隔年9月出版的增訂版，除了針對讀者的問題增添補充說明外，還加上旅居美國的熱心讀者蔡博義先生所提供的心得報告，總共增加80頁的內容，正名為**《我用4張表，存股賺1倍》**（以下簡稱「前書」），仍然深獲讀者的支持，出版不到2個月，又登上投資理財類暢銷書排行榜第一名。前書出版後，讀者的問題明顯減少，談的多半是個股問題，令人意外的是，**「如何縮短存股獲利100％的時間？」**竟是大多數人的心聲。

　　為了回應讀者，我們嘗試修正前書的操作準則，進行實驗性操作，並將實際結果在**《收租股總覽1》**（以下簡稱「總覽1」）中據實以告。沒有誇大不實的敘述，而是中肯地向讀者報告「好存股1把抓、3～5年賺100％」的

可行性，結論是：實際上可行，但風險可能提高。總覽1
在出版後第2週，便登上投資理財類暢銷書排行榜榜首，
感謝各位！你的支持是我們寫作的原動力。

總覽1除了延續前書的存股理念外，也為希望「縮短
存股獲利1倍時間」的讀者，提供一個明確的存股理財方
向。我們整合「股市總覽」與「台灣50（0050）」兩種模
式，從上市櫃的股票中，依據最近5年的財報資訊，整理
出60檔當時具有潛力的收租股，製作出如前書所述的4張
表，以作為存股小資族篩選好存股的參考。

但是，沒有永遠的好存股，也沒有只漲不跌的股票，
當EPS或本益比呈現大幅漲跌變化時，收租股操作SOP必
須稍作調整。因此，出版新總覽時，我們會汰換之前總覽
中的弱勢股。

《理科阿伯的存股日記》（以下簡稱「本書」，初版名
為「收租股總覽 II」）汰換總覽1中的4檔弱勢股，並因應
近年股市上萬點、漲多跌少的走勢，增加為75檔收租潛力
股。當然，我們並未全數持有這75檔股票，只是若手中
持股倍漲賣出時，將從這75檔股票當中，依據最近4季的
EPS重新計算，找出現階段的好存股。

存股理財是相當無聊的事，股神巴菲特曾說：「如果
你不想持股10年，那麼連10分鐘也不要持有。」買進一檔
股票，然後抱10年，確實很無聊，如果沒有其他的正職工
作，可能會閒得發慌。所以，我們一再誠懇呼籲讀者，**存**

存股理財是打零工賺外快（非正職），以及用閒錢買股票（價跌心不驚）。

　　月有陰晴圓缺、價有漲跌起伏，股價時起時落是常態，投資理財並非穩賺不賠，即使股神巴菲特也是如此。在某次的電視節目訪談中，來賓問巴菲特是否有投資失敗的經驗，巴菲特笑著回答說：「如果時間許可的話，我可以談上三天三夜。」

　　我們都有其他的正職工作，確實遵守每年只買股票2次的原則，追求細水長流的股息收入。從2009至2017年，我們的平均現金股利收入為5.8～6.3％（目前銀行定期存款的年利率≦1.1％），對於這樣的成績，感到很滿足。

　　在此提醒大家，依照本書的做法操作，不代表就能穩賺不賠。小資族若不想淪為股市輸家，應慎選好存股，耐心等待低價買進時機，並長期持股，每年領取6％的現金股利，穩健獲利不蝕本。

　　基本上，除非銀行定存年利率回到2001年前的6％以上，否則收租股操作SOP不會改變，只會微調。本書有時需要引用前書的論點，為了節省篇幅，盡量不再全文贅述，而是加註（前書○-○，或總覽1×××頁）等。

　　本書提供75檔潛力股，目的在於減少讀者股海撈針、盲目摸索的時間，並不表示這75檔股票都適合買進。簡單來說，你不理財，財不理你，我們不認同定期定額基金的

懶人投資法（前書1-2），除了因為偏高的保管費、管理費等費用外，若價格上漲卻不知獲利贖回，而仍然定期定額扣款，輕則降低獲利空間，重則長年住套房。

一般心採行基金理財，通常是聽從理財專員建議（他們多半推薦業績獎金多的基金），自己選定基金之後，把命運交給別人操作，賺錢與否全靠運氣。然而，**存股理財只須自己每年做對二次功課即可。選到好存股，存股理財的獲利率多高於基金理財。**因此，在買股前，務必以最近4季的EPS計算適當買價，才能降低投資風險。一夕致富聽天命，3年倍還靠人為。

不要只想賺大錢，要想如何不虧本。如果各位的理財理念跟我們一樣，是**以存股領息6％為基本的外快收入，把存股3～5年、獲利100％當成意外的年終獎金**，本書及前書均是必讀的理想參考書。遵守收租股SOP，理財人生快樂活！

投資必有風險，本書的做法與建議僅供參考，讀者需自負投資盈虧之責。

我們的連絡方式：tempace@yahoo.com.tw （股素人）

Chapter 1

我嘮叨一下，存股的遊戲規則是……

1-1

遵守「收租股操作SOP」 +「20個存股觀念」

散戶常見問題 1

Q 遵守收租股操作SOP，3～5年獲利100%，有沒有獲利更快的選股方法？

　　我們根據多年研究，已在過去的作品中揭露一套收租股操作SOP，承蒙許多讀者來信指教，我們適時針對準則的內容做出修正。

　　為了節省篇幅，本書僅做重點提示說明，必要時請您參照《我用4張表，存股賺1倍》或《收租股總覽1》的詳細內容。

　　我們已存股理財10年，曾經歷台玻、中鋼、台橡及燦坤等**由套牢轉獲利**的經驗（見總覽1第2章），從錯誤中學習，才領悟出風險更低（非零風險）的做法，並用來篩選本書第六章的75檔收租潛力股。

　　表1-1是**收租股操作SOP**的精簡條款（見總覽1的

1-1），強調方法、紀律與耐心。**買股的3個15準則與3個先決條件**是選股的方法，**3個但書條款**是操作的紀律，而**不賣股的3準則**是存股的耐心。總而言之，就是**勤做功課不如做對功課，追高殺低不如戒急用忍**。

　　有些讀者投資心態較積極，勇於承擔風險，認為收租股操作SOP過於嚴謹，不容易找到好存股，因此本書將粉紅色圈處做修正，以符合讀者對於**縮短獲利100％時間**的期待，又不失存股理財的精神。

　　保守型存股理財者，仍適合延用原本的收租股操作SOP，而願意承擔稍高風險，以縮短獲利時間的積極型存股理財者，則可以採用修正版SOP。

表1-1 收租股操作SOP

★**買股的3個15準則：**

①平均ROE≧15%（A ×0.8）・②買入價P/E≦15・③買入價≦現金息×15

★**3個先決條件：**

①現金配息率≧70%・②董監持股≧25%（B 15%）・③負債比≦55%

★**3個但書條款：**

①僅買現金息≦5元・②買跌不買漲・③限每年操作2次（C 買股）

★**不賣股的3準則：**

①不持股5年不賣（D 3年）・②不獲利1倍不賣・③不缺錢急用不賣

股素人、卡小孩的存股觀分享

⑴ 不要只想賺大錢，要想如何不虧本。

⑵ 殺低賣股準虧損，套牢不賣無輸贏。

⑶ 選對方法，做對功課，理財人生快樂活。

⑷ 悲情曲線，居高思危；微笑曲線，逢低不懼。

⑸ 買股不用急，賣股忍一忍，總有一天等到你。

⑹ 你不理財，財不理你；不當理財，財會損你。

⑺ 買股票不看基本面，如同過馬路不看紅綠燈。

⑻ 遵守紀律與原則，勤作功課，不如做對功課。

⑼ 慎選好存股，長抱3～5年，股利價差自然來。

⑽ 缺錢的人沒有投資權利，先有閒錢再存股理財。

⑾ 買跌不買漲：跌20％再加碼，不漲1倍不賣出。

⑿ 存股獲利訣：戒貪念、等時機、慎買賣、長持股。

⒀ 存股平常心：價跌不心驚，逢低再加碼，獲利無法擋。

⒁ 他人恐懼我貪婪，千金難買早知道，逢低加碼早解套。

⒂ 股市三寶（融資、融券與當沖）不要碰，存股收租享長利。

⒃ 蘇武牧羊19年，寶釧寒窯18年，存股倍漲5年不算長。

⒄ 月有陰晴圓缺，價有漲跌起伏，沒有永遠不跌的好存股。

⒅ 股神投資也套牢，用閒錢買對好存股，暫住套房又何

妨。

⑲ 股票買賣是你丟我撿的金錢遊戲，沒有對錯，只有輸贏。

⑳ 遵守收租股SOP，每年做對2次功課，勝過每日看盤辛苦工。

㉑ 存股猶如馬拉松；下坡（價跌買）戒急，上坡（價漲賣）用忍。

㉒「頻繁買賣股票」形同賭博，賺的錢只是暫時寄放在戶頭而已。

㉓ 存股理財是「打零工賺外快」，富貴不需險中求，小富可以安穩得。

㉔ 股有不測漲跌，人有旦夕賺賠。一夕致富聽天命，5年倍還靠人為。

㉕ 買進好存股，要假設從明天起，股市將休市半年。（時間為股神巴菲特名言的1/10。）

1-2

堅持「適當買價」，
你才有機會翻倍獲利

散戶常見問題 2

Q 找出好存股後，如何計算出好存股的適當買價，才
不會買到虧到？

　　若要達成「好存股一把抓，3～5年賺100％」的目
標，必須堅持在低價位區買進好存股。那麼，如何決定好
存股的「適當買價」（建議買價）？**在第六章的收租股買
前檢查表中，有兩個參考價格：**

　　（A）基準買價=近5年平均現金息 × 15

　　　　　欲買入P/E=基準買價 ÷ 近4季EPS≦15

　　（B）複查買價=近5年平均P/E × 近4季EPS

　　　　　若近5年平均P/E≧15，以15計算。

　　基準買價並非合理買價，而是欲買入價的參考基準。

當「欲買入P/E＞15」時，必須使用複查買價來檢驗基準買價。

　　好存股的適當買價，是取基準買價與複查買價之間的較低價格，若此適當買價又能符合「≦近5年最低價」的條件，才算是便宜買價，只是這種機會並不多。

> 適當買價 ＝ Min.（基準買價、複查買價）
>
> 便宜買價 ≦ 近5年最低價的（A）或（B）

　　基準買價與複查買價是互相制衡的雙剎車機制，就像汽車駕訓班的教練車裡，副駕駛座有另一組剎車，當駕駛座上的學員即將發生衝撞時，教練可以緊急剎車。

　　基準買價如同駕駛學員依指示開車，複查買價如同教練用的第2組剎車，而即將發生衝撞，就像欲買入P/E大於15。也就是說，當「欲買入P/E＞15」或是「最近4季EPS＜近5年平均EPS」時，複查買價便可能低於基準買價，產生制衡效果。

　　如果某檔股票的股價連續5年創新低，其最近一年的最低價可能不是真正的最低價，只能說是低價位區，因為這種股票可能尚未降到微笑曲線的谷底（本書2-3），還會持續下跌1～2年。第六章的75檔潛力股當中，也包含這樣的股票。**這種股票是我們賣掉獲利倍漲股票後的首選潛力股，因為一旦跌深反彈，力道會特別強，可以加快獲利**

速度。

好存股在悲情曲線反轉點的下坡段初期，仍可能符合收租股買前檢查表的所有條件，而買股的3個15準則及3個先決條件，也可能遇到盲點，所以需要有**適當買價＝Min（基準買價、複查買價）**的機制，才能降低風險。

沒有零風險、穩賺不賠的投資理財法，否則大家都有穩定豐富的收入，也不會有那麼多理財專家賣力推薦各種投資理財方法。這些方法必定有一條大同小異的備註：「投資理財必有風險，投資人需自負盈虧。」

1-3

相信我，存股收租絕對
比定存好15倍

Q 請問使用收租股操作SOP的年化報酬率，與銀行定存
年利率相差多少？

買股有風險，相形之下，銀行定存似乎安穩許多，但
存股收租的利益確實比定存高出不少。我們比較一下兩者
的收益。

銀行定存必須存滿既定時間才能領到利息，而股市存
股沒有既定的存股時間，只要在每年的七、八月除權息日
前買進股票，也許數天、數個月，等股價回復到除權日前
一天的股價時，就能賺到全部的實質利息（即「填權
息」）。這些利息通常會在每年的八、九月，自動匯入帳
戶。

大多數的股市專家都警告：「不要賺了小股利，賠了
大價差」，其實這僅適用於想在除權息期間，趁機獲利

10～20％的短線操作者。以持股3～5年為目標的存股理財者，不必在意是否填權息，因為好存股在3～5年內，多有數次填權息、甚至股價倍漲的機會。做對功課、選對好存股，股價倍漲只是時間長短的問題而已。

　　表1-2是以不同年利率計算的「**複利率本利和**」速查表。從中可快速了解銀行定存的本利和變化，以及存股理財多少年能加倍奉還。

　　談投資理財的獲利率時，銀行定存的年利率相當於存股理財的年化報酬率。例如，以100萬元買進股票，而每年獲利率15％時，如**表1-2**所示，第一年的本利和是115萬元（在年利率15％與年數1的交叉點），也就是可獲得15萬元的利息。

　　若以此利息再買進同一檔股票，便成為第二年本金的一部份，依此類推，100萬元在5年後，即可連本帶利，增加為201.1萬元（在年利率15％與年數5的交叉點）。

　　目前銀行定存的年利率約1.04％，然而消費者物價指數（CPI）約為1.10％，也就是說，台灣已正式進入負利率時代。把錢放在銀行，雖然帳面上每年仍增加1.04％，但實際上的應用價值已虧損0.06％。

　　2016年蔡英文總統上任後，大力推行改革軍公教的年金制度，例如羨煞人的存款年利率18％。依**表1-2**所示，若存款年利率為18％，相當於4.2年可獲利100％。

　　收租股操作SOP的目標是：「存股3～5年，獲利

表1-2 ▶ 「複利率本利和」速查表 （單位：萬元）

年數	銀行存款年利率 或 股市存股年報酬率（以本金1萬元為例）													
	1.35%	2%	3%	4%	5%	6%	7.2%	8%	9%	10%	11%	12%	15%	18%
1	1.0135	1.020	1.030	1.040	1.050	1.060	1.072	1.080	1.090	1.100	1.110	1.120	1.150	1.180
2	1.0272	1.040	1.061	1.082	1.103	1.124	1.149	1.166	1.188	1.210	1.232	1.254	1.323	1.392
3	1.0410	1.061	1.093	1.125	1.158	1.191	1.232	1.260	1.295	1.331	1.368	1.405	1.521	1.643
4	1.0551	1.082	1.126	1.170	1.216	1.262	1.321	1.360	1.412	1.464	1.518	1.574	1.749	1.939
4.2	1.0579	1.088	1.132	1.179	1.227	1.277	1.339	1.382	1.436	1.492	1.550	1.610	1.799	2.004
4.5	1.0622	1.093	1.142	1.193	1.246	1.300	1.367	1.414	1.474	1.536	1.599	1.665	1.876	2.106
5	1.0693	1.104	1.159	1.217	1.276	1.338	1.416	1.469	1.539	1.611	1.685	1.762	2.011	2.288
5.5	1.0765	1.115	1.177	1.241	1.308	1.378	1.466	1.527	1.606	1.689	1.775	1.865	2.157	2.485
6	1.0838	1.126	1.194	1.265	1.340	1.419	1.518	1.587	1.677	1.772	1.870	1.974	2.313	2.700
6.5	1.0911	1.137	1.212	1.290	1.373	1.460	1.571	1.649	1.751	1.858	1.971	2.089	2.480	2.932
7	1.0984	1.149	1.230	1.316	1.407	1.504	1.627	1.714	1.828	1.949	2.076	2.211	2.660	3.185
7.5	1.1058	1.160	1.248	1.342	1.442	1.548	1.684	1.781	1.909	2.044	2.187	2.340	2.853	3.460
8	1.1132	1.172	1.267	1.369	1.477	1.594	1.744	1.851	1.993	2.144	2.305	2.476	3.059	3.759
8.5	1.1207	1.183	1.286	1.396	1.514	1.641	1.806	1.924	2.080	2.248	2.428	2.620	3.280	4.083
9	1.1283	1.195	1.305	1.423	1.551	1.689	1.870	1.999	2.172	2.358	2.558	2.773	3.518	4.435
9.5	1.1359	1.207	1.324	1.451	1.590	1.739	1.936	2.077	2.268	2.473	2.695	2.935	3.773	4.818
10	1.1435	1.219	1.344	1.480	1.629	1.791	2.004	2.159	2.367	2.594	2.839	3.106	4.046	5.234

註：複利本利和＝（1+ 年利率％）^{n}，n 是存款年數。

存股 5 年獲利 100%，相當於存款年利率 15%。

100％」。若存股5年獲利100％，相當於銀行定存年利率15％；若存股3年獲利100％，相當於銀行定存年利率26％。我們很滿意這樣的成效，你呢？

1-4

投資務必用閒錢，
沒壓力才會腦袋清楚

> **散戶常見問題 4**
>
> **Q** 現在銀行房貸利率多在1.6%以下，是否建議增加房
> 貸金額做存股，以賺取6%的殖利率？

我們不建議這麼做，因為沒有穩賺不賠的理財法。投資理財務必用閒錢，也就是即使全部虧損也不會影響生活品質的錢。

到底持有多少檔收租股比較好？多數股市理財專家都建議：「不宜同時持股超過5檔」，主要是為了避免短線操作時管理不易。但**存股理財是3～5年的長期持股，宜視閒錢多寡及理財心態而定，並分為保守型與積極型**（見下頁的表1-3）。

保守型：當閒錢≦1,000萬元時，持股檔數應在3～10檔之間。閒錢≧1,001萬元時，可以每100萬元加1檔，但以15檔為上限，否則在賣掉倍漲的股票後，很難找到完全

符合**收租股買前檢查表**的好存股。

　　積極型：當閒錢≦1,000萬元時，持股檔數應在5～7檔之間。閒錢≧1,001萬元時，可以每200萬元加1檔，但不宜超過10檔。

表1-3 合宜的持股檔數

保守型（分散風險）		積極型（集中火力）	
閒錢（資金）	持股檔數	閒錢（資金）	持股檔數
≦100萬元	≦3檔		
≦300萬元	≦5檔	≦600萬	≦5檔
≦600萬元	≦8檔		
≦1000萬元	≦10檔	≦1000萬	≦7檔
≧1001萬元	≦15檔	≧1001萬	≦10檔

　　分散風險是我們投資理財時的優先考量，所以每檔股票的首次買入金額應以10萬元為上限（可依閒錢多寡而自行調整，例如股素人為50萬元，卡小孩為20萬元），預留逢低加碼的空間。此外，即使逢低分批買進，**每檔股票的總投入金額，以不超過總投資金額的10％為上限**，以免股價遽跌時，心驚膽跳而殺低賣股。

　　長遠來看，保守型存股理財可未雨綢繆為老年退休生活做準備。到退休時，至少存下300張不同公司的股票。在退休後，可每月賣1、2張獲利較佳的股票當生活費用（3～5萬元），而未賣出的股票則繼續生股利、股息。如此一來，即使沒有其他財源，也能賣股30年以安度晚年。

1-5

必懂25個投資術語，
EPS、現金配息率……

由於**收租股操作SOP**建議每年僅操作2次，難免偶爾忘記某些計算式，因此將相關的公式用語整理如下：

1.毛利率＝營業毛利÷營業收入

2.淨利率＝純益率＝稅前純益÷營業收入

3.每股盈餘（EPS，每股盈餘又稱每股純益）＝稅後純益÷總股數

4.每股淨值＝股東權益÷總股數；

　總股數＝股本（元）÷10（元／股）

5.（年度）本益比（P/E）＝（年度）收盤均價÷EPS

6.股價淨值比（P/B或PBR）＝股價÷每股淨值

7.股東權益報酬率（ROE）＝EPS÷每股淨值

8.總資產＝股東權益＋總負債

9.負債比＝總負債÷總資產

10.金融負債比＝長短期金融借款÷總資產

11.現金配息率＝現金股利÷年度EPS

12.年度現金殖利率＝現金股利÷年度收盤均價

買入現金殖利率＝現金股利÷買入股價

13.累積報酬率＝〔（賣出總價＋現金息總計）÷買入總價－1〕×100％

14.平均報酬率＝累積報酬率÷持股年數

15.年化報酬率＝〔（1＋累積報酬率）^（1／持股年數）－1〕×100％

16.買入P/E＝欲買入價÷近4季EPS≦15

欲買入價為欲買股時的暫定價格，有三種可能：

（A）基準買價＝近5年平均現金息×15

（B）複查買價＝近5年平均P/E×近4季EPS，若近5年P/E≧15，以15計算。

（C）便宜買價：（A）與（B）的較低值，並符合買入P/E≦15。

17.股價指數與權值股：

股價指數又稱為股票指數、股市指數、加權指數或加權股價指數，是台灣證券交易所採用與美國「標準普爾500指數」相同的計算方式，而編製的股價指數，也是反應整體股票市場股價變動的指標（標準普爾500指數〔S&P500〕簡稱史坦普500，是由美國McGraw Hill公司，從紐約證交所和多支上櫃股票中選出500支，經由股

本加權後得到的指數）。

通常財經新聞報導的股價指數，僅指上市公司（即集中市場）的股票指數。上櫃公司（櫃檯買賣中心）的股票指數，簡稱為櫃檯指數、櫃買指數或OTC指數。

權值股是指公司市值（＝股價×發行股數）金額占股市總市值之比例大的公司。依據民國105年第3季台灣證券交易所公佈的數據，台灣股市的五大權值股，依序為：台積電（2330）、鴻海（2317）、台塑化（6505）、中華電（2412）及聯發科（2454）。

18.股本與股利：

股本等於面值（10元／股）×公司股票發行總股數。股本是（股東）權益總額的項目之一，也就是公司的（登記）資本額。依據主管機關規定，實收資本額的條件是：上市公司需≧6億元；上櫃公司需≧5千萬元。

公司營運有獲利時，會在隔年將部份盈餘分配給股東，這就是股利。股利分為現金股利（又稱現金息）和股票股利兩種，但兩種股利不一定會同時分配，可能只分配其中一種。而且，上市櫃公司不論資本額規模大小，股票面值一律是10元。雖然面值與市價無關，但在分配股票股利時，是以面值計算。

例如，鴻海（2317）在民國104年時，分配現金股利4.0元（每一股配4.0元），以及股票股利1.0元（＝1.0元

÷10元面額＝每股分配0.1股），而在105年時只分配4.5元現金股利。

配發股票股利的股票，短期內會稀釋股本，但長期來看，多具有主動式利滾利的複利效應。目前大多數公司以配發現金股利為主，但金融股多會配發現金股利及股票股利，所以好的金融股不失為存股理財的好標的。

19.除權息：

買進一家公司的股票後，便成為該公司的股東。公司在年度結束後，會將去年度經營所得的部份盈餘，回饋分配給股東。「除權」是分配股票股利，「除息」是分配現金股利。除權後，股東的持股數量增加，但總市值不變，所以公司的股本會膨脹增加。除息後，公司的可用現金會減少，但股東的持股數量不變。

不管是除權還是除息，在除權息日後，股價均會立即降低。股價在除權息日後的價格變化，如下所示：

A：除權息日當天的開盤（參考）價（元）

B：除權息日前一天的收盤價（元）

C：現金股利（元）

D：股票股利（元）

$$A＝（B－C）÷〔1＋（D÷10）〕$$

例如，某公司擬分配現金股利3元，並分配股票股利2元，而除權息日為7月15日，7月14日收盤價51元，那麼7月15日當天的開盤（參考）價＝（51－3）÷〔1＋（2÷10）〕＝40元。

如果你有一張股票（＝1,000股），那麼在除權息日後的指定日期，除了可領到3,000元（＝3元×1,000）的現金利息外，還可增加200股（＝2÷10×1,000）的股票，也就是你的股票存摺中的股票數量，將增加為1,200股。

若僅分配現金股利3元，那麼7月15日當天的開盤價＝51－3＝48元。若僅分配股票股利2元，那麼7月15日當天的開盤價＝（51－0）÷〔1＋（2÷10）〕＝42.5元。

20.填權息：

股東領到的現金股利或股票股利，其實是領自己既有的錢，不等於是實質上的獲利。真正能實質享受到現金股利或股票股利，是在除權息日後的某一天，若股價超過除權息日當天的開盤價，便開始有股利、股息的獲利，而若股價回升到除權息日前一天的價格，才算是擁有全部股利、股息的獲利。

「填權」是股價回升到配發股票股利前的價格，「填息」是股價回升到配發現金股利前的價格，而「填權息」則是股價回升到除權息日前一天的價格。相反地，如果在

除權息日後，股價仍低於除權息日當天的開盤價，就是
「貼權」、「貼息」。大多數的股票都會填權、填息，只是
時間長短的差異而已。

21.漲（跌）停板：

對於股票市場交易，我國政府主管機關為了防止非理
性的追高、殺低，導致股票的無限制上漲或下跌，而訂定
10％的漲跌幅限制。例如，股價100元的股票當天上漲的
最高價格為110元，下跌的最低價格為90元。不過，新上
市及新上櫃的股票，有三天的無限制期。此外，先進國家
的股票市場多半沒有漲跌幅限制。

22.融資（作多）、融資餘額：

融資，是指股票投資人預期某檔股票的股價在短期內
會上漲，但手中的資金不足，於是向授信機構繳交保證金
後，就可以借錢（當然要付高額利息）買進股票，等股價
上漲至期待的價格時，再賣出該檔股票以賺取價差。

融資餘額，是指股市中所有投資人已使用融資買進某
檔股票的金額或張數。當融資餘額增加，表示有不少投資
人看好其後市，所以借錢買股票，期待股價上漲。但融資
餘額高到某一程度時，容易引起賣壓（也就是當日成交掛
牌數的賣家多於買家）而使股價下跌。

23.融券（作空）、融券餘額：

融券，是指股票投資人預期某檔股票的股價在短期內會下降，但手中沒有該檔股票，於是向授信機構繳交保證金後，便可以借股票來賣。融券者的如意算盤是，等股價下跌至預期價格時，再買回股票以賺取價差。

融券餘額，是指股市中所有投資人已賣出的借來股票的張數。通常融券餘額增加，表示有不少投資人看壞其後市，所以借股票來賣。但融券餘額高到某一程度時，容易引起融券者需買回股票，而使股票上漲，也就是所謂的「軋空行情」。

24.當日沖銷：

簡稱「當沖」，是一種高風險的（合法賭博）交易行為，利用一天內的（超）短線行情，當天買、當天賣，賺取價差利潤。也就是說，在高價時先融券賣出，價低時再融資買進，或者在低價時先融資買進，價高時再融券賣出。股票、期貨、選權及外匯等方面，都有人使用當日沖銷的交易方式。

網路鄉民流傳馬路三寶，股市也有三寶，就是融資、融券和當沖。這是政府為了刺激股市交易，准許證券商借錢給投資者，以短線操作來玩股票。

其實，這種交易行為的風險很高，但是賭性堅強的股民不怕賠錢苦，只怕沒錢賭。股市三寶在股市橫衝直撞，

確實有激勵股市交易的效應，若少了股市三寶，股市交易量大約減少四分之一。

25.零股買賣：

台灣股票市場的最小交易單位是一張，一張股票是1,000股，不滿一張的零星股票（小於1,000股）就是零股。股市之所以會產生零股，主要是因為公司分配股票股利時，會產生不滿一張的零星股票。

一般股票交易（早盤）時間是上班日的09:00～13:30，而零股的交易時段則是在一般股票交易後的13:40～14:30。如果在早盤沒有買（賣）到委買（委賣）的股票，可以在盤後交易時段繼續買（賣）股票。

盤後交易分為整張交易與零股交易。整張交易與早盤一樣以張為單位，成交價格一律以當日（早盤）收盤價計算。零股交易則以股為單位，每筆交易量不得超過999股，價格可依當天漲跌的10％內自由掛價。

零股交易是積少成多的投資方式，不僅能擁有高價股，也能分散風險，持有許多不同公司的股票。舉例來說，有3萬元的閒錢時，可以買一張股價30元的股票（＝3萬元），或是買800股股價25元的股票（＝2萬元），再加上500股股價20元的股票（＝1萬元）。善用零股交易，22K族也能投資股市存股，坐領高股息（見前書1-6）。

NOTE

NOTE

NOTE

Chapter **2**

「跌 20％＋分批買進」，是股市萬點的選股良策

方法 **1**

萬點思維是「買股忍一忍，倍漲賣股可考慮」

散戶常見問題 5

Q 台股指數持續上萬點，現在還可以進場嗎？

　　這是自2017年5月股市站上萬點以來，很多投資者都在問的問題。

　　這個問題的答案，看股市站穩萬點後的每日交易量就能知道。2017年9～10月的每日成交金額，均高於1,500億元（2016年同期多低於1,300億元）。2017年前10月的證交稅稅收金額，創下當時近3年同期的新高。股市指數愈高，交易愈熱絡，2017年11月28日的交易量甚至飆至2,300億元以上，創下當時近7年的新記錄。

　　這是投資人貪婪追高的通病。尤其，當日沖銷及短線操作投資人以賺取5～15％為目標，股市上萬點更是他們操作獲利的良機。

　　然而，如果你是準備持股3～5年的存股理財者，當股市上萬點，可進場買股的股票確實減少，因為**大多數的收租潛力股即使完全符合收租股SOP，股價也多半遠高於適當買價，不宜再追高。此時應是賣股的時機點，對於已獲利倍漲的股票，可以考慮賣出了結。**

　　在2016年底，總覽1交稿時，股市指數約9,200點，書中的60檔收租潛力股中，仍有9檔股票的股價尚可買進並長期持股，然而在2017年底，股市指數已連續站上萬點超過200天，在當時創下股史上萬點最久記錄，**大多數績優股的股價多已接近悲情曲線的波峰，使得這一年的ROE呈上升的樂觀局面。這時候，若貿然買進股價或本益比已偏高的股票，將會增加長期持股套牢的風險。**

　　因此，在2017年7月1日的前後30天內，股素人與我（卡小孜）都未買進任何一檔股票。在此期間，我賣了亞泰（4974）及閎康（3587）等獲利一倍以上的股票，而股素人也在2017年10月18日，以239.5元賣掉他在2000年5月以157.2元買進的台積電（見77頁的**表3-1**），持股18年加上股利和股息獲利2.7倍，年化報酬率僅7.5％，算是差強人意而已。這是堅持「不缺錢急用不賣」的股素人，自2000年以來首次賣出的股票。

　　股素人賣台積電獲利2.7倍，但是不能報喜不報憂，別忘了，他在2000年以205元買進的錸德（2349），至2017年底僅剩5元（見**表3-1**），仍被套牢百萬元。

　　台積電及鋐德，在2000年都是被看好的熱門明牌股。鋐德在買進不到3個月時，股價曾一度漲到330元，只是股素人「不會」賣股票，於是下場淒慘，住進套房。好不容易拜20107年股市上萬點之賜，才得以賣掉台積電獲利了結，來彌補鋐德的百萬元虧損。

　　即使在同一年買進同一支收租股，3年期間內，有人倍漲獲利，卻也有人虧損套牢。**兩者的差別就在於，是買在微笑曲線反轉點的低價位區，還是悲情曲線反轉點的高價位區。**

　　買在高價位區的投資者，多難逃面臨虧損或套牢的局面。由台積電、鋐德，以及前書第2章提及的台玻、中鋼、台橡與燦坤等買股經驗來看，**以存股3～5年為目標的存股理財者，若高價買進績優股，事後又未逢低加碼，便難逃長期住套房的命運。**

　　股市在高點時，股價變化往往更快。例如，在2017年6月開始寫本書時，我們本想將震旦（2373）及美其瑪（4721）列入收租潛力股，沒想到股價變動極大，兩支股票分別由6月的60元及43元，到11月爆漲為90元及125元，於是作罷。

　　相反地，在2017年6月，漢唐（2404）股價為70元，因為比適當買價高50％以上，原本不列在名單當中，沒想到在11月時下降為53元，所以重新被列入本書的收租潛力股名單。

因此，買入新的收租股前，務必再以近4季的EPS重新計算適當買價，才能降低高價買股而被套牢的風險。

方法**2**

別人說台積電適合存股,為何我卻賣在高點?

Q 專家都說台積電是超級潛力股,買了絕對不虧,真的嗎?

2017年下半年最引人注目的股票應是台積電,股價居高不下,尤其在9月時,董事長張忠謀宣布將在2018年6月退休後,股價不跌反漲,還獲得外資的力挺(外資持股約79%),股價屢創新高。在2017年以前,台積電史上最高價是2000年2月11日的222元。

然而,台積電也曾慘淡過,從現今的風光恐怕很難想像,在2008年11月21日,台積電股價創下其史上最低價36.4元(見**表2-1**)!

這也是不少投資理財雜誌、專家最愛引用數據的年度。2008年(民國97年)正值金融風暴,股市指數最低僅3,955點。許多專家援引這個數字,藉此強調:買入台

表2-1 台積電（2330）年度成交資訊

民國 （年）	張數	金額（仟元）	筆數（仟）	最高價	日期	最低價	日期	收盤均價
106	NA	NA	NA	245.00	10/30	179.0	1/16	NA
105	8,007,380	1,308,684,662	2,504	193.00	10/25	130.50	1/14	166.36
104	9,780,728	1,365,734,269	2,900	155.00	3/19	112.50	8/24	139.84
103	9,054,507	1,102,966,313	2,250	142.00	12/01	100.50	2/05	122.53
102	8,571,637	887,933,410	2,144	116.50	5/14	92.90	8/22	104.09
101	10,106,805	844,105,649	2,494	99.40	12/13	73.80	7/23	84.08
100	12,740,507	916,448,075	2,829	78.30	1/19	62.20	8/09	72.09
99	12,070,831	750,624,427	2,670	75.00	12/17	57.00	2/08	62.01
98	16,383,357	902,124,091	3,610	65.20	10/01	38.70	1/21	55.48
97	16,302,842	921,758,410	2,982	69.80	5/19	36.40	11/21	56.44
96	15,497,936	1,010,167,573	2,501	73.10	7/13	57.40	11/22	65.52
95	10,344,294	635,369,872	2,054	70.00	4/21	52.30	7/24	61.34
94	12,782,716	707,671,837	1,821	64.30	12/27	46.20	1/14	54.08
93	12,664,016	660,686,174	2,480	68.50	3/05	40.70	7/27	52.36
92	11,186,549	620,375,005	2,373	72.50	9/09	40.10	2/12	56.42
91	12,069,377	770,055,945	3,053	97.50	4/02	34.90	10/08	67.42
90	8,960,692	684,460,549	2,305	105.50	2/01	43.60	10/03	77.74
89	7,729,777	1,106,510,465	2,511	222.00	2/11	74.50	12/27	146.30
88	9,702,381	1,151,130,000	3,224	171.00	12/28	68.00	1/06	120.01
87	8,613,597	938,095,332	3,048	173.00	2/27	56.50	9/04	100.74
86	13,689,883	1,644,349,499	4,104	173.00	8/26	55.50	1/07	109.45
85	2,551,689	162,573,264	727	106.00	4/30	49.10	7/17	63.83
84	1,196,951	147,080,305	432	196.00	6/14	77.00	11/18	128.43
83	260,767	43,077,714	90	177.00	10/05	96.00	9/05	159.04

註：因截稿時，106 年度尚未完結，因此缺部分資料。

積電持股10年可享30、40倍的驚人獲利。然而,真有高瞻遠矚的理財專家能在2008年買進台積電,並持股到200元以上才賣嗎?

近年來不少理財專家力挺台積電(2330),認為台積電會持續成長,股價有機會再往上攀升。台積電2012～2016年的平均ROE高達24.75％,這5年間的平均P/E僅13.29(見**表2-2**),而且7奈米的製程技術已獨步全球,遙遙領先對手三星、英特爾。因此,股價確實有機會再往上挺。2017年8月,有些外資機構將目標價上調到300元,只是沒有任何理財專家敢百分百打包票。

台積電在1994年9月以96元上市掛牌(見**表2-1**),如果在台積電上市當天,以每股96元買進一張,而且長抱到2016年8月的179元(見**圖2-1**),扣除每年的配股配息(早年以配股居多),96元還原權息後僅約4元,也就是說,長抱台積電22年可大賺44倍。

然而,看**表2-3**(見57頁)中的儒鴻與佳格,持股10年就賺40倍以上,相較之下,台積電似乎沒什麼好羨慕。從2003至2016年,台積電連續14年蟬聯台灣企業的獲利王,2012～2016年的外資持股均高達75％以上,換句話說,台積電實質上是外資公司。

我國行政院國發基金從當年持股40％,到2017年底僅剩6％。也就是說,人稱「台灣之光」的獲利其實大多被外資賺走,連國發基金及本土法人機構都不愛台積電,

表2-2 台積電收租股買前檢查表

民國（年）	最高價（元）〔月/日〕	最低價（元）〔月/日〕	收盤均價（元）	淨值（元）	EPS（元）	本益比（P/E）	ROE（%）	現金息（元）	現金殖利率（%）	現金配息率（%）	負債比（%）	董監事持股（%）	外資持股（%）
101	99.40（12/13）	73.80（07/23）	84.08	27.90	10.18	8.26	36.49	3.00	3.57	29.47	23.57	7.51	76.93
102	116.50（05/14）	92.90（08/22）	104.09	32.69	7.26	14.34	22.21	3.00	2.88	41.32	32.88	7.46	77.39
103	142.00（12/01）	100.50（02/05）	122.53	40.32	6.41	19.12	15.90	4.50	3.67	70.20	30.06	7.32	77.80
104	155.00（03/19）	112.50（08/24）	139.84	47.11	11.82	11.83	25.09	6.00	4.29	50.76	26.24	7.32	77.18
105	193.00（10/25）	130.50（01/14）	166.36	53.58	12.89	12.91	24.06	7.00	4.21	54.31	26.31	7.30	78.98
平均						13.29	24.75	4.70	3.72	49.21			
是否符合SOP：○X						○	○		X	X	○	○	○

②複查買價＝平均P/E×近4季EPS
＝13.29×13.53元＝179.81元

①基準買價：4.70元×15＝70.5元
買入P/E＝基準買價÷近4季EPS
＝70.5元÷13.53元＝5.21
※∵5.21＜15，OK

註1：（105Q3～106Q2）EPS＝13.53元
註2：106年Q2淨值：51.74元
註3：106/10/17股價：235.50元（P/B＝3.15）
註4：106/10/17便宜買價：70.5元。
註5：買入前務必再以最近4季EPS計算。

小資族賺不到台積電的錢，也就不用怨嘆了。

姑且不論「22年投資報酬率44倍」的天方夜譚，免得氣死人，現在開始擁抱台積電還來得及嗎？

如**圖2-1**所示，台積電自2013年初，股價再度站上100元以後，4年多來漲多跌少，在2017年11月初，曾上漲至當時的史上新高價245元（12月6日時回跌至226.5元）。因此，許多理財專家常以台積電為例，證明買進台積電持股10年、12年或15年，可以賺3倍以上的價差。

理財專家說的都是事實，但沒有人敢以2000年買進台積電並持股16年為例。想像一下，那會是什麼情形？答案是：**套牢14年（到2014年Q2），第15年攤平但仍虧利息，第16年獲利約40％（相當於定存年利率2％）**，而如果2000年把錢放在銀行定存至2016年，16年的平均複利年利率約3.5％，尚有73％的獲利。

股素人就是買台積電套牢14年的活生生例子，他在2000年（民國89年）5月31日以157.2元買進台積電（見77頁的**表3-1**）。在2000年2月時，台積電曾創下高價222元，此後股價一路往下跌，到2010年起才開始穩定回漲。

股素人堅持「不缺錢急用不賣」原則，忍到2017年（民國106年）10月18日，才終於以當時的史上新高價239.5元賣掉，持股18年加上配息和配股，僅獲利2.7倍。

很遺憾，股素人沒在2008年的最低價36.4元，加碼買進，否則真有可能持股18年獲利18倍。看看台積電25年

圖2-1 台積電（2330）股價月線圖

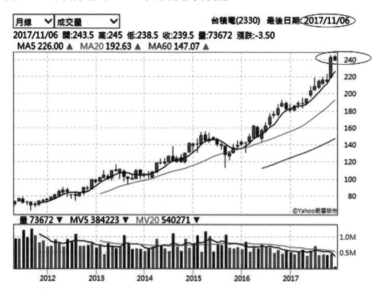

※ 資料來源：Yahoo 奇摩股市（//tw.stock.yahoo.com/）。

表2-3 長抱10年股票的報酬率排行榜

排名	公司（代號）	獲利倍數	排名	公司（代號）	獲利倍數
1	儒鴻（1476）	47.7倍	6	東隆興（4401）	17.0倍
2	佳格（1227）	40.8倍	7	寶雅（5904）	15.9倍
3	龍巖（5530）	26.5倍	8	鳳凰（5706）	15.2倍
4	美利達（9914）	26.1倍	9	富堡（8929）	13.7倍
5	葡萄王（1707）	24.8倍	10	潤隆（1808）	13.4倍

資料來源：《Money 雜誌》2013 年 9 月號

來的股價漲跌起伏，可以了解3件事：**第一，沒有永遠的績優股；第二，高價買進績優股也會套牢；第三，逢低買進攤平成本，才能提早解套獲利。**

長抱台積電10年，是賺3倍還是住套房？全依買進價格而定。以**表2-1**中的收盤均價買進為例，在2000年（民國89年）買入（146.3元）並持股10年，到2009年仍是住套房，但如果在2007年買入（65.5元）並長抱10年，到2016年9月底以190元賣出，那麼股利、股息加上價差，確實是賺3倍以上。若再續抱一年，在2017年9月底以223元賣出，則可賺4倍以上。

績優股之所以會套牢，當然是因為買在高價位區，也就是買在悲情曲線反轉點，此後一路往下跌。雖然股價曾在期間反彈，但力道不足，因此存股理財者應引以為戒：**沒有永遠的績優股、成長股或是好存股，買股若買在悲情曲線反轉點，多半難逃虧損套牢的命運。**

股市上萬點，還可以買台積電嗎？短線區間操作或許可以，但是打算長期投資者則是聽聽就好，千萬不要當真在此時追高買進台積電，傻傻期盼10年後會獲利30倍了！

看**表2-2**會發現，台積電的適當買價僅70.5元，且現金殖利率與現金配息率均為 x 號。再看**圖2-1**可得知，股價一路往上攀升，加上外資持股比例已接近上限80％，似乎將抵達悲情曲線的波峰。若沒有外資加碼的力道，應無

法達到外資機構宣稱的300元目標價，散戶小資族若在此時進場買股，恐成為外資獲利了結的待宰羔羊，不宜追高買進當收租股。

外資每天的股市交易金額約占四成，少了外資的買賣進出，台灣股市可能如同一池死水，這也難怪政府不敢刪減外資免稅額。

事實上，不僅是台積電，**當股市在上萬高點時，多數績優股的股價都已偏高**，如果你試算收租股買前檢查表，會發現鴻海、二大超商及電信三雄等績優股的股價，都已經遠超過適當買價，不適合買進當好存股。

方法**3**

堅持買在微笑曲線時，
你就有倍漲的機會

Q 常聽人說買股要買在微笑曲線的低價期，什麼是微
笑曲線？

　　股票理財有所謂的微笑曲線理論，意思是：當股價或
淨值持續下跌時，不要驚慌恐懼，耐心等待跌至谷底時，
股價便反彈回升。**圖2-2a**的微笑曲線，如同股價的跌深

a 微笑曲線
（跌深反彈）

b 悲情曲線
（漲多拉回）

圖2-2　微笑曲線 vs. 悲情曲線

反彈。相對地，當股價上漲至波峰時，股價必然下跌，因此有**圖2-2b**的悲情曲線，如同股價的漲多拉回。**悲情曲線，居高思危；微笑曲線，逢低不懼！**

月有陰晴圓缺，人有悲歡離合，微笑之後，必有悲情。實際上，每一檔股票都不斷重複微笑曲線和悲情曲線的漲跌起伏走勢。問題是沒有人知道，今日的股價是否為微笑曲線或是悲情曲線的反轉點。

圖2-3是宏達電（2498）的股價週線圖，自2015年7月起，反覆出現微笑曲線的谷底（微笑反轉點），以及悲情曲線的波峰（悲情反轉點）。任何人看到**圖2-3**的週線

圖2-3　宏達電（2498）股價週線圖（2016/9〜2017/11）

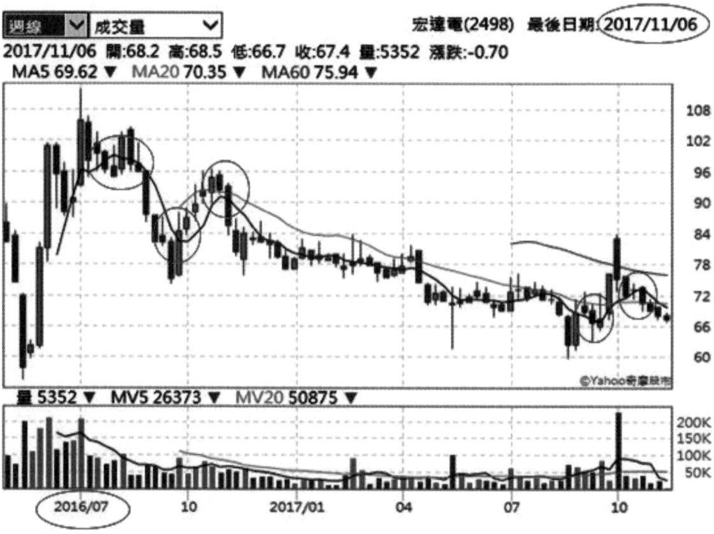

※ 資料來源：Yahoo 奇摩股市（//tw.stock.yahoo.com/）。

圖，都知道何時該買、何時該賣。然而，這都是事後諸葛。如果是現在進行式，何時會出現微笑曲線及悲情曲線的反轉點？反轉點後還會持續多久？線圖技術分析恐怕也很難準確預測。

　　雖然買股要買在微笑曲線的低價區，但實際上，我們只能觀察過往趨勢與計算適合買價，盡量買在相對低點，而且買跌不買漲。若買進的好存股價格持續下探，再分批買進以攤平成本。如此一來，當跌深反彈時，才能賺得更多。

方法4 我會觀察月K線圖，估計「最壞可能套牢多久」

散戶常見問題 8

Q 周圍朋友買股票都會看線圖技術分析，請問存股理財也要看嗎？

對於短線操作者而言，日線圖和週線圖或許有研判分析的功能，但也存在盲點。例如，前一天發生歐美股市急跌或猛漲的突發狀況，線圖分析就失靈了。對於持股3～5年的存股理財者，不僅日線圖、週線圖沒有助益，月線圖也沒有研判股價長期走勢的功能，僅能回顧股價的歷史走勢。

從巴菲特投資哲學的價值型選股，到核心投資組合中，看不到複雜的線圖技術分析，只有易懂的財報數據資料，卻能創造驚人的財富，讓他成為全球第二的億萬富豪（根據2017年排行）。這或許可以證明，線圖技術分析不適用於長期持股的存股理財。

依我們業餘投資者的淺見，股價月線圖僅是過去股價走勢的忠實記錄，可供邏輯判斷，而非技術分析使用。以線圖分析預測未來5天的股市指數趨勢，準確性大概不會高於氣象專家預測颱風未來5天的登台路徑，更遑論談收租股3～5年後的獲利情形。

前台南市賴市長因為堅持不放颱風假，而被譽為賴神，他在2017年甫上任閣揆的第3天，就碰上泰利颱風來襲。9月10日凌晨兩點時，氣象局預測颱風將從台灣南部海面過境（**圖2-4a**），而僅僅2天後（9/12），預測路徑又改成由台灣北部海面掃過（**圖2-4b**）。但是，最後的實際路徑偏離千里之遙，不僅陸上颱風警報免了，小市民滿心

圖2-4a　颱風泰利預測路徑圖（2017/09/10）

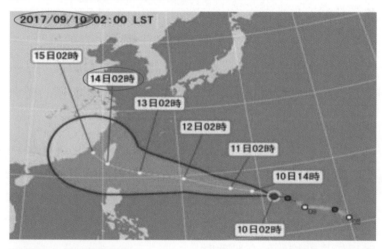

資料來源：《自由時報網站》

圖2-4b 颱風泰利預測路徑圖（2017/09/12）

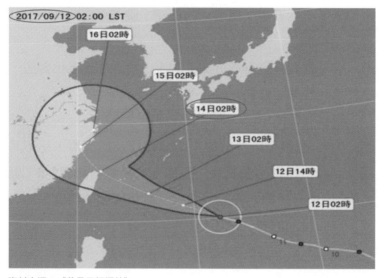

資料來源：《蘋果日報網站》

期待的颱風假也飛了。

因此，對於反覆無常的股市指數或股價走勢預測，也不必太過苛求。

我（卡小孜）曾經花一段時間研究線圖分析，但始終看不出，技術分析對選購長期持有的收租股有何幫助。不過，有了總覽1第2章的中鋼、台橡、燦坤及台玻四個案例的教訓後，我會在首次買股時，檢視股價月線圖，看看買入點的股價落在近5年股價的何處。以「五年一循環」的基準來看，如果近5年最高價出現在近2年內，則要有套牢3年的心理準備，或者可選擇暫緩買股，再等1季。

　　由**圖2-5**、**圖2-6**的月線圖可以看出，中鋼與台橡已走出傳統產業「五年一循環」的低潮，股價可望回升，但歷經悲情曲線的下坡路段，目前仍不符合收租股標準。不過，若是曾套牢且有逢低加碼的人，現在應已走出套房，處於獲利狀態（見80～81頁的**表3-2**）。

　　觀察個股的年度交易資訊（見第六章中每檔股票的第2張表），雖然可以看出每年的最高價及最低價，卻不易感受到股價漲跌的波動性。不過，若是觀察如**圖2-5**、**圖2-6**的股價月線圖，就能明顯感受股價變動的幅度，並大致了解，目前的買入價距離近5年的最高價有多遠，好歹有個心理準備，預估最壞的情況下可能套牢多久。

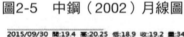

圖2-5　中鋼（2002）月線圖

※ 資料來源：Yahoo 奇摩股市（//tw.stock.yahoo.com/）。

圖2-6 台橡（2103）月線圖

※ 資料來源：Yahoo 奇摩股市（//tw.stock.yahoo.com/）。

方法**5**

潛力收租股太貴怎麼買？用2方案進場最安全

> ### 散戶常見問題 9
>
> **Q** 現在股價每一檔都好貴！如果想開始買存股，該怎麼做？

　　1998年股素人沒有用對方法、做對功課，全憑感覺或聽明牌買股票，於是虧損套牢而黯然退場。所幸他是用閒錢買股票，475萬元套牢在7檔股票上（見77頁**表3-1**），就當成花錢買經驗、學技術，才有2009年的收租股操作SOP原型，造就我（卡小孜）存股10年零虧損的記錄。

　　收租股操作SOP濃縮了我們從2009至2017年，存股3～5年獲利100％的經驗。然而，我們的成功並非穩賺不賠的保證，因為相同的老師與教材，班上總有第1名和最後1名。

　　目前股素人和我共持有本書75檔潛力股中的27檔股票，而我們每年2次換股或買股時，也是從這75檔股票中

挑選。本書可以幫讀者節省在股海撈針、搜索收租股的心力，希望你能跟我們一樣，有機會體驗持股3～5年，獲利100％的小確幸。

當股市指數在上萬高點時，大多數收租潛力股的股價，多已比適當買價高出許多。如果希望在此時投入資金，可行方案有兩種：

方案一：挑選股價比適當買價高30％以內的潛力股，採取「買跌不買漲」的分批買進方式。

方案二：挑選①股價跌至近3～5年最低價、②去年仍配發現金息，且③近4季EPS和仍為正值的股票，以每跌20％買1次的方式分批買進。若股價止跌回升，則不再買進。

此外，方案二當中，股票的股價可能尚未跌到谷底。舉例來說，看**圖2-7**的股價月線圖，中宇（1535）在2017年11月時，股價已跌至近5年的最低價位區。買這種跌深的股票，真的需要有「他人恐懼我貪婪」的逆人性勇氣。我在2017年8月，趁除權息後的股價低點時，補買崇越電（3388），而股素人也加碼買進中宇及大塚（3570）。

遵守收租股操作SOP，戒急用忍等時機，以收租股買前檢查表中的適當買價，買進收租潛力股，則富貴不需險中求，小富可以安穩得。

圖2-7　中宇（1535）股價月線圖

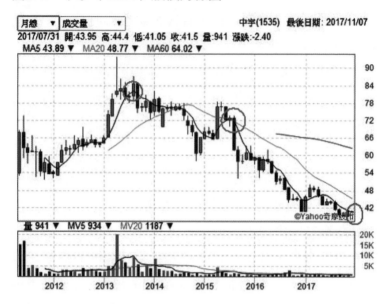

※ 資料來源：Yahoo 奇摩股市（//tw.stock.yahoo.com/）。

▸投資理財必有風險，宜量力而為，並自負盈虧之責。

NOTE

NOTE

NOTE

好存股套牢不用怕！
學我逢低買進更快翻倍

方法6

買鍱德慘賠提醒我，盲信績優股照樣住套房！

Q 我明明聽專家的話買進績優股，為什麼還是住套房？

　　表3-1中的7檔股票，都是股素人在1998～2002年（民國87～91年），用閒錢買進的績優股。股素人在2002年心灰意冷退出股市後，便忘記它們的存在，才能保持完整的記錄，否則早就狗急跳牆賣光股票。

　　從1998至2017年底，這些股票各自的際遇大不同。鍱德（2349）已從200元高價績優股，淪落為5元超低價水餃股。其他的股票均為台灣50（0050）的成份股，然而其中的第一金、開發金及華碩（和碩），即使計入每年的現金股利（又稱現金息），仍然套牢中。這證實了**高價買進績優股也套牢**的觀點，所以在**低價位買進好存股**，才是確保不虧損套牢的重要因素。

表3-1　股素人1998～2002年買進的7檔績優股

序號	公司名稱	代號	買入年/月/日	買入股數	買入單價（元）	買入總價（元）	累計股數	持股成本（元/股）	今日股價（元）106/11/06	賣出總價（元）106/11/06
1	第一金	2892	87/05/18	2,000	68.1	136,194	19,537	26.06	19.3	377,064
			87/08/10	3,000	57.6	172,745				
			88/10/04	5,000	40.0	200,285				
	合計			10,000		509,224				-132,160
2	開發金	2883	87/06/11	1,000	77.6	77,610	11,953	19.29	9.26	110,685
			87/08/07	1,000	65.5	65,593				
			89/07/26	2,000	43.6	87,324				
	合計			4,000		230,527				-119,842
3	鋐德	2349	89/01/19	3,000	205.2	615,876	11,155	103.96	5.01	55,887
			89/02/22	3,000	181.2	543,773				
	合計			6,000		1,159,649				-1,103,762
4	華碩（和碩）	2357（4938）	89/03/15	2,000	347.4	694,989	2,019+和碩（4,454）	176.92	264.0（78.2）	881,319
			89/05/20	1,000	280.1	280,399				
			97/06/13	2,000	84.9	169,841				
	合計			5,000		1,145,229				-263,910
5	國泰金	2882	89/03/15	5,000	77.1	385,548	8,154	47.28	50.0	407,700
	合計			5,000		385,548				+22,152
6	台積電	2330	89/05/31	2,000	157.2	314,447	14,578	67.05	239.5	3,491,431
			89/06/20	2,000	148.2	296,421				
			89/08/03	3,000	122.1	366,521				
	合計			7,000		977,389				+2,514,042
7	廣達	2382	91/02/15	2,000	132.1	264,376	7,242	46.84	72.3	523,597
			97/01/31	2,000	37.4	74,806				
	合計			4,000		339,182				+184,415
總計						4,746,748				5,847,683

註1：因年代久遠，難以細算，故未計入現金股利（又稱現金息）。

註2：華碩股價由350元一路下跌至98年的29.5元，在99年與和碩切割後，才重回百元以上，但持股由11,034股減為6,109股（華碩1,655股＋和碩4,454股）。

註3：第1～4紅字部份的四檔股票，至2017年底仍在套牢中。

方法7

收租股套牢時，掌握跌20％時機加碼來賺錢

Q 買進績優股以後被套牢怎麼辦？該認賠殺出嗎？

　　存股收租理財，和買房長期投資是一樣的道理。房地產投資基本上是「放長線釣大魚」的理財方式，當然少不了短線炒房的投資客，就像股市投資也有佔大多數的短線操作者。

　　依據歷史經驗法則，都市地區房地產的價格是漲多跌少，長期來看（看年線），通常呈鋸齒狀攀升，終究會漲。因此，房地產的投資理財，除了可出租賺取租金外，便是要耐心等待3年、5年甚至10年以上，賺取上漲數倍的利潤；只不過需要有較多的資金，並非人人玩得起。

　　存股收租理財運用房地產長期投資的理念，但資金需求的門檻低，每月1、2千元即可從零股投資入門（見前

書1-6）。銀行定存利息雖低，但帳面本金絕對少不了，唯一準則就是「等待，時間到利息自然來」。存股理財涉及方法、人性及局勢等複雜的因素，因此並非穩賺不賠。想要存股理財安穩賺，就得用對方法，做對功課，再加上紀律與耐心。

　　理論上，持有好存股、每年領取現金股利後，可再買入同檔股票，使其以複利率計算利息（即所謂的「滾雪球」效應）。但實務上，就如同出租房子收房租一樣，光憑房租收入，通常難以立即再買房投資。**每年八、九月領到現金息之後，不必急著再進場買股，最好耐心等待，檢視個股的基本面資料，並精挑細選，然後買進適當買價的好存股，或是已跌20％以上的套牢好存股，才能獲得較佳的投資報酬率。**

　　在長達3～5年的存股理財過程中，難免遇上股價低檔期，想要縮短住套房或是獲利的時間，必須具備「買跌不買漲，逢低再加碼」的勇氣。

　　股素人與我（卡小孜）從1998至2017年底，有過9檔股票曾經套牢再逢低加碼的經驗，如下頁**表3-2**所示。歷經多次的逢低加碼，除了燦坤（2430）以外，其他8檔股票均已呈現獲利狀況，其中先益（3531）、亞翔（6139）及亞泰（4974）在2017年Q3均已獲利倍漲，賣出了結。如果對此3檔股票並未在首次買進後逢低加碼，就無法在持股3～5年內獲利倍漲，由此可見逢低加碼的重要性。

表3-2 ▶ 1998～2017年，曾套牢並加碼的股票

序號	公司(代號)	買入年/月	買價(元)	買入後第1年 配息/成本/最高價	買入後第2年 配息/成本/最高價	買入後第3年 配息/成本/最高價	買入後第4年 配息/成本/最高價	買入後第5年 配息/成本/最高價	目前套牢否	106/10/24 股價
1a	中鋼(2002)	100/11	27.8	1.16/26.64/30.90	0.50/26.14/28.40	0.90/25.24/27.00	1.00/24.24/26.75	0.50/23.74/25.9		24.75
1b	中鋼(2002)	105/02	18.35	0.50/17.85/25.9	0.85/17.0/26.4	1a,1b平均持股成本為20.37元			否	↑21.5%
2a	裕民(2606)	102/06	46.0	2.50/43.50/55.20	2.00/41.50/53.80	2.20/39.30/49.90	1.00/38.30/30.45	0.75/37.55/41.2		36.25
2b	裕民(2606)	105/02	25.10	1.0/24.10/30.45	0.75/23.35/41.2	2a,2b平均持股成本為29.66元			否	↑22.2%
3a	先益(3531)	102/06	25.3	1.70/23.60/29.00	1.80/21.80/31.50	1.50/20.30/21.85	0.25/20.05/19.25	1.1/18.95/34.6		30.80
3b	先益(3531)	104/01	20.6	1.50/19.10/31.50	0.25/18.85/19.15	1.1/17.75/34.6				
3c	先益(3531)	104/07	18.4	1.50/16.9/31.50	0.25/16.65/19.15	1.1/15.55/34.6				
3d	先益(3531)	105/02	13.4	0.25/13.15/19.75	1.1/12.05/34.6	3a～3d平均持股成本為16.06元，於106/10以32.3元賣出			倍漲賣出	
4a	台橡(2103)	102/06	59.05	2.6/56.45/62.80	1.87/54.58/47.00	2.60/51.98/40.30	1.06/50.92/35.3	1.0/49.92/39.5		33.55
4b	台橡(2103)	103/01	45.2	1.87/43.33/47.00	1.52/41.81/40.30	1.06/40.75/35.3	1.0/39.75/39.5			
4c	台橡(2103)	104/06	29.5	1.52/27.98/40.30	1.06/26.92/35.3	1.0/25.92/39.5				
4d	台橡(2103)	105/02	23.45	1.06/22.39/NA	1.0/21.39/39.5	4a～4d平均持股成本為30.39元			否	↑10.4%
5a	亞翔(6139)	102/06	28.3	2.00/26.30/32.50	1.50/24.80/28.95	0.80/24.00/25.05				36.85
5b	亞翔(6139)	104/06	21.25	0.80/20.45/43.50						
5c	亞翔(6139)	105/02	18.65	1.43/18.65/43.50		5a～5c平均持股成本為21.03元，於105年3月以42.2元賣出			倍漲賣出	
6a	亞泰(4974)	102/12	41.9	2.50/39.40/53.20	2.70/36.70/52.00	2.65/34.05/69.6				50.90
6b	亞泰(4974)	105/06	28.9	2.65/26.25/69.6		6a～6b平均持股成本為30.15元，於106年8月以61.0元賣出			倍漲賣出	
7a	崇越電(3388)	103/06	75.2	5.0/70.2/81.6	5.0/65.2/72.5	4.0/61.2/65.9	4.0/57.2/71.2			68.10
7b	崇越電(3388)	105/02	61.6	4.0/57.8/65.9	4.0/53.8/71.2	7a～7b平均持股成本為55.5元			否	22.7%

序號	公司（代號）	買入年/月	買價（元）	買入後第1年配息/成本/最高價	買入後第2年配息/成本/最高價	買入後第3年配息/成本/最高價	買入後第4年配息/成本/最高價	買入後第5年配息/成本/最高價	目前套牢否	106/10/24股價
8a	旭軟（3390）	103/06	40.3	3.4/36.9/48.3	2.0/34.9/33.15	0.8/34.1/18.35	1.0/33.1/27.6			22.85
8b	旭軟（3390）	104/01	31.6	2.0/29.6/NA	0.8/28.8/NA	1.0/27.8/27.6 NA				
8c	旭軟（3390）	104/06	27.2	2.0/25.2/NA	0.8/24.4/NA	1.0/23.4/27.6				
8d	旭軟（3390）	105/02	13.6	0.8/12.8/18.35	1.0/11.8/27.6	8a～8d平均持股成本為21.79元			否	↑4.86%
9a	燦坤（2430）	103/01	40.8	2.0/38.8/44.95	0.4/38.4/33.1	1.22/37.68/31.0	2.0/35.68/30.95 ←106年最高價			23.65
9b	燦坤（2430）	104/01	32.3	0.4/31.9/33.1	1.22/30.68/31.0	2.0/28.68/30.95				
9c	燦坤（2430）	104/06	24.7	0.4/24.3/33.1	1.22/23.08/31.0	2.0/21.08/30.95				
9d	燦坤（2430）	105/02	20.8	1.22/19.58/31.0	2.0/17.58/30.95	9a～9d平均持股成本為24.35元			套牢中	-2.87%

註：成本是指持股成本，第 1 年成本＝買入價 - 第 1 年配息，第 2 年成本＝第 1 年成本 - 第 2 年配息，第 3 年成本＝第 2 年成本 - 第 3 年配息，依此類推。

　　如**表3-2**的9a～9d項，燦坤曾在2017年（民國106年）解套（最高價30.95元），但賺20％並非目標，因此我們並未賣出，而是選擇續住套房領股息。

　　我們逢低加碼的標準很簡單，如同69頁中的方案二：挑選①股價跌至近3～5年最低價、②去年仍配發現金息，且③近4季EPS和仍為正值的股票，以每跌20％買1次的方式分批買進。若股價止跌回升，則不再買進。

　　通常，買在近5年最低價的好存股，即使套牢也不會超過2年。所以，好存股套牢時，到底賣不賣？

　　面對收租股套牢時，唯一的策略就是價跌心不驚，逢低再加碼。做得到「他人恐懼我貪婪」的人，才是存股理財的贏家。股票買賣是你丟我撿的金錢遊戲，沒有對錯，只有輸贏。

　　當股票套牢時，堅持不賣的人到底是阿Q還是股神？如果你確實依據買股的3個15準則與3個先決條件，買進低價位的好存股，那麼在認賠賣出前，請先回想股神巴菲特的兩句名言：「買股票時，要假設從明天起，股市將休市3～5年」；「如果你不想持股10年，連10分鐘也不要持有」。

方法**8**

股神巴菲特也曾套牢，怎樣成為獲利前段班的高手？

散戶常見問題 12

Q 為什麼我投資常常虧損套牢？投資專家都是怎樣獲得高報酬率？有可能零虧損嗎？

　　月有陰晴圓缺、價有漲跌起伏，股價時起時落乃是常態，所以投資理財並非穩賺不賠，即使股神巴菲特也是如此。前文中曾提到，有人問巴菲特是否投資失敗過，巴菲特笑答：「如果時間許可的話，我可以談上三天三夜。」

　　這或許是半開玩笑的說法，綜觀巴菲特的投資實績，自1965年以來，他的公司波克夏（Berkshire）的平均報酬率高達19％，但若只看個股，還是有虧損套牢的股票。

　　下頁**表3-3**列出巴菲特的前5大持股及其跌幅，這些股票的股價跌幅曾在-32％與-81％之間大幅震盪，但巴菲特的總持股勝率仍為正值。就如此大的跌幅而言，短線操作專家通常在小跌10％的停損點就認賠賣出，而那些不是用

表3-3 巴菲特前5大持股的最大跌幅

名稱	高低震盪（美元）	跌幅（％）	時間點
WFC（富國銀行）	36.78～8.09	-78	2006/11～2009/03
Ko（可口可樂）	42～20	-52	1998/04～2003/01
AXP（美國運通）	51～28	-45	2000/05～2001/08
	64～12	-81（max）	2007/03～2008/12
IBM	120～58	-51	2001/09～2002/06
	215～120	-44	2013/03～2016/01
WMT（沃爾瑪）	16.28～10.19	-37	1992/11～1995/11
	84～57	-32（min）	2014/10～2015/08

※ 資料來源：《你沒學到的巴菲特：股神默默在做的事》，闕又上著。

閒錢買股的散戶小資族，大概會虧得更慘。

巴菲特是全球唯一靠投資理財成為億萬富豪的人，2017年財富高達756億美元，全球排名第二（榜首為比爾蓋茲）。**表3-4**是波克夏公司與標準普爾500指數，從2000至2016年的投資報酬率比較表。波克夏的17年平均報酬率為9.61％，在2001及2008年為負值的虧損狀況。美國標準普爾500指數的17年平均報酬率為6.82％，在2000～2002、2008及2015年為負值的虧損狀況。波克夏的平均報酬率大約比標準普爾500指數高40％，足見股神投資理財的功力。

除了眾所皆知的股神巴菲特外，國內也有許多的投資理財專家。姑且不談電視財經節目的專家，就看政府的四大基金吧。政府的四大基金，是指勞退基金（新制、舊制）、勞保基金、退撫基金及郵政基金。此外，勞退新制

表3-4 股神巴菲特的投資報酬率

民國（西元）	波克夏（a）	S&P500指數（b）	差異（a-b）
89年（2000）	6.5%	-9.1%	15.6%
90年（2001）	-6.2%	-11.9%	5.7%
91年（2002）	10.0%	-22.1%	32.1%
92年（2003）	21.0%	28.7%	-7.7%
93年（2004）	10.5%	10.9%	-0.4%
94年（2005）	6.4%	4.9%	1.5%
95年（2006）	18.4%	15.8%	2.6%
96年（2007）	11.0%	5.5%	5.5%
97年（2008）	-9.6%	-37.0%	27.4%
98年（2009）	19.8%	26.5%	-6.7%
99年（2010）	13.0%	15.1%	-2.1%
100年（2011）	4.6%	2.1%	2.5%
101年（2012）	14.4%	16.0%	-1.6%
102年（2013）	18.2%	32.7%	-14.5%
103年（2014）	8.3%	27.0%	-18.7%
104年（2015）	6.4%	-12.5%	18.9%
105年（2016）	10.7%	23.4%	-12.7%
平均值	9.61%	6.82%	2.79%

註1：標準普爾 500 指數（S&P 500 Index），是美國 500 家上市公司的股票指數，由標準普爾公司自 1957 年開始編製。

註2：資料來源：美國波克夏（Berkshire）公司網站。

基金、勞退舊制基金、勞保基金、國保基金、就保基金、工資墊償基金及職災保險基金這七種基金，統稱為勞動基金。以上各大基金都有專業的股票操盤專家群。

　　表3-5顯示，2016年（民國105年）政府四大基金的投資報酬率，都落在1.59％～4.17％，算是勉勉強強，至少沒有虧損。**表3-6**是三大基金從2011至2016年的投資報

酬率，它們各自的6年平均報酬率僅維持在2.71～3.12％，有些年度甚至比台銀2年定存的利率還低。

投資理財人人會，但盈虧結果大不同。股票收租法追求的合理利潤目標，是「每年的現金利息收入≧6％」。聽多了理財專家說的「30％、40％報酬率」，你可能覺得

表3-5 ▶ 四大基金105年的投資報酬率

基金	勞保基金	勞退新制	勞退舊制	退撫基金	郵政基金
規模（兆元）	0.70	1.69	0.82	0.55	6.7
投資報酬率	4.02%	3.23%	4.17%	2.01%	1.59%

※ 資料來源：匯流新聞網報導（2017.3.14）
※ 勞退基金又分為新制與舊制。

表3-6 ▶ 三大基金近6年的投資報酬率

民國（西元）	勞保基金	勞退新制	勞退舊制	退撫基金	台銀2年定存利率
100年（2011）	-2.97%	-3.94%	-3.53%	1.44%	1.32%
101年（2012）	6.25%	5.01%	4.49%	2.21%	1.40%
102年（2013）	6.35%	5.67%	6.58%	4.00%	1.40%
103年（2014）	5.61%	6.38%	7.19%	4.60%	1.40%
104年（2015）	-0.55%	-0.09%	-0.58%	2.34%	1.38%
105年（2016）	4.02%	3.23%	4.17%	2.01%	1.12%
平均	3.12%	2.71%	3.05%	2.77%	1.34%

※ 資料來源：勞動部勞動基金運用局及退撫基金網站。
※ 勞退基金又分為新制與舊制。

6％的報酬率很低。然而，由**表3-4～表3-6**的數據，應可了解「每年6％的報酬率」是相當不簡單吧。

連巴菲特的每年投資報酬率也有呈負值的情況，更遑論一般的小資族理財者。此外，以台股2016～2017年，股市指數在9,000～11,000點，年平均殖利率僅約3.9％而言，**投資理財者若能每年有6％的現金利息收入，已算是前段班的獲利高手。**

2005年7月勞委會開辦勞退新制時，勞退基金的「保證收益率」為每年6％報酬率。結果，不僅勞退新制基金做不到，四大基金也大多達不到6％的要求。後來才下修，僅以台灣銀行等6家官方銀行的二年期定期存款的年利率平均值為目標（≦1.4％，見**表3-6**）。

另外，保證收益率是政府要求受委託的基金經營者的「最低報酬率」。依據規定，保證收益率為台灣銀行等6家官方銀行的二年期「小額定期存款」的年利率平均值。

方法9 收租股沒有停損點，只要買對價錢就能獲利100%

散戶常見問題 13

Q 大家都說買跌不買漲，但買了慘跌的股票後套牢怎麼辦？

　　存股理財必有風險，風險包含虧損與套牢。符合收租股買前檢查表適當買價的好存股，基本上沒有虧損的困擾，但在長達3～5年的持股期當中，有可能短暫套牢。虧損是高買低賣的金錢損失，套牢則是閒錢凍結的心情鬱卒。由此可知，在收租股套牢時，需要事先做好心理建設，要能以平常心住套房。

　　即使是好存股，股價也有漲跌起伏。以**表2-1**（見53頁）為例，台積電在2012～2016年，每年的股價至少有30％以上的價差，某些投資理財專家或許真能以技術分析，短線操作、低買高賣，從中賺取20％以上的利潤，但也可能看走眼而虧損（投資理財專家的字典裡沒有「套

牢」這樣的用語，但必定訂立停損點、停利點，短線進出，輸少贏多就是賺）。小資族存股理財時，不宜依樣畫葫蘆，否則後果恐怕不樂觀。

如果在2005年（民國94年）1月以46.2元（**表2-1**）買進台積電，然後長抱10年，賣在2015年3月的155元，那麼扣除每年的配息和配股，還原權值後，確實能獲利10倍以上。事實上，像這種長抱10年、獲利10倍的股票，如果不限起始年份，至少有300檔以上。

羨慕歸羨慕，怨嘆歸怨嘆，**高ROE的股票通常都伴隨著高股價。因此，不要受到高ROE的誘惑，反而應恐懼價高必跌的苦果。**貪婪必定追高，恐懼難免殺低，是投資理財時的人性常態。想不追高殺低，確實是知易行難，必須給自己心理建設，加上耐心和毅力，才能達到「他人恐懼我貪婪，逢低加碼早解套」的境界。

其實，好存股只要買在近5年的最低價（便宜買價），多有「持股5年，獲利100％」的機會，只是你敢逢低買股嗎？人們往往在高股價時，期待股災來臨，但等股災真的到來，例如2008年的金融危機，卻又不敢逢低買進。

2017年遇到在日月光（2311）工作的友人，在閒聊投資理財時，他感嘆道：「2013年12月發生水汙染事件時，公司員工很少有人敢進場買股（當時股價為23.5元），如今股價已在40元以上，唉……。」

2014年7月高雄凱旋路氣爆後，榮化（1704）的股價

曾經暴跌到12元，卻沒什麼人敢進場撿便宜。然而2016年7月，榮化股價已回漲到40元以上，2年漲3.3倍。很多人在錯失獲利良機後，才大為感嘆。

投資理財有賺有賠，因此虧損（認賠賣出）或套牢（續抱不賣）在所難免。存股理財猶如馬拉松長跑，下坡（價跌買股）戒急，上坡（價漲賣股）用忍。當好存股套牢時，必須逆人性操作：他人恐懼我貪婪，逢低加碼早解套。因此，投資理財有所謂的「二八法則」：20％的贏家從80％的輸家手中賺取利潤。

依據我們的存股理財實績來看，如果是以適當買價買進的好存股，持股3～5年內有70％機率可翻轉1倍。好存股只有停利點，不需設定停損點。

對於好存股，要克服恐懼，逢低加碼。我們做到了，相信各位讀者也做得到！

NOTE

NOTE

NOTE

Chapter **4**

掌握「董監改選行情」，存股還能搶賺額外財

方法10

董監改選行情能讓股價猛漲50%，怎麼抓時機？

Q 最近「董監改選行情股」話題炒得沸沸揚揚，請問到底什麼是董監改選行情股？

　　2017年初，最廣為人知的董監改選相關炒股大新聞，莫過於大同（2371）案例。大同公司有約240億元的資本額，雖然本業虧損，甚至已八年未發股利，但身為老牌家電及重電業者，加上土地資產雄厚，引起陸資的覬覦，股價從2016年5月的4.49元起一路上漲，2017年2月竟狂飆到20元。後來，這引起金管會等政府機關的注意而介入調查，大同公司才得以保住經營權。

　　依公司法規定，公司的董監事任期不得超過3年，也就是至少每3年，董監事需在股東會時進行改選一次。而且，在召開股東會前60天，股票必須停止過戶。通常國內上市櫃公司股東會多集中在每年6月間，因此想爭奪董監

事席次的人，必須在4月底前盡可能買進股票，以增加手中掌握的股權實力。

一般公司的經營者（公司派）為鞏固經營權，都會盡量保持手中持股的比例。如果持股偏低或是持股質押比過高，就可能引起股市大戶（市場派）的覬覦。**因此，公司派及市場派人馬，會在董監事改選年度的1～4月，買進股票以增加籌碼。這時，一些具有潛在價值、股價淨值比偏低的公司，可能上演股權籌碼爭奪戰，甚至使股價在短短3個月內上漲50％以上。**

有心爭奪董監事大位者，很可能在董監事改選前一年的第4季，即股價尚且較低時，就開始默默地收購。不過，此時股價還不會明顯上漲，多半在董監事改選年度，股權爭奪戰的戲碼才正式上演。

因此，這些公司的股價往往在1～3月，才可能猛漲50％以上，若公司派與市場派雙方籌碼相當，難分軒輊，一路戰到股東的最後過戶日，股價甚至可能飆漲至數倍，這就是所謂的「董監改選行情股」。

台灣目前上櫃上市的公司約有1,800家，以每3年改選一次概算，平均每年約有近600家公司會改選董監事，但每年可能出現董監事改選行情的公司並不多，只能參考歷史資料。此外，**本書推薦的收租股，通常屬於非「董監改選行情」潛力股，因為可能有董監事改選行情的公司，往往不符合本書收租股操作SOP的先決條件第二項：「董監**

持股≧25%（**OK等級**）」。

　　所以，對於想安穩獲利的存股投資者來說，在投資董監改選行情股前，務必三思！

方法**11**

用一張表，看懂「董監事持股比例」規定

散戶常見問題 15

Q 為什麼大同會被盯上，差點被搶走公司經營權？法律規定董監事持股比例到底是多少？

　　根據證券交易法第26條第2項，全體董監事持股比例必須符合下頁**表4-1**的規定，持股比例下限因為資本額多寡而有所不同，從資本額3億元以下開始算，到超過1,000億元的公司，每個區間各有不同的持股比例下限規定。

　　例如：台積電（2330）的資本額高達2,500億元以上，董監事持股7％，而鴻海（2317）的資本額1700億元以上，其董監事持股為9.5％，兩家大企業的董監事持股比例，都遠高於法令規定的1.0％＋0.1％。被日月光併購的矽品（2325）的資本額約310億元，董監持股3.7％，僅略高於法令規定（3.3％）。

　　大同（2371）的資本額約230億元，董監事持股約

8％，雖然遠高於法令規定的3.3％，但股價偏低，又是知名的資產概念股，因此引起陸資的覬覦。

表4-1 ▶ 董監事持股比例下限依資本額而異

級距	實收資本額	全體董事持股規定	全體監事持股規定
1	3億元以下	≧15%	≧1.5%
2	3～10億元	≧10%	≧1%
3	10～20億元	≧7.5%	≧0.75%
4	20～40億元	≧5%	≧0.5%
5	40～100億元	≧4%	≧0.4%
6	100～500億元	≧3%	≧0.3%
7	500～1000億元	≧2%	≧0.2%
8	超過1000億元	≧1%	≧0.1%

註：公開發行公司選任的獨立董事，持股不計入前項總額。選任董事二人以上的公司，
　　獨立董事外的全體董事、監察人，依前項比率計算的持股成數降為80％。

方法**12**

瞄準3關鍵，鎖定下一個董監改選行情股

散戶常見問題 16

Q 哪種公司比較可能上演董監改選戲碼？想賺這種行情股的錢要注意什麼？

基本上，會出現董監改選行情的公司具有三項特色：

1. 董監事的持股偏低或質押比偏高

對於董監事持股低於15％的公司，公司派的股權防禦力較低，特別是資本額在30億元以下的公司，更容易被市場派盯上。

公司董監事持有的股票中，若質押股票超過當選時持股的50％，那超過50％的部份不得行使表決權。因此，若未能在股東會前兩個月買回質押股票，或再增加持股比例，實質上等於持股偏低。然而，有些董監持股比例高的公司，也可能有派系經營權之爭，於是有機會出現董監改

選行情（見104-105頁的**表4-2**）。

　　根據收租股操作SOP，董監持股下限的建議值是**15％**。對於資本額在100億元以上的公司，這或許稍嫌保守。若要下修，建議你仍堅持「現金配息率≧70％」的準則。

2. 有利益價值且股價低

　　其實，董監持股偏低，並非上演董監改選行情的主因，公司本身具有利益價值，才是吸引市場派介入，使得股價飆漲的幕後推手。利益價值指的是土地資產多、現金多、負債比低，以及有價值高的轉投資事業等。具有利益價值且股價淨值比低（≦1.0）時，表示公司價值被低估，因為取得成本也會較低，所以成為想介入的市場派或是想借殼上市者的最愛。

3. 資本額低的小型股

　　資本額在30億元以下的小型股，由於公司的總市值低，市場派若想介入經營權之爭，不但投入成本較低，籌碼也較易操控。當股價在低檔時（即股價淨值比低時），30億元以下的資金對大金主不是問題，甚至只要一位投顧老師聯合旗下的會員，就能見縫插針、操弄股價，使其

成為飆漲股。

表4-2列出60檔曾出現或較可能出現董監改選行情的公司，除了公司派與市場派的經營權之爭外，尚有公司派董監事的鬩牆之爭，例如三陽（2206）、台苯（1310）、借殼上市的龍巖（5530）、以及日月光（2311）對矽品（2325）的蓄意併購等。然而，出現董監改選行情的公司並非全是負面因素，有些公司營運獲利良好，例如彰銀（2801），便是因為有利益價值的誘因，而吸引市場派大金主的介入。

不過，有可能出現董監改選行情的公司，也可能被市場主力大戶趁機倒貨，假董監改選行情之名，行股價炒作之實，甚至使股價在數天內即暴跌50％以上。

因此，若你想要用存股方式理財，不必刻意去追求董監改選行情股，只要依收租股操作SOP的但書條款③「限每年買股2次」，在每年元旦前後30天內，稍微留意你既有的好存股，或是即將買進的好存股，是否碰巧遇上董監事改選年。萬一在4月底前，股價真的飆漲一倍，這種非本業因素的飆漲良機稍縱即逝，你可考慮賣出，再找其他好存股作為投資標的。

董監改選行情多無基本面的支撐，股價雖然可能倍漲，但是在股東完成過戶之後，炒作主力很可能藉機倒貨，股價便會崩跌，不得不提防。

表4-2 ▶ 60檔「董監改選行情」潛力股

公司（代號）	106/11/1股價（元）	每股淨值（元）	股價淨值比	股本（億元）	董監持股%	董監改選年度	公司（代號）	106/11/1股價（元）	每股淨值（元）	股價淨值比	股本（億元）	董監持股%	董監改選年度
台泥（1101）	33.6	30.39	1.11	424.65	12.08	107	華建（2530）	13.70	12.10	1.13	27.08	59.90	106
味全（1201）	19.85	9.21	2.16	50.61	14.55	105	長榮（2603）	17.35	16.09	1.08	401.24	12.32	106
泰山（1218）	18.55	11.07	1.68	50	4.79	105	榮運（2607）	13.95	20.08	0.69	106.71	48.21	106
黑松（1234）	31.10	43.52	0.71	40.19	17.44	105	大榮（2608）	36.75	17.31	2.12	46.7	54.97	105
台苯（1310）	20.35	13.46	1.51	52.79	10.21	105	彰銀（2801）	16.30	15.20	1.07	941.3	34.81	106
中石化（1314）	13.25	23.10	0.57	236.34	3.15	107	統一證（2855）	14.45	17.80	0.81	139.04	35.66	107
台化（1326）	91.90	58.83	1.56	586.12	24.31	107	新光金（2888）	9.57	13.27	0.72	1022.8	9.70	106
新紡（1419）	39.70	26.21	1.51	30	16.14	106	國票金（2889）	9.12	11.50	0.79	278.67	5.06	106
名軒（1442）	18.15	18.52	0.98	29.75	7.65	105	農林（2913）	16.00	21.14	0.76	70.68	15.93	106
東元（1504）	28.00	25.98	1.08	200.27	8.68	107	揚智（3041）	19.15	15.40	1.24	30.26	1.08	105
聲寶（1604）	13.95	14.41	0.97	49.9	8.80	106	穩懋（3105）	258.00	46.74	5.52	40.27	7.06	105
大亞（1609）	9.21	11.88	0.78	57.22	8.94	107	弘憶股（3312）	6.85	8.46	0.81	12.85	12.17	106
榮化（1704）	41.00	30.90	1.33	85.54	5.63	105	聯一光（3441）	49.90	22.84	2.18	4	16.71	106
興農（1712）	17.75	15.96	1.11	38.43	5.06	105	聯鈞（3450）	123.50	27.36	4.51	13.24	8.11	105
台肥（1722）	39.35	49.97	0.79	98	27.83	107	昇達科（3491）	78.20	28.65	2.73	5.16	10.13	105
和成（1810）	9.33	15.46	0.60	36.99	9.94	107	先益（3531）	29.75	29.12	1.02	6.12	11.08	105
台紙（1902）	19.05	14.03	1.36	40.2	23.24	106	聯穎（3550）	15.85	23.32	0.68	8.5	24.84	106

公司（代號）	106/11/1股價（元）	每股淨值（元）	股價淨值比	股本（億元）	董監持股%	董監改選年度	公司（代號）	106/11/1股價（元）	每股淨值（元）	股價淨值比	股本（億元）	董監持股%	董監改選年度
中鋼構（2013）	19.60	21.79	0.90	20	42.91	106	東洋（4105）	94.00	19.87	4.73	24.87	12.50	105
南港（2101）	27.25	13.46	2.02	83.39	19.27	105	晟德（4123）	47.75	20.97	2.28	32.06	33.60	105
中橡（2104）	42.00	30.72	1.37	62.86	15.09	107	聯光通（4903）	31.75	10.59	3.00	9.03	9.06	106
三陽（2206）	22.00	15.96	1.38	86.86	6.36	106	中磊（5388）	86.40	28.14	3.07	24.29	4.97	105
大同（2371）	14.10	13.16	1.07	234.0	7.64	106	中美晶（5483）	84.70	45.65	1.86	59.21	4.53	107
智寶（2375）	29.10	20.30	1.43	9.15	14.39	106	友勁（6142）	8.34	11.06	0.75	26.82	10.96	106
技嘉（2376）	47.95	36.54	1.31	62.97	20.72	107	倍微（6270）	13.25	18.09	0.73	7.21	20.65	105
國碩（2406）	19.05	12.66	1.50	33.91	5.61	105	華上（6289）	2.79	0.59	4.73	26.93	11.92	107
圓剛（2417）	12.90	14.89	0.87	19.29	8.10	107	晶采（8049）	17.65	12.33	1.43	11.82	8.88	105
志聖（2467）	27.50	14.88	1.85	15.87	13.22	105	福華（8085）	5.84	9.24	0.63	15.73	27.38	107
大毅（2478）	27.50	24.82	1.11	18.81	18.58	107	英格爾（8287）	12.60	15.35	0.82	14.56	1.49	107
瑞軒（2489）	15.50	14.90	1.04	83.44	8.56	107	寶成（9904）	37.75	27.63	1.37	294.7	8.79	105
龍邦（2514）	14.00	18.79	0.75	49.36	0.08	105	康那香（9919）	11.20	12.71	0.88	19.71	29.87	106

※ 董監改選每 3 年一次，但並非每次改選均有改選行情。

提醒

董監事改選資訊哪裡找？活用公開資訊觀測站……

散戶常見問題 17

Q 我要怎麼知道哪些公司即將改選董監事？哪裡有資料可以查詢？

欲查詢董監事改選資訊，如**圖4-1a**所示，可以上網至公開資訊觀測站（mops.twse.com.tw/mops/web/index），點選①「重大訊息與公告項」，向下選②「重大訊息」，查看③「重大訊息主旨全文檢索」，會出現如**圖4-1b**所示畫面，然後點選④「公開發行公司」，在關鍵字欄位輸入⑤「改選」，查詢⑥「年度」及⑦「月份」，最後按⑧「搜尋」，就能得知當年度所有改選的上市櫃公司。

另外，有些證券公司的網站，會在每年年初整理出當年度董監事改選公司的資料，供客戶參考。

圖4-1a　董監事改選資訊查詢網站（1/2）

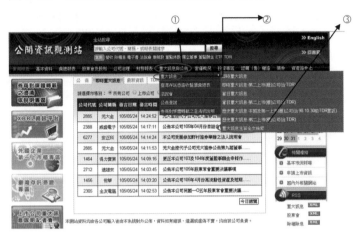

圖4-1b　董監事改選資訊查詢網站（2/2）

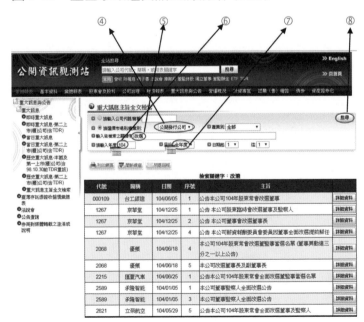

NOTE

NOTE

Chapter

5

上市上櫃股票中，
哪些是收租潛力股？
（附參考示意圖）

5-1

避免買到「類績優股」套牢，可以從台灣50……當中挑選

散戶常見問題 18

Q 股票那麼多支，想自己選股又怕買錯變壁紙，該怎麼辦？

　　總覽1曾提過，股素人在2008年以存股理財的方式重返股市，當時他買股的3大條件之一，就是選購台灣50（0050）或中型100（0051）的成份股。

　　這樣的選股考量主要是基於保本優先的理念，避免再買到類績優股，然後因為它淪為雞蛋水餃股（見77頁**表3-1**的鋜德）而虧損套牢。（**類績優股是指，因為炒作利多消息或賣土地、資產等一次性獲利，而使股價持續上漲半年以上的股票。**）

　　2016年1月11日晚上的東森財經台節目，曾經介紹前書的內容，並且依據**買股的3個15準則**：①P/E≦15、②ROE≧15％，以及③買入價≦現金息*15（現金配息率

≧6.67％),找到3檔完全符合買股的3個15準則和3個先決條件的股票,那就是中宇、新巨和超豐(見**表5-1**)。但是,此三檔股都不是台灣50和中型100的成份股,並且目前狀況也產生變化(本書第6章列出此3檔股票的4張表可供參閱)。因此,此時是否可以買進,請務必以最近4季的EPS計算適當買價。

表5-1 3檔完全符合收租股買前檢查表的股票(2016年1月)

	買股的3個15準則			3個先決條件		
	ROE	P/E	現金殖利率	現金配息率	董監持股	負債比
中宇 (1535)	16.9	13.8%	7.9%	73.2%	68.44%	48.72%
新巨 (2420)	24.9	9.6%	8.6%	82.42%	27.91%	51.53%
超豐 (2441)	15.1	9.4%	8.3%	70.67%	45.82%	12.7%

　　收租股操作SOP設定的條件很嚴謹,可能稍嫌苛刻,不僅在台灣50成份股中找不到收租潛力股,就連中型100成份股當中,也很難找到完全符合收租股買前檢查表的OK級股票(見本書6-1)。

　　台灣50包含50檔成份股,是目前股市市值排行前50名的公司,市值大約佔台灣上市公司總和的65％,也是最能影響台灣股市指數的權值股,其中資本額300億元以上的公司,多達35家以上。這50家公司或許沒有股價暴漲的機會,也不保證穩賺不賠,但若是長期持股,則具有安

全的保本收益功能。

中型100的成份股,則是股市市值排名僅次於台灣50的100家中型權值股的公司。

台灣50與中型100總共有150檔成份股,可算是權重型的股票,其中有不少產業龍頭、市場寡占及技術領先的公司,現金殖利率或許稍低(多≦5%),但是比銀行定存高2倍以上。因此,**沒有太多時間在茫茫股海中找尋投資標的,又想自己挑選收租股的保守型小資族,可以從台灣50與中型100的150家公司著手。**

5-2

列出150檔真正績優股，給你作為操作的參考

散戶常見問題 19

Q 專家都說台灣50、中型100的股票好，存股收租可從中任意選一檔嗎？還是有什麼標準可循？

　　台灣50和中型100是穩健收租股的倉庫，由倉庫中挖寶，找出符合收租股買前檢查表的「◆尚可標準」，且股價低於適當買價的股票，便可以視為長期持有的穩健定存股。台灣50的成份股如**表5-2**（見117～120頁）所示，中型100的成份股如**表5-3**（見121～128頁）所示。

　　這些公司在台灣股市市值排行前150名，長期持股的（下市）風險較低，因此我們在首次篩選權重型的收租潛力股時，選股條件是（a）ROE≧10％（官方金融股8％）、（b）配股配息率≧60％、（c）股息殖利率＞5％，以及（d）股價≦75元。

　　本書新增長興（1717）、群光（2385）、華南金

（2880）、玉山金（2884）及第一金（2892）這五檔股票（它們都配發股票股利，所以現金配息率及殖利率較低。每年配股有主動式複利效應，即使現金配息率及殖利率稍低仍可接受），而且共有15檔股票列為第六章的（C）權重股。

請看**表5-2**及**表5-3**，項次前面有◆的股票，符合第六章◆**尚可**標準，共有16檔。當它們的股價低於適當買價時，也可考慮買進。

關於15檔權重股的4張表，請見第六章。在2017年（民國106年）10月31日，除了瑞儀（6176）外，其他14檔權重股的股價都高於適當買價。

買股前，務必衡量自己的可承擔風險能力，不要單憑這些股票是權重股，就貿然高價買進。

表5-2a　台灣50成份股（1/2）

項次	公司（代號）	權重（%）	①104年均價（元）	②104年淨值（元/股）	③104年EPS（元）	④104年現金息（元/股）	⑤104年ROE（%）	⑥金配息率（%）	⑦104年現金殖利率（%）	⑧104年本益比（P/E）
1	台泥（1101）	0.66%	32.81	28.92	1.72	1.45	5.95	84.30	4.42	19.08
2	亞泥（1102）	0.38%	27.46	36.49	1.17	0.90	3.21	76.92	3.28	23.47
3	統一（1216）	1.85%	58.54	16.61	2.56	2.10	15.41	82.03	3.59	22.87
4	台塑（1301）	2.75%	80.37	49.18	6.19	4.60	12.59	74.31	5.72	12.98
◆ 5	南亞（1303）	2.60%	63.29	42.68	6.16	4.50	14.43	73.05	7.11	10.27
◆ 6	台化（1326）	1.94%	84.25	54.59	7.48	5.60	13.70	74.87	6.65	11.26
7	遠東新（1402）	0.58%	24.41	35.66	1.18	0.80	3.31	67.80	3.28	20.69
8	中鋼（2002）	1.86%	21.90	19.18	1.02	0.85	5.32	83.33	3.88	21.47
9	正新（2105）	0.68%	64.18	26.99	4.09	3.00	15.15	73.35	4.67	15.69
10	和泰（2207）	0.87%	337.24	78.92	19.66	12.00	24.91	61.04	3.56	17.15
◆ 11	光寶科（2301）	0.56%	43.04	32.30	4.01	2.92	12.41	72.82	6.78	10.73
12	聯電（2303）	1.09%	12.14	17.16	0.66	0.50	3.85	75.76	4.12	18.39
13	台達電（2308）	2.08%	153.06	47.78	7.24	5.00	15.15	69.06	3.27	21.14
14	日月光（2311）	1.49%	35.37	19.78	2.72	1.38	13.75	50.74	3.90	13.00
15	鴻海（2317）	9.80%	81.43	62.25	8.58	4.50	13.78	52.45	5.53	9.49
16	仁寶（2324）	0.54%	19.31	23.92	1.84	1.20	7.69	65.22	6.21	10.49
17	矽品（2325）	0.66%	50.10	21.24	3.19	1.75	15.02	54.86	3.49	15.71

項次	公司（代號）	權重（%）	①104年均價（元）	②104年淨值（元/股）	③104年EPS（元）	④104年現金息（元/股）	⑤104年ROE（%）	⑥金配息率（%）	⑦104年現金殖利率（%）	⑧104年本益比（P/E）
18	台積電（2330）	31.93%	163.43	53.58	12.89	7.00	24.06	54.31	4.28	12.68
19	鴻準（2354）	0.60%	76.31	75.41	7.58	3.80	10.05	50.13	4.98	10.07
20	華碩（2357）	1.07%	273.88	244.34	25.85	17.00	10.58	65.76	6.21	10.59
21	廣達（2382）	1.14%	59.07	34.39	3.92	3.50	11.40	89.29	5.93	15.07
22	研華（2395）	0.49%	238.66	39.83	8.95	6.30	22.47	70.39	2.64	26.67
23	南亞科（2408）	0.38%	41.19	31.12	8.63	1.50	27.73	17.38	3.64	4.77
24	友達（2409）	0.66%	10.90	18.83	0.81	0.56	4.30	69.14	5.14	13.46
25	中華電（2412）	2.44%	109.41	47.01	5.16	4.94	10.98	95.74	4.52	21.20

註1：項次為股票代號的排序，此為 106 年 6 月的資料，每一季均可能有變動。

註2：⑤ ROE= ③ ÷ ②。⑥現金配息率 = ④ ÷ ③。⑦現金殖利率= ④ ÷ ①。
⑧ P/E= ① ÷ ③。

註3：符合第 6 章◆尚可標準的股票，以◆標註。第 6 章中的（C）權重股收租潛力股，以紅框標註。

註4：資料來源：成份股：元大投信官網（依代號排序）；105 年數據：台灣證券交易所。

表5-2b　台灣50成份股（2/2）

項次	公司（代號）	權重（％）	①104年均價（元）	②104年淨值（元/股）	③104年EPS（元）	④104年現金息（元/股）	⑤104年ROE（％）	⑥104年現金配息率（％）	⑦104年現金殖利率（％）	⑧104年本益比（P/E）
26	聯發科（2454）	2.63%	229.86	154.72	14.98	9.50	9.68	63.42	4.13	15.34
27	可成科（2474）	1.34%	238.12	159.18	28.58	10.00	17.95	34.99	4.20	8.33
28	高鐵（2633）	0.31%	17.84	10.85	0.74	0.60	6.82	81.08	3.36	24.11
29	彰銀（2801）	0.59%	16.52	15.34	1.35	0.42	8.80	31.11	2.54	12.24
30	中壽（2823）	0.48%	27.41	23.34	2.73	0.80	11.70	29.30	2.92	10.04
31	華南金（2880）	0.83%	16.13	15.11	1.34	0.70	8.87	52.24	4.34	12.04
32	富邦金（2881）	2.13%	41.35	39.40	4.47	2.00	11.35	44.74	4.84	9.25
33	國泰金（2882）	2.33%	39.49	39.06	3.55	2.00	9.09	56.34	5.06	11.12
34	開發金（2883）	0.78%	7.94	10.92	0.40	0.50	3.66	125.00	6.30	19.85
35	玉山金（2884）	1.08%	17.90	14.66	1.50	0.49	10.23	32.67	2.74	11.93
36	元大金（2885）	0.93%	11.06	16.79	1.12	0.45	6.67	40.18	4.07	9.88
37	兆豐金（2886）	1.59%	22.70	21.47	1.65	1.42	7.69	86.06	6.26	13.76
38	台新金（2887）	0.76%	11.79	14.33	1.10	0.53	7.68	48.18	4.50	10.72
39	永豐金（2890）	0.57%	9.41	12.54	0.78	0.34	6.22	43.59	3.61	12.06
40	中信金（2891）	2.13%	17.08	14.47	1.43	1.00	9.88	69.93	5.85	11.94
41	第一金（2892）	1.16%	16.40	16.01	1.45	1.20	9.06	82.76	7.32	11.31
42	統一超（2912）	0.88%	236.76	27.53	9.46	8.00	34.36	84.57	3.38	25.03

	項次	公司（代號）	權重（%）	①104年均價（元）	②104年淨值（元/股）	③104年EPS	④104年現金息（元）	④104年現金息（元/股）	⑤104年ROE（%）	⑥104年現金配息率（%）	⑦104年現金殖利率（%）	⑧104年本益比（P/E）
	43	大立光（3008）	3.39%	2844.0	572.85	169.47	63.50		29.58	37.47	2.23	16.78
	44	台灣大（3045）	1.06%	107.89	17.66	4.48	5.60		25.37	125.00	5.19	24.08
	45	群創光（3481）	0.75%	10.74	22.71	0.19	0.10		0.84	52.63	0.93	56.53
	46	遠傳（4904）	0.71%	73.05	21.79	3.50	3.75		16.06	107.14	5.13	20.87
◆	47	和碩（4938）	0.97%	74.08	57.58	7.51	4.93		13.04	65.65	6.65	9.86
	48	合庫金（5880）	0.85%	14.10	16.43	1.16	0.75		7.06	64.66	5.32	12.16
◆	49	台化（6505）	0.89%	92.30	32.44	7.95	6.00		24.51	75.47	6.50	11.61
	50	寶成（9904）	0.62%	41.91	25.69	4.43	1.50		17.24	33.86	3.58	9.46

註1：項次為股票代號的排序，此為 106 年 6 月的資料，每一季均可能有變動。

註2：⑤ ROE= ③ ÷ ②。⑥現金配息率 = ④ ÷ ③。⑦現金殖利率 = ④ ÷ ①。
⑧ P/E= ① ÷ ③。

註3：符合第 6 章◆尚可標準的股票，以◆標註。第6章中的（C）權重股收租潛力股，以紅框標註。

註4：資料來源：成份股：元大投信官網（依代號排序）；105 年數據：台灣證券交易所。

表5-3a 中型100成份股（1/4）

項次	公司（代號）	權重（%）	①104年均價（元）	②104年淨值（元/股）	③104年EPS（元）	④104年現金息（元/股）	⑤104年ROE（%）	⑥104年現金配息率（%）	⑦104年現金殖利率（%）	⑧104年本益比（P/E）
1	佳格（1227）	0.94%	79.14	16.16	2.96	1.60	18.32	54.05	2.02	26.74
2	中石化（1314）	0.90%	8.87	21.90	-0.81	0	-3.70	0	0	-10.95
3	東陽（1319）	0.82%	53.29	32.47	4.08	2.12	12.57	51.96	3.98	13.06
4	福懋（1434）	0.88%	29.91	39.62	2.07	1.50	5.22	72.46	5.02	14.45
5	儒鴻（1476）	2.11%	359.08	56.12	13.60	10.50	24.23	77.21	2.92	26.40
6	聚陽（1477）	0.64%	163.24	41.56	7.37	6.71	17.73	91.04	4.11	22.15
7	東元（1504）	1.40%	26.65	24.83	1.74	0.88	7.01	50.57	3.30	15.32
8	和大（1536）	0.86%	142.04	17.67	4.78	3.50	27.05	73.22	2.46	29.72
9	亞德客KY（1590）	1.69%	220.66	59.43	10.72	5.50	18.04	51.31	2.49	20.58
10	華新（1605）	1.20%	10.43	18.66	1.35	0.70	7.23	51.85	6.71	7.73
◆ 11	榮化（1704）	0.77%	36.72	31.18	4.64	3.00	14.88	64.66	8.17	7.91
12	葡萄王（1707）	0.51%	214.52	35.56	9.59	6.40	26.97	66.74	2.98	22.37
13	長興（1717）	0.81%	33.33	18.74	2.38	1.50	12.70	63.03	4.50	14.00
14	台肥（1722）	0.81%	43.50	51.64	-0.13	2.10	-0.25	-1615	4.83	-334.6
15	中碳（1723）	0.52%	109.70	27.44	4.35	4.50	15.85	103.45	4.10	25.22
16	台灣神隆（1789）	0.25%	49.65	13.45	0.87	0.30	6.47	34.48	0.60	57.07
17	台玻（1802）	0.70%	13.86	15.16	-0.56	0	-3.69	0	0	-24.75

項次	公司（代號）	權重（%）	①104年均價（元）	②104年淨值（元/股）	③104年EPS（元）	④104年現金息（元/股）	⑤104年ROE（%）	⑥104年現金配息率（%）	⑦104年現金殖利率（%）	⑧104年本益比（P/E）
18	榮成（1909）	0.97%	14.79	18.46	2.39	1.49	12.95	62.34	10.07	6.19
19	豐興（2015）	0.67%	42.93	28.51	3.12	3.00	10.94	96.15	6.99	13.76
20	上銀（2049）	1.79%	143.41	51.34	4.83	1.60	9.41	33.13	1.12	29.69
21	川湖（2059）	0.79%	381.95	90.87	16.49	8.25	18.15	50.03	2.16	23.16
22	南港（2101）	0.52%	29.18	13.77	1.23	1.14	8.93	92.68	3.91	23.72
23	台橡（2103）	0.64%	29.36	18.58	1.20	1.00	6.46	83.33	3.41	24.47
24	建大（2106）	0.82%	51.64	24.63	3.54	2.00	14.37	56.50	3.87	14.59
25	裕隆車（2201）	0.63%	28.20	44.32	0.85	0.50	1.92	58.82	1.77	33.18

註1：項次為股票代號的排序，此為106年6月的資料，每一季均可能有變動。

註2：⑤ ROE＝③ ÷ ②。⑥現金配息率＝④ ÷ ③。⑦現金殖利率＝④ ÷ ①。
⑧ P/E＝① ÷ ③。

註3：符合第6章◆尚可標準的股票，以◆標註。第6章中的（C）權重股收租潛力股，
以紅框標註。

註4：資料來源：成份股：元大投信官網（依代號排序）；105年數據：台灣證券交易所。

表5-3b ▶ 中型100成份股（2/4）

	項次	公司（代號）	權重（%）	①104年均價（元）	②104年淨值（元/股）	③104年EPS（元）	④104年現金息（元）	⑤104年現金息（元/股）	⑥104年ROE（%）	⑦104年現金配息率（%）	⑧104年現金殖利率（%）	104年本益比（P/E）
	26	中華車（2204）	0.48%	23.71	35.71	2.30	1.60	6.44	69.57	6.75	10.31
◆	27	裕日車（2227）	0.15%	214.98	71.85	15.44	22.00	21.49	142.49	10.23	13.92
	28	為升（2231）	0.52%	342.23	31.18	12.13	8.50	38.90	70.07	2.48	28.21
	29	華通（2313）	1.04%	17.37	16.99	1.36	0.60	8.00	44.12	3.45	12.77
	30	國巨（2327）	1.96%	56.14	47.34	7.58	3.00	16.01	39.58	5.34	7.41
	31	旺宏（2337）	2.43%	3.75	5.07	-0.07	0	-1.38	0	0	-53.57
	32	華邦電（2344）	2.01%	9.41	12.27	0.81	0.60	6.60	74.07	6.38	11.62
◆	33	智邦科（2345）	1.45%	41.42	16.16	3.46	3.10	21.41	89.60	7.48	11.97
	34	聯強（2347）	1.39%	33.82	25.52	2.92	1.00	11.44	34.25	2.96	11.58
	35	佳世達（2352）	0.83%	12.56	15.00	2.21	1.32	14.73	59.73	10.51	5.68
	36	宏碁（2353）	1.23%	13.89	18.72	-1.59	0.50	-8.49	-31.45	3.60	-8.74
	37	敬鵬（2355）	0.56%	63.59	40.59	6.26	3.20	15.42	51.12	5.03	10.16
	38	英業達（2356）	1.93%	23.07	15.27	1.57	1.45	10.28	92.36	6.29	14.69
	39	致茂電（2360）	1.12%	78.08	27.23	4.41	3.22	16.20	73.02	4.12	17.71
	40	大同（2371）	0.78%	7.43	12.67	-1.00	0	-7.89	0	0	-7.43
	41	技嘉（2376）	0.52%	39.34	36.26	3.64	2.60	10.04	71.43	6.61	10.81
◆	42	微星科（2377）	1.27%	67.76	31.83	5.79	4.50	18.19	77.72	6.64	11.70

	項次	公司（代號）	權重（%）	①104年均價（元）	②104年淨值（元/股）	③104年EPS（元）	④104年現金息（元/股）	⑤104年ROE（%）	⑥104年現金配息率（%）	⑦104年現金殖利率（%）	⑧104年本益比（P/E）
	43	瑞昱（2379）	1.39%	97.11	45.18	6.02	5.00	13.32	83.06	5.15	16.13
	44	台光電（2383）	1.16%	71.78	32.93	8.69	4.70	26.39	54.09	6.55	8.26
	45	群光電（2385）	1.18%	75.53	33.93	4.96	4.25	14.62	85.69	5.63	15.23
◆	46	美律（2439）	0.95%	94.04	37.22	10.78	8.88	28.96	82.37	9.44	8.72
	47	晶電（2448）	1.07%	24.01	45.14	-3.25	0	-7.20	0	0	-7.39
◆	48	京元電（2449）	0.89%	27.60	20.30	2.55	1.80	12.56	70.59	6.52	10.82
◆	49	創見（2451）	0.68%	92.42	47.19	6.69	6.00	14.18	89.69	6.49	13.81
	50	宏達電（2498）	1.53%	89.43	62.98	-12.85	0	-20.40	0	0	-6.96

註1：項次為股票代號的排序，此為 106 年 6 月的資料，每一季均可能有變動。

註2：⑤ ROE= ③ ÷ ②。⑥現金配息率 = ④ ÷ ③。⑦現金殖利率 = ④ ÷ ①。
　　⑧ P/E= ① ÷ ③。

註3：符合第 6 章尚可標準的股票，以◆標註。第 6 章中的（C）權重股收租潛力股，
　　以紅框標註。

註4：資料來源：成份股：元大投信官網（依代號排序）；105 年數據：台灣證券交易所。

表5-3c ▶ 中型100成份股（3/4）

項次	公司（代號）	權重（％）	①104年均價（元）	②104年淨值（元/股）	③104年EPS（元）	④104年現金息（元/股）	⑤104年ROE（％）	⑥104年現金配息率（％）	⑦104年現金殖利率（％）	⑧104年本益比（P/E）
◆ 51	興富發（2542）	1.01%	44.77	29.644	5.44	5.00	18.35	91.91	11.17	8.23
52	長榮海（2603）	0.90%	12.30	14.52	-1.88	0	-12.95	0	0	-6.54
53	裕民（2606）	0.40%	25.26	29.05	-1.04	0.75	-3.58	-72.12	2.97	-24.29
54	華航（2610）	0.83%	10.22	10.20	0.10	0	0.98	0	0	102.2
55	萬海（2615）	0.58%	17.71	15.38	0.51	0.40	3.32	78.43	2.26	34.73
56	長榮航（2618）	0.87%	16.14	13.16	0.86	0.20	6.53	23.26	1.24	18.77
57	美食KY（2723）	0.58%	269.51	57.97	11.75	5.00	20.27	42.55	1.86	22.94
58	京城銀（2809）	0.87%	23.81	28.49	4.14	1.50	14.53	36.23	6.30	5.75
59	台中銀（2812）	0.61%	9.15	12.78	1.09	0.55	8.53	50.46	6.01	8.39
60	臺企銀（2834）	0.95%	8.21	11.87	0.87	0.10	7.33	11.49	1.22	9.44
61	遠東銀（2845）	0.52%	9.27	13.16	1.04	0.42	7.90	40.38	4.53	8.91
62	三商壽（2867）	0.37%	16.14	18.73	1.78	0	9.50	0	0	9.07
63	新光金（2888）	2.00%	7.01	11.87	0.47	0.20	3.96	42.55	2.85	14.91
64	潤泰全（2915）	0.90%	51.85	20.58	7.92	0.79	38.48	9.97	1.52	6.55
◆ 65	聯詠（3034）	1.84%	116.20	45.95	8.22	7.00	17.89	85.16	6.02	14.14
66	健鼎科（3044）	1.45%	65.25	56.25	6.80	4.25	12.09	62.50	6.51	9.60
67	景碩科（3189）	0.55%	70.26	64.73	5.01	3.00	7.74	59.88	4.27	14.02

項次	公司（代號）	權重（%）	①104年均價（元）	②104年淨值（元/股）	③104年EPS（元）	④104年現金息（元/股）	⑤104年ROE（%）	⑥104年現金配息率（%）	⑦104年現金殖利率（%）	⑧104年本益比（P/E）
68	緯創（3231）	1.85%	21.35	25.37	1.12	1.18	4.41	105.36	5.53	19.06
69	玉晶光（3406）	0.78%	80.19	62.98	-1.54	0	-2.45	0	0	-52.07
70	台勝科（3532）	0.14%	46.94	25.78	0.94	0.67	3.65	71.28	1.43	49.94
71	TPK-KY（3673）	0.74%	64.81	84.16	-4.23	0	-5.03	0	0	-15.32
72	亞太電（3682）	0.60%	10.77	8.14	-1.19	0	-14.62	0	0	-9.05
73	大聯大（3702）	1.75%	36.90	28.88	3.08	2.29	10.66	74.35	6.21	11.98
74	神達（3706）	0.63%	28.00	42.32	3.33	2.50	7.87	75.08	8.93	8.41
75	臻鼎-KY（4958）	0.77%	66.66	47.51	4.29	2.20	9.03	51.28	3.30	15.54

註1：項次為股票代號的排序，此為106年6月的資料，每一季均可能有變動。

註2：⑤ ROE= ③ ÷ ②。⑥現金配息率 = ④ ÷ ③。⑦現金殖利率 = ④ ÷ ①。
⑧ P/E= ① ÷ ③。

註3：符合第6章◆尚可標準的股票，以◆標註。第6章中的（C）權重股收租潛力股，以紅框標註。

註4：資料來源：成份股：元大投信官網（依代號排序）；105年數據：台灣證券交易所。

表5-3d ▶ 〔中型100〕成份股（4/4）

項次	公司（代號）	權重（%）	①104年均價（元）	②104年淨值（元/股）	③104年EPS（元）	④104年現金息（元/股）	⑤104年ROE（%）	⑥104年現金配息率（%）	⑦104年現金殖利率（%）	⑧104年本益比（P/E）
76	鎧勝-KY（5264）	0.28%	123.96	84.62	8.25	4.00	9.75	48.48	3.23	15.03
77	遠雄（5522）	0.30%	36.33	52.14	4.19	3.80	8.04	90.69	10.46	8.67
78	中租-KY（5871）	2.20%	53.47	34.51	6.36	3.40	18.43	53.46	6.36	8.41
79	彩晶（6116）	0.84%	6.89	11.47	1.25	0.50	10.90	40.00	7.26	5.51
◆ 80	瑞儀（6176）	0.88%	55.06	49.40	6.81	4.50	13.79	66.08	8.17	8.09
81	力成（6239）	1.75%	75.90	45.97	6.21	4.00	13.51	64.41	5.27	12.22
82	台郡科（6269）	0.96%	83.45	51.85	7.60	4.46	14.66	58.68	5.34	10.98
83	啟碁科（6285）	0.64%	85.88	37.29	5.78	3.67	15.50	63.49	4.27	14.86
84	旭隼（6409）	0.75%	484.01	54.48	18.15	20.00	33.31	110.19	4.13	26.67
85	樺漢科（6414）	0.56%	428.85	78.18	13.40	10.12	17.14	75.52	2.36	32.00
86	矽力-KY（6415）	1.08%	427.69	97.53	17.49	4.92	17.93	28.13	1.15	24.45
87	康友-KY（6452）	0.36%	399.94	81.77	13.90	8.00	17.00	57.55	2.00	28.77
88	GIS-KY（6456）	1.77%	92.67	39.72	9.36	4.00	23.56	42.74	4.32	9.90
89	南茂科（8150）	0.18%	30.59	18.35	1.78	1.00	9.70	56.18	3.27	17.19
90	富邦媒（8454）	0.25%	213.13	40.70	8.33	8.00	20.47	96.04	3.75	25.59
91	億豐（8464）	1.22%	287.69	39.43	12.59	10.00	31.93	79.43	3.48	22.85
92	統一實（9907）	0.28%	14.66	11.51	0.68	0.38	5.91	55.88	2.59	21.56

項次	公司（代號）	權重（%）	①104年均價（元）	②104年淨值（元/股）	③104年EPS（元）	④104年現金息（元）	⑤104年現金息（元/股）	⑤104年ROE（%）	⑥104年現金配息率（%）	⑦104年現金殖利率（%）	⑧104年本益比（P/E）
93	豐泰（9910）	1.28%	145.85	20.73	6.67	5.20	32.18	77.96	3.57	21.87
94	美利達（9914）	0.95%	139.16	42.10	6.42	4.00	15.25	62.31	2.87	21.68
95	中保（9917）	0.69%	91.15	21.14	1.36	3.50	6.43	254.35	3.84	67.02
96	巨大（9921）	1.13%	202.13	53.24	8.17	5.00	15.35	61.20	2.47	24.74
97	中鼎（9933）	0.95%	43.82	22.40	2.91	2.60	12.99	89.35	5.93	15.06
98	台灣百和（9938）	0.94%	93.69	26.27	5.00	3.00	19.03	60.00	3.20	18.74
◆ 99	裕融（9941）	0.35%	73.65	35.30	6.31	4.81	17.88	76.23	6.53	11.67
100	潤泰新（9945）	0.98%	39.34	23.22	5.70	0	24.55	0	0	6.90

註1：項次為股票代號的排序，此為 106 年 6 月的資料，每一季均可能有變動。

註2：⑤ ROE= ③ ÷ ②。⑥現金配息率 = ④ ÷ ③。⑦現金殖利率 = ④ ÷ ①。⑧ P/E= ① ÷ ③。

註3：符合第 6 章◆尚可標準的股票，以◆標註。第 6 章中的（C）權重股收租潛力股，以紅框標註。

註4：資料來源：成份股：元大投信官網（依代號排序）；105 年數據：台灣證券交易所。

5-3

台灣50這檔ETF並非最好的收租股，因為……

散戶常見問題 20

Q 專家建議小額投資人從ETF入門，不但省去選股的難題，還可分散風險。請問現在適合買台灣50嗎？

「不要把雞蛋全放在同一個籃子裡」，正是股票指數型基金（ETF，Exchange Traded Fund）的寫照。例如2003年推出的台灣50，就是一種多檔股票的投資組合（類似共同基金的投資標的），也就是說，買賣一張台灣50股票，等於同時買賣台灣50當中的50家公司股票，只是每一家的股票份量都不多罷了。

台灣50及中型100都屬於ETF股票，其買賣方式與上市櫃股票的方式一樣，只是沒有每季每年的EPS等財務報表資料可參考。

由於台灣50是台灣股市市值前50名的股票，因此具有追蹤股市指數漲跌的特性。台灣股市整體指數的漲跌趨

勢，近似於台灣50股價漲跌的趨勢。由**圖5-1**及**圖5-2**中的
紅色圓圈處，可看出台灣50股價與股市指數的漲跌有一致
性。當台灣50的股價在高點時，幾乎是在同一日期，股市
指數也位於高點位置；而台灣50的股價在低點時的日期，
股市指數也位於低點位置。

圖5-1　台灣50的股價月線圖

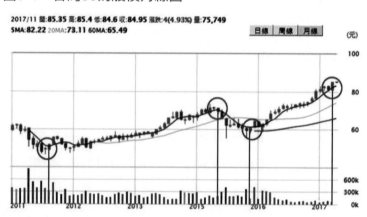

資料來源：CMoney 財經資訊網。

　　2017年5月以來的萬點行情，已創下台灣股市上萬點
的最久記錄，所以台灣50的股價也是居高不下，屢創歷史
新高。有些專家說：「僅買台灣50，養活一家人」，或是
「買台灣50勝過18％」，但目前股價狀態已高處不勝寒，
如**表5-4**（見132頁）所示，2012～2016年的平均現金殖

圖5-2　上市公司的指數月線圖

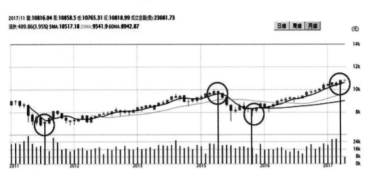

資料來源：CMoney財經資訊網。

利率僅2.53％，而且2017年11月，股價已站上前所未有的
高價（85.61元）。此時進場追高，套牢的機率相當高，已
經不宜再視同收租股，並進場買股了。

表5-4 ▶ 台灣50歷年來的股價區間與現金息

民國（年）	最高價（max）		最低價（min）		max/min	均價（元）	現金息（元）	現金殖利率（%）
	（元）	月/日	（元）	月/日				
92	49.00	10/30	36.92	6/30	1.33	44.46	0.00	0.00
93	53.70	3/05	40.90	7/27	1.31	46.40	0.00	0.00
94	51.60	12/29	43.90	4/21	1.18	47.32	1.85	3.91
95	59.30	5/09	49.30	7/17	1.20	53.86	4.00	7.43
96	72.30	10/03	53.05	3/05	1.36	62.01	2.50	4.03
97	65.85	3/24	28.53	11/21	2.31	51.32	2.00	3.90
98	56.45	12/31	30.01	1/21	1.88	45.33	1.00	2.21
99	61.40	12/31	47.95	6/09	1.28	54.71	2.20	4.02
100	63.20	2/08	46.61	12/19	1.36	56.59	1.95	3.45
101	56.20	3/14	47.45	6/04	1.18	52.33	1.85	3.54
102	59.22	10/18	52.75	6/25	1.12	56.22	1.35	2.40
103	69.89	9/1	55.76	2/5	1.25	63.76	1.55	2.43
104	72.92	4/27	57.28	8/24	1.27	66.38	2.00	3.01
105	71.77	12/30	55.73	1/21	1.28	66.35	0.85	1.28
近5年平均值：							1.53	2.53
106	85.61	11/7	71.76	2/8	1.19	78.25	2.40	3.07

NOTE

NOTE

NOTE

精選 75 檔收租潛力股
（附參考示意圖）

6-1

用「買前檢查表」來判斷，哪一檔才是潛力股

導讀說明

1.每檔股票都整理出4張表，其中第4張的「收租股買前檢查表」，是利用前3張表的公開資訊數據，經加減乘除計算而製成。關於公開資訊的搜尋方法，詳見前書《我用4張表，存股賺1倍》第3、4章。

2.收租股買前檢查表的評判標準分為4級（**表6A**）。

項次	評判項目	○（O.K）	◆（尚可）	▲（勉強）	✕（不宜）
①	平均ROE	≧15%	≧12%	≧10%	<10%
②	現金配息率	≧70%	≧63%	≧56%	<56%
③	現金殖利率	≧6.67%	≧6.0%	≧5.3%	<5.3%
④	平均P/E	≦15	≦16.5	≦18	>18
⑤	近1年負債比	≦55%	≦57%	≦60%	>60%
⑥	近1年董監持股	≧25%	≧20%	≧15%	<15%
⑦	近1年（董監+外資）持股	≧30%	≧25%	≧20%	<20%

表6A ▶ 收租股買前檢查表的評判等級

註：⑥及⑦可以二選一。

　　3.收租潛力股的取捨順序是由項次①到⑦。首次選股時，若是「目前股價比適當買價高50％以上」，或者「適當買價高於75元」（見前書4-5），則不予列入。

　　4.本章中列舉的股票，並非每一項都符合收租股買前檢查表的標準。評估首次買進時，項次①～④應以○或◆為基準，項次⑤～⑦可選擇▲或更佳。**買入股票前，請務必再以「最近4季EPS值」，計算基準買價與複查買價，取得適當買價。**

　　5.適當買價是取基準買價與複查買價之間的較低值，**保守理財者宜以適當買價作為首次買入的基準價。**當最近4季EPS下滑時（此為衰退警訊），會反映在複查買價上，使它低於基準買價，此時的適當買價就是複查買價。這75檔潛力股並非現階段都適合買進當收租股，若目前的股價高於適當買價，理財者可依自己承擔風險的能力，自訂適當的買入價格。

　　6.以「**每年領股利、股息**」為目標的保守型理財者，可挑選每年股價變動小的金融股，或者每年現金配息率**≧80％**，且現金殖利率**≧6％**的潛力股。以「**縮短獲利倍漲時間**」為目標的積極型理財者，可挑選現金殖利率**≧5％**，且每年股價變動在**60％以上**的潛力股。

　　7.在本章中，「近5年」是指民國101～105年，「（最）近4季」是指105Q4～106Q3，而「近5季」則是指105Q3～106Q3。

本章資料來源

① 基本資料：Yahoo奇摩股市（https://tw.stock. yahoo.com/）、各公司官網。

② 近4季EPS值等資訊：Yahoo奇摩股市（https:// tw.stock.yahoo.com/）。

③年度成交資訊：TWSE台灣證券交易所（http:// www.twse.com.tw）。

④ 股利政策：Yahoo奇摩股市（https://tw.stock. yahoo.com/）。

⑤ 股價月線圖：Yahoo奇摩股市（https://tw.stock. yahoo.com/）。

⑥其他：公開資訊觀測站（http://mops.twse/com.tw）與《股市總覽》。

誠 摯 叮 嚀

▶我們並未持有本章所有的股票，而且持股也不全在這75檔股票當中。我們的理財績效不保證依照本書的做法，會有相同的投資效益，讀者投資理財需量力而為，並自行承擔風險。

6-2

用4張表精算75檔股票，找出最佳買賣點

　　本章內容分為（**A**）上市股（35檔）、（**B**）上櫃股（25檔），以及由台灣50和中型100篩選出的（**C**）權重股（15檔）。總共有75檔，每檔股票各列出4張表，詳情請見146～295頁。

　　通常權重股的現金殖利率較低，但多為股本大的老牌公司，理論上投資風險較低。因此，本章以現金配息率及ROE作為優先考量，來篩選（**C**）權重股，其中包含4檔中低價位，且每年配股及配息的金融股。因為它們每年股價的變化不大，提供給以「每年領股利、股息」為首要目標的保守型存股族參考。

（A）上市股35檔

①大統益（1232）	②大億（1521）	③中宇（1535）	④中砂（1560）	⑤信錦（1582）
⑥花仙子（1730）	⑦勝一（1773）	⑧橋椿（2062）	⑨鑫永銓（2114）	⑩漢唐（2404）
⑪新巨（2420）	⑫互盛（2433）	⑬超豐（2441）	⑭神腦（2450）	⑮敦陽科（2480）
⑯匯僑（2904）	⑰德律（3030）	⑱融程電（3416）	⑲晶睿（3454）	⑳安馳（3528）
㉑瑞智（4532）	㉒訊連（5203）	㉓達興（5234）	㉔松翰（5471）	㉕鳳凰（5706）
㉕鎰勝（6115）	㉗上福（6128）	㉘豐藝（6189）	㉙盛群（6202）	㉚居易（6216）
㉛聚鼎（6224）	㉜福興（9924）	㉝新保（9925）	㉞泰銘（9927）	㉟中聯資（9930）

（B）上櫃股25檔

㊱祺驊（1593）	㊲艾訊（3088）	㊳帛漢（3299）	㊴崇越電（3388）	㊵安勤（3479）
㊶聚積（3527）	㊷大塚（3570）	㊸閎康（3587）	㊹百略（4103）	㊺世坤（4305）
㊻堃霖（4527）	㊼亞泰（4974）	㊽科誠（4987）	㊾華祺（5015）	㊿新鼎（5209）
(51)高技（5439）	(52)彩富（5489）	(53)元大期（6023）	(54)詩肯（6195）	(55)海韻電（6203）
(56)慶生（6210）	(57)普萊德（6263）	(58)迅德（6292）	(59)廣積（8050）	(60)鉅邁（8435）

（C）權重股15檔

⑥①長興（1717）	⑥②豐興（2015）	⑥③正新（2105）	⑥④矽品（2325）	⑥⑤廣達（2382）
⑥⑥群光（2385）	⑥⑦興富發（2542）	⑥⑧華南金（2880）	⑥⑨玉山金（2884）	⑦⓪中信金（2891）
⑦①第一金（2892）	⑦②大聯大（3702）	⑦③遠傳（4904）	⑦④瑞儀（6176）	⑦⑤中鼎（9933）

本書汰換了「總覽1」當中的五鼎（1733）、旭軟（3390）、天鉞電（5251）及先豐（5349）這4檔弱勢股，理由是**這4檔股票最近均出現2次（以上）負值EPS，為2017年的低EPS弱勢股，因此予以暫時汰換，轉為警示股。**

這4檔股票的近5季EPS、買前檢查表及建議適當買價，如下頁**表6B～表6E**所示，目前不適合首次買進。然而，**已有持股者仍可考慮，透過「每跌20％分批買進」的方式來攤平成本，才能較快解套獲利。這4檔弱勢股將來仍可能再回歸潛力股。**

2017年5月以來，股市上萬點、漲多跌少的走勢，導致多數股票的EPS普遍提高，因此相較於總覽1，本書再多列出15檔潛力股。然而，由於現今股價多已偏高，再次提醒您：**選購前務必再以最近4季EPS計算，看看欲買入價是否接近適當買價，再決定買進與否。**前列3張表中，**粉紅字者為新增股。**

表6B　五鼎（1733）收租股買前檢查表（106年弱勢股1/4）

民國(年)	最高價(元)(月/日)	最低價(元)(月/日)	收盤均價(元)	淨值(元)	EPS(元)	本益比(P/E)	ROE(%)	現金息(元)	現金殖利率(%)	現金配息率(%)	負債比(%)	近5季EPS(元)	
101	86.90 (05/08)	59.70 (01/02)	75.16	20.42	5.40	13.92	26.44	4.50	5.99	83.33	26.75	105Q3	0.01
102	84.50 (04/25)	66.10 (12/20)	75.67	19.48	3.77	20.07	19.35	3.30	4.36	87.53	29.50	105Q4	-1.31
103	70.70 (02/17)	44.70 (11/25)	59.85	18.96	2.77	21.61	14.61	2.50	4.18	90.25	29.43	106Q1	-0.39
104	58.40 (01/05)	31.50 (08/25)	47.36	19.43	2.66	17.80	13.69	2.24	4.73	84.21	28.38	106Q2	0.58
105	54.70 (06/08)	40.50 (11/09)	45.15	17.37	0.03	1505.00 (取15)	0.17	1.5	3.32	5000.00 (取100)	30.73	106Q3	0.22
平均						17.68	14.85	2.81	4.52	89.06		合計	-0.90
是否符合SOP：	▲	◆						X	○	○			

※106/11/01股價:32.75元
　複查買價=17.68×（-0.9）=負值
※警示股:高現金配息率，但EPS連5年降。
※建議適當買價：27元

基準買價=2.81×15=42.15元

表6C　旭軟（3390）收租股買前檢查表（106年弱勢股2/4）

民國(年)	最高價(元)(月/日)	最低價(元)(月/日)	收盤均價(元)	淨值(元)	EPS(元)	本益比(P/E)	ROE(%)	現金息(元)	現金殖利率(%)	現金配息率(%)	負債比(%)	近5季EPS(元)	
101	45.90 (09/04)	28.35 (01/02)	38.87	21.73	5.15	7.55	23.70	3.97	10.21	77.09	28.99	105Q3	-0.23
102	52.40 (06/04)	34.85 (12/16)	44.06	22.04	3.91	11.27	17.74	3.40	7.72	86.96	16.71	105Q4	0.29
103	48.30 (07/29)	27.35 (10/27)	40.32	21.53	2.62	15.39	12.17	2.00	4.96	76.34	20.12	106Q1	-0.52
104	33.15 (01/30)	12.30 (08/25)	23.87	20.55	0.94	25.39	4.57	0.80	3.35	85.11	13.96	106Q2	0.23
105	18.35 (10/03)	12.40 (01/18)	15.52	19.70	-0.20	-77.60 (取15)	-1.02	1.00	6.44	-500.00 (取100)	14.17	106Q3	0.56
平均						14.92	11.43	2.23	6.54	85.10		合計	0.56
是否符合SOP：	○	▲						◆	○	○			

※106/11/01股價:23.6元
　複查買價=14.92×0.56=8.4元
※警示股:高現金配息率，但EPS連5年降。
　獲利回穩中。
※建議適當買價：21元

基準買價=2.23×15=33.45元

天鉞電（5251）收租股買前檢查表（106年弱勢股3/4）

民國（年）	最高價（元）（月/日）	最低價（元）（月/日）	收盤均價（元）	淨值（元）	EPS（元）	本益比（P/E）	ROE（%）	現金息（元）	現金殖利率（%）	現金配息率（%）	負債比（%）	近5季EPS（元）	
101	60.00（11/30）	42.00（11/26）	51.28	20.79	5.54	9.26	26.65	4.00	7.80	72.20	31.10	105Q3	0.01
102	92.00（08/05）	52.30（01/02）	75.99	28.80	7.35	10.34	25.52	2.50（配股2元）	3.29	34.01	27.06	105Q4	0.57
103	78.20（06/06）	43.00（11/10）	66.66	26.16	4.01	16.62	15.33	3.49	5.24	87.03	23.58	106Q1	0.08
104	59.50（01/21）	29.20（08/07）	43.28	23.86	2.40	18.03	10.06	2.00	4.62	83.33	21.87	106Q2	-0.12
105	35.00（04/08）	26.80（11/02）	30.35	23.40	2.03	14.95	8.68	2.00	6.91	84.34	22.29	106Q3	-0.42
平均						13.84	17.25	2.80	5.51	75.02		合計	0.11
		是否符合SOP：				○	○		▲	○	○		

※106/11/01股價:24.1元
　複查買價=13.84×0.11=1.52元
※警示股: EPS連4年降且106年 Q2&Q3 EPS為負，
　宜等Q4 EPS是否轉正再決定。
※建議適當買價：20元

基準買價=2.80×15=42元

先豐（5349）收租股買前檢查表（106年弱勢股4/4）

民國（年）	最高價（元）（月/日）	最低價（元）（月/日）	收盤均價（元）	淨值（元）	EPS（元）	本益比（P/E）	ROE（%）	現金息（元）	現金殖利率（%）	現金配息率（%）	負債比（%）	近5季EPS（元）	
101	25.75（03/05）	15.35（01/02）	20.92	15.04	2.06	10.16	13.70	1.93	9.23	93.69	47.28	105Q3	-0.06
102	40.30（09/06）	20.50（01/21）	30.26	16.13	3.18	9.52	19.71	2.70	8.92	84.91	42.04	105Q4	-0.12
103	44.60（12/24）	29.10（08/08）	36.42	17.09	3.72	9.79	21.77	3.14	8.62	84.41	45.24	106Q1	-0.21
104	66.20（04/17）	23.10（08/25）	41.64	17.01	3.03	13.74	17.81	2.57	6.17	84.82	43.69	106Q2	0.21
105	53.50（04/26）	24.50（01/22）	40.27	15.83	1.45	27.77	9.16	1.24	3.08	85.52	49.28	106Q3	0.02
平均						14.20	16.43	2.32	7.20	86.67		合計	-0.09
		是否符合SOP：				○	○	○	○	○			

※106/11/01股價:26.7元
　複查買價=14.2×（-0.09）=負值
※警示股:5個○且高現金配息率，但EPS連3年降。
　獲利可望回穩。
※建議適當買價：23元

基準買價=2.32×15=34.8元

① 大統益（1232）

成立：1982/05/24	上市：1996/02/09	產業別：食品
地址：台南市官田區二鎮里工業西路32號	電話：06-6984500	發言人：陳昭良（總經理）

主要業務：油脂產品58.65%、商品及其他39.42%、加工1.93%（2016年）。黃豆油、沙拉油等國內最大加工廠（產業龍頭），統一、大成等沙拉油大廠均為其客戶。

106年Q3：資本額16億元，總資產49.02億元。
Q1～Q3累計：EPS 3.79元，Q1～Q3累計：ROE 17.0 %

表6-1a 大統益股利政策

（單位：元）

民國（年）	現金股利	盈餘配股	公積配股	股票股利	合計
105	5.00	0.00	0.00	0.00	5.00
104	5.00	0.00	0.00	0.00	5.00
103	5.00	0.00	0.00	0.00	5.00
102	3.80	0.00	0.00	0.00	3.80
101	2.80	0.00	0.00	0.00	2.80
100	3.00	0.00	0.00	0.00	3.00
99	3.50	0.00	0.00	0.00	3.50
98	3.00	0.00	0.00	0.00	3.00
97	2.40	0.00	0.00	0.00	2.40
96	2.60	0.00	0.00	0.00	2.60

表6-1b 大統益年度成交資訊

民國（年）	張數	金額（仟元）	筆數（仟）	最高價	日期	最低價	日期	收盤均價
105	20,453	1,640,231	16	88.50	10/05	72.90	1/18	79.96
104	24,867	1,846,482	16	81.00	3/23	66.50	8/25	74.14
103	37,734	2,728,513	26	83.50	5/09	60.30	2/13	71.01
102	58,501	3,396,761	26	69.00	10/31	51.10	1/11	56.79
101	18,593	936,306	13	52.80	10/05	46.20	1/16	50.41
100	42,416	2,203,729	25	56.10	2/10	45.80	10/04	50.71
99	71,664	3,125,080	39	55.70	11/12	35.10	2/06	41.75
98	91,624	3,091,158	44	40.40	10/26	23.80	2/02	33.34
97	152,936	5,444,359	68	48.35	5/23	20.00	10/28	32.58
96	108,159	3,027,379	40	34.00	10/01	20.20	1/11	26.49

表6-1c 大統益近4季與近5年的EPS

獲利能力（106年第3季）		最新4季每股盈餘		最新5年每股盈餘	
營業毛利率	10.64%	106第3季	1.46元	105年	5.58元
營業利益率	6.59%	106第2季	1.26元	104年	5.70元
稅前淨利率	6.78%	106第1季	1.06元	103年	6.17元
資產報酬率	4.75%	105第4季	1.61元	102年	4.42元
股東權益報酬率	6.84%	每股淨值:	22.29元	101年	2.77元

近4季EPS總和為5.39元

表6-1d 大統益收租股買前檢查表

民國(年)	最高價(元)(月/日)	最低價(元)(月/日)	收盤均價(元)	淨值(元)	EPS(元)	本益比(P/E)	ROE(%)	現金息(元)	現金殖利率(%)	現金配息率(%)	負債比(%)	董監事持股(%)	外資持股(%)
101	52.80(10/05)	46.20(01/16)	50.41	18.57	2.77	18.20	14.92	2.80	5.55	101.08	27.84	78.18	9.45
102	69.00(10/31)	51.10(01/11)	56.79	19.69	4.42	12.85	22.45	3.80	6.69	85.97	24.34	70.45	9.35
103	83.50(05/09)	60.30(02/13)	71.01	22.11	6.17	11.51	27.91	5.00	7.04	81.04	26.95	66.45	1.00
104	81.00(03/23)	66.50(08/25)	74.14	22.90	5.70	13.01	24.89	5.00	6.74	87.72	23.69	66.45	1.67
105	88.50(10/05)	72.90(01/18)	79.96	23.50	5.58	14.33	23.74	5.00	6.25	89.61	30.91	67.11	2.44
平均						13.98	22.78	4.32	6.46	89.08			
是否符合SOP：						○	○		◆		○	○	○

②複查買價＝平均P/E×近4季EPS
＝13.98×5.39元＝75.35元

①基準買價＝4.32元×15＝64.80元
買入P/E＝基準買價÷近4季EPS
＝64.80元÷5.39元＝12.02
※12.02＜15，OK

註1：近5年配股記錄：無
註2：106Q3股價淨值比（P/B）＝4.04
註3：最近4季（105Q4～106Q3）
　　　EPS＝5.39元
註4：106/10/31股價：90.00元
註5：106/10/31適當買價：64.80元

註6：買前最近4季EPS（自填）：
註7：買前基準買價（自填）：
註8：買前複查買價（自填）：
註9：買前適當買價（自填）：
註10：本次買入價（自填）：

② 大億（1521）

成立： 1976/01/28	上市：1997/10/06	產業別：電機機械
地址：台南市安平工業區新 　　　信路11號	電話：06-2615151	發言人：王宏基 （協理）

主要業務：車燈81.31%、模具10.59%、其他8.10%（2016年）。車燈製造廠 （產業龍頭）；航空、汽機車零件的加工製造。營收來源：台灣約 50%，北美約15%、中國約5%。

106年Q3：資本額7.88億元，總資產28.53億元。 　　　　　　Q1～Q3累計：EPS 1.23元，Q1～Q3累計：ROE 8.77 %

表6-2a ▶ 大億股利政策

（單位：元）

民國（年）	現金股利	盈餘配股	公積配股	股票股利	合計
105	5.20	0.00	0.00	0.00	5.20
104	5.00	0.00	0.00	0.00	5.00
103	4.30	0.00	0.00	0.00	4.30
102	3.70	0.00	0.00	0.00	3.70
101	3.50	0.00	0.00	0.00	3.50
100	4.00	0.00	0.00	0.00	4.00
99	4.00	0.00	0.00	0.00	4.00
98	3.00	0.00	0.00	0.00	3.00
97	1.00	0.00	0.00	0.00	1.00
96	1.50	0.00	0.00	0.00	1.50

表6-2b ▶ 大億年度成交資訊

民國 （年）	張數	金額（仟元）	筆數（仟）	最高價	日期	最低價	日期	收盤均價
105	56,393	4,551,765	42	90.40	3/02	71.50	5/10	80.29
104	113,939	10,145,288	84	108.00	6/03	65.10	8/25	83.31
103	75,324	5,631,606	51	93.10	5/05	56.60	1/14	73.30
102	70,946	3,955,640	44	71.50	12/10	42.60	7/26	51.02
101	42,653	2,318,551	29	67.20	2/09	37.90	11/20	52.78
100	148,189	9,884,144	85	85.00	7/07	44.30	12/20	64.67
99	151,255	8,919,606	81	77.50	10/05	36.60	2/03	56.69
98	147,267	4,671,128	60	51.50	12/11	9.21	2/12	23.21
97	16,500	295,766	6	24.40	3/25	9.62	10/28	17.53
96	67,596	1,831,090	26	31.80	7/24	21.55	12/21	26.01

表6-2c **大億近4季與近5年的EPS**

獲利能力（106年第3季）		最新4季每股盈餘		最新5年每股盈餘	
營業毛利率	16.66%	106第3季	1.56元	105年	6.52元
營業利益率	7.54%	106第2季	1.63元	104年	5.90元
稅前淨利率	8.94%	106第1季	1.82元	103年	4.88元
資產報酬率	3.18%	105第4季	1.94元	102年	4.02元
股東權益報酬率	6.70%	每股淨值	24.03元	101年	3.66元

近4季EPS總和為6.95元

表6-2d **大億收租股買前檢查表**

民國（年）	最高價（元）（月/日）	最低價（元）（月/日）	收盤均價（元）	淨值（元）	EPS（元）	本益比（P/E）	ROE（%）	現金息（元）	現金殖利率（%）	現金配息率（%）	負債比（%）	董監事持股（%）	外資持股（%）
101	67.20（02/09）	37.90（11/20）	52.78	21.54	3.66	14.42	16.99	3.50	6.63	95.63	42.03	65.32	34.31
102	71.50（12/10）	42.60（07/26）	51.02	23.45	4.02	12.69	17.14	3.70	7.25	92.04	51.11	65.32	35.20
103	93.10（05/05）	56.60（01/14）	73.30	22.18	4.88	15.02	22.00	4.30	5.87	88.11	50.44	64.77	37.71
104	108.00（06/03）	65.10（08/25）	83.31	23.45	5.90	14.12	25.16	6.00	6.00	84.75	51.11	64.77	34.96
105	90.40（03/02）	71.50（05/10）	80.29	24.31	6.52	12.31	26.82	5.20	6.48	79.75	49.09	64.77	33.78
平均						13.71	21.62	4.34	6.45	88.06			
是否符合SOP：						○	○		◆	○	○	○	○

②複查買價=平均P/E×近4季EPS
　　　　＝13.71×6.95元=95.28元

①基準買價=4.34元×15=65.10元
買入P/E=基準買價÷近4季EPS
　　　　=65.10元÷6.95元=9.37
※9.37 <15，OK

註1：近5年配股記錄：無
註2：106Q3股價淨值比（P/B）=5.82
註3：最近4季（105Q4～106Q3）
　　　EPS=2.67元
註4：106/10/31股價：81.6元
註5：106/10/31適當買價：65.10元

註6：買前最近4季EPS（自填）：
註7：買前基準買價（自填）：
註8：買前複查買價（自填）：
註9：買前適當買價（自填）：
註10：本次買入價（自填）：

③ 中宇（1535）

成立：1993/03/15	上市：2001/09/19	產業別：電機機械
地址：高雄市前鎮區民權二路 8號8F	電話：07-3306138	發言人：李俊生（副總）

主要業務：機電工程56.29%、代營運及機電維護24.39%、環保工程16.33%等（2016年）為中鋼集團的環保工程公司，也是水務工程龍頭廠商，並投入光電綠能產業。

106年Q3：資本額12.37億元，總資產68.61億元。Q1～Q3累計：EPS 0.94元，Q1～Q3累計：ROE 3.85 %

表6-3a ▶ 中宇股利政策

（單位：元）

民國（年）	現金股利	盈餘配股	公積配股	股票股利	合計
105	1.80	0.00	0.00	0.00	1.80
104	3.00	0.00	0.00	0.00	3.00
103	4.50	0.00	0.00	0.00	4.50
102	3.50	0.00	0.00	0.00	3.50
101	3.89	0.00	0.00	0.00	3.89
100	3.50	0.00	0.00	0.00	3.50
99	3.20	0.00	0.00	0.00	3.20
98	2.70	0.00	0.00	0.00	2.70
97	2.00	0.00	0.00	0.00	2.00
96	1.80	0.00	0.00	0.00	1.80

表6-3b ▶ 中宇年度成交資訊

民國（年）	張數	金額（仟元）	筆數（仟）	最高價	日期	最低價	日期	收盤均價
105	16,384	816,572	12	62.70	3/01	40.80	12/01	50.35
104	19,867	1,371,443	16	78.50	4/07	52.00	8/25	66.14
103	24,982	1,821,689	19	79.90	1/02	57.90	10/16	71.84
102	86,443	6,983,858	60	93.70	3/07	66.10	1/02	78.36
101	33,013	2,092,818	21	69.80	7/06	53.30	1/02	63.17
100	74,867	4,468,381	46	73.50	5/10	48.00	1/04	57.16
99	97,611	4,719,189	48	53.50	4/29	40.80	2/06	48.05
98	228,803	9,620,918	113	52.50	6/08	28.40	1/09	39.62
97	110,039	4,749,449	53	55.00	6/11	26.65	12/25	39.98
96	383,838	14,854,349	154	52.30	7/26	22.00	3/06	36.14

表6-3c **中宇近4季與近5年的EPS**

獲利能力（106年第3季）		最新4季每股盈餘		最新5年每股盈餘	
營業毛利率	7.85%	106第3季	0.52元	105年	2.00元
營業利益率	2.86%	106第2季	0.26元	104年	4.11元
稅前淨利率	3.51%	106第1季	0.16元	103年	5.50元
資產報酬率	0.95%	105第4季	0.41元	102年	5.06元
股東權益報酬率	2.16%	每股淨值	24.41元	101年	5.51元

近4季EPS總和為1.35元

表6-3d **中宇收租股買前檢查表**

民國（年）	最高價（元）（月/日）	最低價（元）（月/日）	收盤均價（元）	淨值（元）	EPS（元）	本益比（P/E）	ROE（%）	現金息（元）	現金殖利率（%）	現金配息率（%）	負債比（%）	董監事持股（%）	外資持股（%）
101	69.80（07/06）	53.30（01/02）	63.17	23.86	5.51	11.46	23.09	3.89	6.16	70.60	52.14	74.14	1.21
102	93.70（03/07）	66.10（01/02）	78.36	26.46	5.06	15.49	19.12	3.50	4.47	69.17	57.79	68.81	1.24
103	79.90（01/02）	57.90（10/16）	71.84	29.41	5.50	13.06	18.70	4.50	6.26	81.82	50.82	68.32	1.40
104	78.50（04/07）	52.00（08/25）	66.14	28.24	4.11	16.09	14.55	3.00	4.54	72.99	48.72	68.44	1.01
105	62.70（03/01）	40.80（12/01）	50.35	25.91	2.00	25.18	7.72	1.80	3.57	90.00	57.62	68.69	0.51
平均						16.26	16.44	3.34	5.00	76.92			
			是否符合SOP：			◆	○		X	○		▲	○

②複查買價=平均P/E×近4季EPS
=15×1.35元=20.25元
※平均P/E≧15，取15.00計算

①基準買價=3.34元×15=50.1元
買入P/E=基準買價÷近4季EPS
=50.1元÷1.35元=37.11
※37.11＞15，不宜

註1：近5年配股記錄：無
註2：106Q3股價淨值比（P/B）=1.67
註3：最近4季（105Q4～106Q3）
　　　EPS=1.35
註4：106/10/31股價：40.80元
註5：106/10/31適當買價：20.25元

註6：買前最近4季EPS（自填）：
註7：買前基準買價（自填）：
註8：買前複查買價（自填）：
註9：買前適當買價（自填）：
註10：本次買入價（自填）：

④ 中砂（1560）

成立：1964/07/08	上市：2005/01/31	產業別：電機機械
地址：台北市中正區延平南路10號	電話：02-23711131	發言人：李偉彰（副總）

主要業務：再生晶圓43.77%、鑽石碟25.50%、傳統產品24.11%等（2016年）。砂輪（研磨）機及冶金加工的龍頭廠，除傳統產業外，鑽石碟已打入高階及半導體產業供應鏈。

106年Q3：資本額14.1億元，總資產51.77億元。
Q1～Q3累計：EPS 3.97元，Q1～Q3累計：ROE 14.29%

表6-4a 中砂股利政策

（單位：元）

民國（年）	現金股利	盈餘配股	公積配股	股票股利	合計
105	3.00	0.00	0.00	0.00	3.00
104	3.70	0.00	0.00	0.00	3.70
103	4.10	0.00	0.00	0.00	4.10
102	3.30	0.00	0.00	0.00	3.30
101	2.70	0.00	0.00	0.00	2.70
100	2.70	0.00	0.00	0.00	2.70
99	1.50	0.00	0.00	0.00	1.50
98	0.50	0.00	0.00	0.00	0.50
97	1.20	0.00	0.00	0.00	1.20
96	2.10	0.50	0.00	0.50	2.60

表6-4b 中砂年度成交資訊

民國（年）	張數	金額（仟元）	筆數（仟）	最高價	日期	最低價	日期	收盤均價
105	131,882	7,460,500	86	64.50	12/30	46.10	1/18	52.88
104	121,285	7,443,713	87	70.60	2/26	40.50	8/25	57.90
103	314,419	25,918,745	207	103.00	3/06	57.50	10/28	78.49
102	396,600	23,898,750	229	82.40	12/09	41.25	1/02	57.15
101	235,548	10,441,550	129	52.30	3/26	32.00	1/02	42.14
100	411,671	24,040,952	210	78.90	4/07	30.45	12/20	53.32
99	480,711	23,008,588	215	64.80	12/22	31.30	5/26	44.18
98	298,246	10,292,627	134	43.45	8/04	17.30	1/21	30.19
97	128,719	6,150,349	72	68.80	1/03	15.50	11/21	42.04
96	263,133	33,008,810	159	174.00	1/05	51.00	12/21	113.09

表6-4c 中砂近4季與近5年的EPS

獲利能力（106年第3季）		最新4季每股盈餘		最新5年每股盈餘	
營業毛利率	33.95%	106第3季	1.52元	105年	3.79元
營業利益率	20.68%	106第2季	1.38元	104年	4.14元
稅前淨利率	21.53%	106第1季	1.07元	103年	4.63元
資產報酬率	4.11%	105第4季	1.28元	102年	3.73元
股東權益報酬率	5.61%	每股淨值	27.79元	101年	3.15元

近4季EPS總和為5.25元

表6-4d 中砂收租股買前檢查表

民國（年）	最高價（元）（月/日）	最低價（元）（月/日）	收盤均價（元）	淨值（元）	EPS（元）	本益比（P/E）	ROE（%）	現金息（元）	現金殖利率（%）	現金配息率（%）	負債比（%）	董監事持股（%）	外資持股（%）
101	52.30（03/26）	32.00（01/02）	42.14	25.90	3.15	13.38	12.16	2.70	6.41	85.71	20.94	12.96	3.28
102	82.40（12/09）	41.05（01/02）	57.15	25.94	3.73	15.32	14.38	3.30	5.77	88.47	31.01	15.06	11.24
103	103.00（03/06）	57.50（10/28）	78.49	27.18	4.63	16.95	17.03	4.10	5.22	88.55	27.43	17.33	13.13
104	70.60（02/26）	40.50（08/25）	57.90	26.95	4.14	13.99	15.36	3.70	6.39	89.37	25.90	13.93	8.11
105	64.50（12/30）	46.10（01/18）	52.88	26.82	3.79	13.95	14.13	3.00	5.67	79.16	24.34	15.33	9.31
平均						14.72	14.61	3.36	5.89	86.25			
是否符合SOP：						○	◆		▲	○	○	▲	▲

②複查買價=平均P/E×近4季EPS
=14.72×5.25元=77.28元

①基準買價=3.36元×15=50.4元
買入P/E=基準買價÷近4季EPS
=50.4元÷5.25元=9.6
※9.6＜15，OK

註1：近5年配股記錄：無
註2：106Q3股價淨值比（P/B）=2.83
註3：最近4季（105Q4～106Q3）
　　　EPS=5.25
註4：106/10/31股價：78.70元
註5：106/10/31適當買價：50.4元

註6：買前最近4季EPS（自填）：
註7：買前基準買價（自填）：
註8：買前複查買價（自填）：
註9：買前適當買價（自填）：
註10：本次買入價（自填）：

⑤ 信錦（1582）

成立：1979/07/07	上市：2009/12/17	產業別：電子零組件
地址：新北市中和區建康路 168號9F	電話：02-66215888	發言人：許淑芬 （副總）
主要業務：底座產品100%（2016年）。樞紐（HINGE）大廠，以AID、TV及顯 示器為主，正尋求合作對象跨入博奕（機台加工）領域。		
106年Q3：資本額16.15億元，總資產87.55億元。 Q1～Q3累計：EPS 4.51元，Q1～Q3累計：ROE 12.77%		

表6-5a 信錦股利政策

（單位：元）

民國（年）	現金股利	盈餘配股	公積配股	股票股利	合計
105	5.45	0.00	0.00	0.00	5.45
104	4.50	0.00	0.00	0.00	4.50
103	4.50	0.00	0.00	0.00	4.50
102	3.50	0.00	0.00	0.00	3.50
101	3.94	0.00	0.00	0.00	3.94
100	3.00	0.00	0.00	0.00	3.00
99	3.48	0.00	0.00	0.00	3.48
98	4.50	0.00	0.00	0.00	4.50
97	3.00	0.00	0.00	0.00	3.00
96	5.93	0.49	0.00	0.49	6.42

表6-5b 信錦年度成交資訊

民國 （年）	張數	金額（仟元）	筆數（仟）	最高價	日期	最低價	日期	收盤均價
105	121,815	6,709,186	83	66.00	12/08	42.30	1/18	53.09
104	142,404	8,422,317	98	72.20	3/23	38.80	8/24	56.45
103	275,938	17,359,952	163	75.30	7/09	49.70	1/02	60.22
102	199,045	10,536,454	114	57.60	4/11	47.45	8/28	51.63
101	253,974	11,899,184	138	57.20	10/05	32.00	1/02	45.27
100	126,599	5,840,656	69	57.40	3/01	30.15	9/29	43.04
99	253,495	17,706,793	139	84.50	1/04	46.80	11/08	65.52
98	21,091	1,733,104	10	85.50	12/17	79.10	12/24	81.43

表6-5c 信錦近4季與近5年的EPS

獲利能力（106年第3季）		最新4季每股盈餘		最新5年每股盈餘	
營業毛利率	22.20%	106第3季	1.50元	105年	6.06元
營業利益率	13.80%	106第2季	1.66元	104年	5.28元
稅前淨利率	13.25%	106第1季	1.35元	103年	5.71元
資產報酬率	2.71%	105第4季	1.68元	102年	4.43元
股東權益報酬率	4.36%	每股淨值	35.75元	101年	5.27元

近4季EPS總和為6.19元

表6-5d 信錦收租股買前檢查表

民國（年）	最高價（元）（月/日）	最低價（元）（月/日）	收盤均價（元）	淨值（元）	EPS（元）	本益比（P/E）	ROE（%）	現金息（元）	現金殖利率（%）	現金配息率（%）	負債比（%）	重監事持股（%）	外資持股（%）
101	57.20（10/05）	32.00（01/02）	45.27	31.15	5.27	8.59	16.92	3.94	8.70	74.76	25.38	14.14	5.99
102	57.60（04/11）	47.45（08/28）	51.63	32.84	4.43	11.65	13.49	3.50	6.78	79.01	40.16	15.02	14.89
103	75.30（07/09）	49.70（01/02）	60.22	37.13	5.71	10.55	15.38	4.50	7.47	78.81	43.64	14.72	16.28
104	72.20（03/23）	38.80（08/24）	56.45	37.41	5.28	10.69	14.11	4.50	7.97	85.23	40.03	13.58	22.40
105	66.00（12/08）	42.30（01/18）	53.09	37.24	6.06	8.76	16.27	5.45	10.27	89.93	38.39	11.33	17.88
平均						10.05	15.23	4.38	8.24	81.55			
是否符合SOP：						○	○		○	○	○	◆	◆

②複查買價＝平均P/E×近4季EPS
＝10.05×6.19元＝62.21元

①基準買價＝4.38元×15＝65.7元
買入P/E＝基準買價÷近4季EPS
＝65.7元÷6.19元＝10.61
※10.61＜15，OK

註1：近5年配股記錄：無
註2：106Q3股價淨值比（P/B）＝1.96
註3：最近4季（105Q4～106Q3）
　　　EPS＝5.6元
註4：106/10/31股價：69.90元
註5：106/10/31適當買價：62.21元

註6：買前最近4季EPS（自填）：
註7：買前基準買價（自填）：
註8：買前複查買價（自填）：
註9：買前適當買價（自填）：
註10：本次買入價（自填）：

⑥ 花仙子（1730）

成立：1983/05/24	上市：2001/09/17	產業別：化工
地址：台北市承德路三段230號13樓	電話：02-25922860	發言人：林淑姝（董事長室經理）

主要業務：驅塵潔淨類46.46%、芳香消臭類28.28%、除濕類18.28%、廚具7.53%等（2016年）。台灣芳香、除臭及除濕產品的研發製造龍頭，旗下品牌有花仙子、去味大師、克潮靈等，並持有（旋轉拖把）好神拖51%的股權。

106年Q3：資本額5.7億元，總資產18.21億元。
Q1～Q3累計：EPS 2.41元，Q1～Q3累計：ROE 11.78%

表6-6a 花仙子股利政策

（單位：元）

民國（年）	現金股利	盈餘配股	公積配股	股票股利	合計
105	2.18	0.00	0.00	0.00	2.18
104	2.00	0.00	0.00	0.00	2.00
103	1.70	0.00	0.00	0.00	1.70
102	2.70	0.00	0.00	0.00	2.70
101	1.10	0.00	0.00	0.00	1.10
100	1.00	0.00	0.00	0.00	1.00
99	1.00	0.00	0.00	0.00	1.00
98	1.00	0.00	0.00	0.00	1.00
97	0.50	0.00	0.00	0.00	0.50
96	0.70	0.00	0.00	0.00	0.70

表6-6b 花仙子年度成交資訊

民國（年）	張數	金額（仟元）	筆數（仟）	最高價	日期	最低價	日期	收盤均價
105	37,197	1,366,510	22	39.80	4/19	32.90	1/07	36.81
104	68,577	2,268,303	38	40.50	11/27	24.45	8/26	31.70
103	75,160	2,120,272	39	31.30	7/14	24.60	2/05	27.62
102	85,216	1,891,436	40	28.60	12/18	17.65	1/09	20.73
101	54,150	973,103	21	19.90	8/24	16.00	1/13	17.65
100	54,331	1,061,222	20	22.20	2/21	14.80	12/09	18.55
99	135,314	2,502,748	47	21.80	9/09	12.70	2/06	17.54
98	208,873	3,453,222	74	21.50	8/27	7.92	3/03	13.98
97	71,905	916,461	24	16.35	5/15	6.87	10/28	11.16
96	112,550	1,730,983	34	20.25	7/26	10.55	12/18	13.65

表6-6c 花仙子近4季與近5年的EPS

獲利能力（106年第3季）		最新4季每股盈餘		最新5年每股盈餘	
營業毛利率	42.85%	106第3季	0.92元	105年	3.04元
營業利益率	9.64%	106第2季	0.74元	104年	2.73元
稅前淨利率	15.14%	106第1季	0.76元	103年	2.14元
資產報酬率	3.20%	105第4季	0.77元	102年	3.72元
股東權益報酬率	4.69%	每股淨值	20.46元	101年	1.60元

近4季EPS總和為3.19元

表6-6d 花仙子收租股買前檢查表

民國（年）	最高價（元）〔月/日〕	最低價（元）〔月/日〕	收盤均價（元）	淨值（元）	EPS（元）	本益比（P/E）	ROE（%）	現金息（元）	現金殖利率（%）	現金配息率（%）	負債比（%）	董監事持股（%）	外資持股（%）
101	16.90（08/24）	16.00（01/13）	17.65	14.96	1.60	11.03	10.70	1.10	6.23	68.75	36.85	5.28	21.63
102	28.60（12/18）	17.65（01/09）	20.73	17.74	3.72	5.57	20.97	2.70	13.02	72.58	29.06	5.84	21.98
103	31.30（07/14）	24.60（02/05）	27.62	17.63	2.14	12.91	12.14	1.70	6.15	79.44	34.79	6.60	33.42
104	40.50（11/27）	24.45（08/26）	31.70	18.43	2.73	11.61	14.81	2.00	6.31	73.26	36.52	7.23	33.70
105	39.80（04/19）	32.90（01/07）	36.81	19.66	3.04	12.11	15.46	2.18	5.92	71.71	34.57	9.38	33.45
平均						10.65	14.82	1.94	7.53	73.15			
		是否符合SOP：				○	◆		○	○	○	○	○

②複查買價＝平均P/E×近4季EPS
　　　　　＝10.65×3.19元＝33.97元

①基準買價＝1.94元×15＝29.1元
買入P/E＝基準買價÷近4季EPS
　　　　＝29.1元÷3.19元＝9.12
※9.12＜15，OK

註1：近5年配股記錄：無
註2：106Q3股價淨值比（P/B）=2.01
註3：最近4季（105Q4～106Q3）
　　　EPS=3.19元
註4：106/10/31股價：41.20元
註5：106/10/31適當買價：29.1元

註6：買前最近4季EPS（自填）：
註7：買前基準買價（自填）：
註8：買前複查買價（自填）：
註9：買前適當買價（自填）：
註10：本次買入價（自填）：

⑦ 勝一（1773）

成立：1979/01/24	上市：2009/02/27	產業別：化工
地址：高雄市永安區永工一路5號	電話：07-8619171	發言人：李歡益（總經理特助）

主要業務：溶劑系列產品67.16%、原料買賣25.69%、其他5.44%、其他產品1.70%（2016年）。為溶劑大廠，客戶群以傳產、電子、半導體業為主，外加太陽能產業的應用。

106年Q3：資本額15億元，總資產52.46億元。Q1～Q3累計：EPS 4.32元，Q1～Q3累計：ROE 15.16%

表6-7a 勝一股利政策

（單位：元）

民國（年）	現金股利	盈餘配股	公積配股	股票股利	合計
105	4.00	0.00	0.00	0.00	4.00
104	3.00	0.00	0.00	0.00	3.00
103	2.60	0.00	0.00	0.00	2.60
102	2.00	1.24	0.00	1.24	3.24
101	3.00	0.00	0.00	0.00	3.00
100	2.60	0.00	0.00	0.00	2.60
99	4.00	0.00	0.00	0.00	4.00
98	2.50	0.00	0.00	0.00	2.50
97	1.50	0.00	0.00	0.00	1.50
96	3.00	0.00	0.00	0.00	3.00

表6-7b 勝一年度成交資訊

民國（年）	張數	金額（仟元）	筆數（仟）	最高價	日期	最低價	日期	收盤均價
105	24,940	1,154,261	16	55.40	12/14	38.50	1/21	45.62
104	20,570	878,669	15	47.00	4/29	37.00	8/25	42.22
103	31,064	1,587,637	21	57.90	3/31	43.00	10/27	49.86
102	33,524	1,528,387	19	52.90	10/31	41.00	1/02	45.47
101	24,115	926,857	13	42.10	12/28	32.40	1/16	38.40
100	87,878	4,123,202	45	52.60	4/15	32.20	12/09	42.90
99	247,807	10,792,641	109	51.80	10/21	31.00	2/06	40.56
98	143,003	3,508,701	54	37.80	9/22	14.90	3/03	25.21

表6-7c 勝一近4季與近5年的EPS

獲利能力（106年第3季）		最新4季每股盈餘		最新5年每股盈餘	
營業毛利率	27.79%	106第3季	1.56元	105年	5.23元
營業利益率	14.46%	106第2季	1.44元	104年	4.08元
稅前淨利率	15.92%	106第1季	1.32元	103年	3.50元
資產報酬率	4.32%	105第4季	1.43元	102年	4.05元
股東權益報酬率	5.63%	每股淨值	28.49元	101年	4.06元

近4季EPS總和為5.75元

表6-7d 勝一收租股買前檢查表

民國（年）	最高價（元）（月/日）	最低價（元）（月/日）	收盤均價（元）	淨值（元）	EPS（元）	本益比（P/E）	ROE（%）	現金息（元）	現金殖利率（%）	現金配息率（%）	負債比（%）	董監事持股（%）	外資持股（%）
101	42.10（12/28）	32.40（01/16）	38.40	25.35	4.06	9.46	16.02	3.00	7.81	73.89	22.89	50.32	1.91
102	52.90（10/31）	41.00（01/02）	45.47	26.45	4.05	11.23	15.31	2.00	4.40	49.38	28.90	57.67	2.26
103	57.90（03/31）	43.00（10/27）	49.86	25.37	3.50	14.25	13.80	2.60	5.21	74.29	23.73	58.25	2.05
104	47.00（04/29）	37.00（08/25）	42.22	26.76	4.08	10.35	15.25	3.00	7.11	73.53	20.53	57.85	1.49
105	55.40（12/14）	38.50（01/21）	45.62	28.34	5.23	8.72	18.45	4.00	8.77	76.48	20.60	57.48	1.16
平均						10.80	15.76	2.92	6.66	69.51			
是否符合SOP：						○	○		◆	◆	○	○	

②複查買價＝平均P/E×近4季EPS
＝10.80×5.75元＝62.1元

①基準買價＝2.92元×15＝43.8元
買入P/E＝基準買價÷近4季EPS
＝43.8元÷5.75元＝7.62
※7.62＜15，OK

註1：近5年配股記錄：102年配股1.24元
註2：106Q3股價淨值比（P/B）=2.78
註3：最近4季（105Q4～106Q3）
　　　EPS=5.75元
註4：106/10/31股價：79.20元
註5：106/10/31適當買價：43.8元

註6：買前最近4季EPS（自填）：
註7：買前基準買價（自填）：
註8：買前複查買價（自填）：
註9：買前適當買價（自填）：
註10：本次買入價（自填）：

⑧ 橋椿（2062）

成立：1984/07/09	上市：2007/11/16	產業別：其他
地址：台中市西屯區市政路 386號22、23F	電話：04-22582062	發言人：楊淑絹 （資深特助）

主要業務：鋅產品63.17%、銅產品19.39%、其他17.44%（2016年）。全球水龍頭及廚浴五金配件大廠，台灣研發，中國製造，美國則為倉儲配送中心，客戶包括美國五大廚房衛浴廠商，業績與全球建築業景氣相關。

106年Q3：資本額16.36億元，總資產125.74億元。
Q1～Q3累計：EPS 1.21元，Q1～Q3累計：ROE 3.69%

表6-8a ▶ 橋椿股利政策

（單位：元）

民國（年）	現金股利	盈餘配股	公積配股	股票股利	合計
105	1.00	0.00	0.00	0.00	1.00
104	1.00	0.00	0.00	0.00	1.00
103	2.68	0.00	0.00	0.00	2.68
102	4.50	0.00	0.00	0.00	4.50
101	2.00	0.00	0.00	0.00	2.00
100	2.20	0.00	0.00	0.00	2.20
99	3.50	0.00	0.00	0.00	3.50
98	2.33	0.00	0.00	0.00	2.33
97	1.10	0.00	0.00	0.00	1.10
96	2.00	0.00	0.00	0.00	2.00

表6-8b ▶ 橋椿年度成交資訊

民國 （年）	張數	金額（仟元）	筆數（仟）	最高價	日期	最低價	日期	收盤均價
105	237,393	10,068,972	143	46.80	2/02	36.80	4/11	41.88
104	306,030	15,580,174	199	68.60	3/25	30.50	8/25	49.93
103	417,464	26,221,433	244	94.60	3/20	43.55	9/30	61.50
102	397,716	27,532,218	236	91.50	10/07	29.40	3/05	59.63
101	14,321	427,244	8	35.15	3/22	26.60	11/19	29.99
100	32,532	1,229,457	17	46.20	4/25	27.00	8/22	34.31
99	41,606	1,624,017	20	44.00	4/13	28.00	2/08	37.49
98	10,406	274,622	5	35.20	12/28	18.60	3/02	24.51
97	19,470	671,756	9	47.10	1/03	19.20	12/31	33.18
96	13,527	652,354	5	56.00	11/16	41.00	11/28	46.93

表6-8c 橋椿近4季與近5年的EPS

獲利能力（106年第3季）		最新4季每股盈餘		最新5年每股盈餘	
營業毛利率	14.28%	106第3季	0.05元	105年	4.58元
營業利益率	1.72%	106第2季	0.03元	104年	3.83元
稅前淨利率	0.03%	106第1季	1.14元	103年	3.82元
資產報酬率	0.19%	105第4季	1.28元	102年	5.55元
股東權益報酬率	0.15%	每股淨值	32.78元	101年	2.00元

近4季EPS總和為2.5元

表6-8d 橋椿收租股買前檢查表

民國（年）	最高價（元）（月/日）	最低價（元）（月/日）	收盤均價（元）	淨值（元）	EPS（元）	本益比（P/E）	ROE（%）	現金息（元）	現金殖利率（%）	現金配息率（%）	負債比（%）	董監事持股（%）	外資持股（%）
101	35.15（03/22）	26.60（11/19）	29.99	25.53	2.00	15.00	7.83	2.00	6.67	100.00	29.62	33.14	16.66
102	91.50（10/07）	29.40（03/05）	59.63	29.99	5.55	10.74	18.51	4.50	7.55	81.08	37.69	33.13	16.10
103	94.60（03/20）	43.55（09/30）	61.50	30.57	3.82	16.10	12.50	2.68	4.36	70.16	40.25	26.44	25.09
104	68.60（03/25）	30.50（08/25）	49.93	31.44	3.82	13.04	12.18	1.00	2.00	26.11	47.21	27.27	19.52
105	46.80（02/02）	36.80（04/11）	41.88	33.58	4.58	9.14	13.64	1.00	2.39	21.83	53.66	27.02	9.83
平均						12.80	12.93	2.24	4.59	59.84			
是否符合SOP：						○	◆		X	▲	○	○	

②複查買價＝平均P/E×近4季EPS
　　　　　＝12.8×2.5元＝32元

①基準買價＝2.24元×15＝33.6元
買入P/E＝基準買價÷近4季EPS
　　　　＝33.6元÷2.5元＝13.44
※13.44＜15，OK

註1：近5年配股記錄：無
註2：106Q3股價淨值比（P/B）＝1.19
註3：最近4季（105Q4～106Q3）
　　　EPS＝2.5元
註4：106/10/31股價：39.05元
註5：106/10/31適當買價：32元

註6：買前最近4季EPS（自填）：
註7：買前基準買價（自填）：
註8：買前複查買價（自填）：
註9：買前適當買價（自填）：
註10：本次買入價（自填）：

⑨ 鑫永銓（2114）

成立：1969/08/22	上市：2010/12/29	產業別：橡膠
地址：南投市南崗工業區南崗 三路294號	電話：049-2263888	發言人：胡美惠 （特助）
主要業務：輕型輸送帶60.29%、重型輸送帶33.76%、其他5.95%（2016年）。 全球橡膠輸送帶大廠，外銷業務約佔90%。		
106年Q3：資本額6.75億元，總資產26.36億元。 Q1～Q3累計：EPS 3.18元，Q1～Q3累計：ROE 10.17%		

表6-9a 鑫永銓股利政策

（單位：元）

民國（年）	現金股利	盈餘配股	公積配股	股票股利	合計
105	5.00	0.00	0.00	0.00	5.00
104	5.00	0.00	0.00	0.00	5.00
103	5.00	0.00	0.00	0.00	5.00
102	5.00	1.00	0.00	1.00	6.00
101	5.00	0.00	0.00	0.00	5.00
100	4.00	0.00	0.00	0.00	4.00
99	2.99	0.00	0.00	0.00	2.99
98	1.50	1.00	0.00	1.00	2.50
97	1.00	0.50	0.00	0.50	1.50
96	3.00	0.50	0.00	0.50	3.50

表6-9b 鑫永銓年度成交資訊

民國（年）	張數	金額（仟元）	筆數（仟）	最高價	日期	最低價	日期	收盤均價
105	13,185	1,040,021	7	84.50	2/24	69.00	1/07	78.45
104	29,336	2,849,476	23	131.00	3/16	61.00	8/25	91.30
103	40,653	4,322,116	31	129.50	8/04	79.70	1/07	104.79
102	31,150	2,623,836	22	92.10	4/03	75.80	8/28	82.73
101	65,764	4,599,718	43	90.90	12/10	52.40	1/04	66.80
100	164,205	9,062,529	86	75.80	7/15	32.00	1/27	51.74
99	891	30,969	0	35.90	12/29	33.10	12/31	34.32
98	23,988	661,672	8	35.50	12/02	18.95	01/17	27.58
97	9,057	313,120	3	44.10	04/30	18.00	11/24	33.27
96	21,774	1,033,666	10	52.10	01/22	37.60	12/17	45.77

表6-9c 鑫永銓近4季與近5年的EPS

獲利能力（106年第3季）		最新4季每股盈餘		最新5年每股盈餘	
營業毛利率	36.99%	106第3季	1.66元	105年	5.19元
營業利益率	29.05%	106第2季	1.27元	104年	6.20元
稅前淨利率	31.05%	106第1季	0.24元	103年	7.34元
資產報酬率	4.27%	105第4季	1.61元	102年	7.11元
股東權益報酬率	5.46%	每股淨值	31.27元	101年	7.46元

近4季EPS總和為4.78元

表6-9d 鑫永銓收租股買前檢查表

民國（年）	最高價（元）（月/日）	最低價（元）（月/日）	收盤均價（元）	淨值（元）	EPS（元）	本益比（P/E）	ROE（%）	現金息（元）	現金殖利率（%）	現金配息率（%）	負債比（%）	董監事持股（%）	外資持股（%）
101	90.90（12/10）	52.40（01/04）	66.80	29.58	7.46	8.95	25.22	5.00	7.49	67.02	24.95	36.00	1.92
102	92.10（04/03）	75.80（08/28）	82.73	31.69	7.11	11.64	22.44	5.00	6.04	70.32	21.93	36.05	1.78
103	129.50（08/04）	79.70（01/07）	104.79	31.59	7.34	14.28	23.24	5.00	4.77	68.12	19.91	36.07	1.12
104	131.00（03/16）	61.00（08/25）	91.30	32.93	6.20	14.73	18.83	5.00	5.48	80.65	12.91	36.67	0.89
105	84.50（02/24）	69.00（01/07）	78.45	33.09	5.19	15.12	15.68	5.00	6.37	96.34	15.44	38.53	2.62
平均						12.94	21.08	5.00	6.03	76.49			
是否符合SOP：						○	○		◆	○	○	○	○

②複查買價＝平均P/E×近4季EPS
＝12.94×4.78元＝61.85元

①基準買價＝5元×15＝75元
買入P/E＝基準買價÷近4季EPS
＝75元÷4.78元＝15.69
※15.69＞15，不宜

註1：近5年配股記錄：102年配股1.0元　　註6：買前最近4季EPS（自填）：
註2：106Q3股價淨值比（P/B）＝2.70　　註7：買前基準買價（自填）：
註3：最近4季（105Q4～106Q3）　　　　註8：買前複查買價（自填）：
　　　EPS＝4.78元　　　　　　　　　　　註9：買前適當買價（自填）：
註4：106/10/31股價：84.50元　　　　　註10：本次買入價（自填）：
註5：106/10/31適當買價：61.85元

⑩ 漢唐（2404）

成立：1982/09/13	上市：1998/02/16	產業別：其他電子
地址：新北市新店區寶高路7巷3號5樓	電話：02-29174060	發言人：陳柏辰（總經理）

主要業務：系統整合98.41%、維護1.03%、設計業務及產品銷售0.56%（2016年）。台灣無應室機電工程系統整合大廠，客戶群包括晶圓代工、封裝測試、面板產業及生技製藥等領域。

106年Q3：資本額23.82億元，總資產154.64億元。 Q1～Q3累計：EPS 4.08元，Q1～Q3累計：ROE 15.7%

表6-10a 漢唐股利政策

（單位：元）

民國（年）	現金股利	盈餘配股	公積配股	股票股利	合計
105	6.00	0.00	0.00	0.00	6.00
104	4.50	0.00	0.00	0.00	4.50
103	2.50	0.00	0.00	0.00	2.50
102	2.40	0.00	0.00	0.00	2.40
101	1.80	0.00	0.00	0.00	1.80
100	3.00	0.00	0.00	0.00	3.00
99	3.97	0.00	0.00	0.00	3.97
98	1.51	0.00	0.00	0.00	1.51
97	0.97	0.00	0.00	0.00	0.97
96	2.90	0.00	0.00	0.00	2.90

表6-10b 漢唐年度成交資訊

民國（年）	張數	金額（仟元）	筆數（仟）	最高價	日期	最低價	日期	收盤均價
105	291,493	14,113,783	179,033	53.90	3/14	38.55	1/07	47.96
104	214,699	7,899,921	123,544	46.80	12/08	27.40	8/24	34.79
103	229,421	8,101,277	115,969	41.95	2/26	27.25	10/16	32.99
102	333,793	10,232,967	152,675	38.00	12/16	24.10	2/06	29.85
101	245,704	7,007,396	114,445	35.00	3/27	22.90	11/22	26.91
100	382,885	14,787,679	177,679	46.20	1/24	23.50	12/20	35.98
99	1,468,491	56,164,805	565,849	52.10	9/07	25.30	1/07	35.92
98	427,197	9,050,099	123,175	29.30	12/15	10.50	2/02	16.15
97	143,514	3,562,388	48,167	30.25	4/23	10.30	12/24	22.45
96	409,647	11,901,239	126,479	34.50	6/26	23.50	3/05	28.44

表6-10c 漢唐近4季與近5年的EPS

獲利能力（106年第3季）		最新4季每股盈餘		最新5年每股盈餘	
營業毛利率	14.78%	106第3季	1.76元	105年	6.52元
營業利益率	9.54%	106第2季	1.55元	104年	5.24元
稅前淨利率	20.04%	106第1季	0.78元	103年	3.14元
資產報酬率	2.86%	105第4季	1.73元	102年	4.73元
股東權益報酬率	7.39%	每股淨值	25.98元	101年	2.26元

近4季EPS總和為5.82元

表6-10d 漢唐收租股買前檢查表

民國（年）	最高價（元）（月/日）	最低價（元）（月/日）	收盤均價（元）	淨值（元）	EPS（元）	本益比（P/E）	ROE（%）	現金息（元）	現金殖利率（%）	現金配息率（%）	負債比（%）	董監事持股（%）	外資持股（%）
101	35.00（03/27）	22.90（11/22）	26.91	19.64	2.26	11.91	11.51	1.80	6.69	79.65	57.06	16.69	6.92
102	38.00（12/16）	24.10（02/06）	29.85	22.33	4.73	6.31	21.18	2.40	8.04	50.74	53.67	14.61	11.42
103	41.95（02/26）	27.25（10/16）	32.99	23.33	3.14	10.51	13.46	2.50	7.58	79.62	59.15	12.97	26.40
104	46.80（12/08）	27.40（08/24）	34.79	26.05	5.24	6.64	20.12	4.50	12.93	85.88	57.68	12.14	26.00
105	53.90（03/14）	38.55（01/07）	47.96	27.79	6.52	7.36	23.46	6.00	12.51	92.02	60.94	5.89	30.66
平均						8.54	17.95	3.44	9.55	77.58			
是否符合SOP：						○	○		○	○	X	○	○

②複查買價＝平均P/E×近4季EPS
＝8.54×5.82元＝49.7元

①基準買價＝3.44元×15＝51.6元
買入P/E＝基準買價÷近4季EPS
＝51.6元÷5.82元＝8.87
※8.87＜15，OK

註1：近5年配股記錄：無
註2：106Q3股價淨值比（P/B）=2.08
註3：最近4季（105Q4～106Q3）
　　　EPS=5.82元
註4：106/10/31股價：54.00元
註5：106/10/31適當買價：49.7元

註6：買前最近4季EPS（自填）：
註7：買前基準買價（自填）：
註8：買前複查買價（自填）：
註9：買前適當買價（自填）：
註10：本次買入價（自填）：

⑪ 新巨（2420）

成立：1983/04/25	上市：2000/09/11	產業別：電子零組件
地址：新北市新店區區民權路50號10F	電話：02-29188512	發言人：高銘傳（副總）

主要業務：交換式電源供應器71.89%、微動開關27.70%、其他0.41%（2016年）。工業用電源供應器與微動開關是兩大主力產品，雲端及車用市場業務逐漸成長。

106年Q3： 資本額15.26億元，總資產72.4億元。
Q1～Q3累計：EPS 2.18元，Q1～Q3累計：ROE 11.74%

表6-11a 新巨股利政策

（單位：元）

民國（年）	現金股利	盈餘配股	公積配股	股票股利	合計
105	3.00	0.00	0.00	0.00	3.00
104	2.50	0.00	0.00	0.00	2.50
103	3.50	0.00	0.00	0.00	3.50
102	2.80	0.00	0.00	0.00	2.80
101	2.00	0.00	0.00	0.00	2.00
100	2.00	0.00	0.00	0.00	2.00
99	1.80	0.00	0.00	0.00	1.80
98	1.00	0.00	0.00	0.00	1.00
97	0.80	0.00	0.00	0.00	0.80
96	1.50	0.44	0.06	0.50	2.00

表6-11b 新巨年度成交資訊

民國（年）	張數	金額（仟元）	筆數（仟）	最高價	日期	最低價	日期	收盤均價
105	70,783	2,844,869	49	49.00	3/17	31.80	11/09	38.74
104	168,325	7,461,524	102	53.20	4/09	29.45	8/25	42.57
103	407,404	18,697,942	217	60.60	4/21	29.65	10/17	44.25
102	297,576	8,688,014	127	38.45	12/26	20.90	1/17	28.01
101	135,894	3,177,203	59	26.10	3/22	19.60	10/30	22.39
100	218,156	5,397,320	89	29.85	6/08	17.70	8/09	23.44
99	452,080	11,862,192	165	30.50	3/23	21.55	2/06	25.28
98	260,799	4,377,725	84	25.65	12/31	8.48	1/21	13.99
97	78,038	1,340,001	32	23.70	1/02	8.03	11/21	16.28
96	503,450	20,793,018	195	51.50	1/23	19.90	12/18	35.57

表6-11c 新巨近4季與近5年的EPS

獲利能力（106年第3季）		最新4季每股盈餘		最新5年每股盈餘	
營業毛利率	36.81%	106第3季	1.00元	105年	3.71元
營業利益率	20.58%	106第2季	1.02元	104年	4.26元
稅前淨利率	23.91%	106第1季	0.15元	103年	3.84元
資產報酬率	2.23%	105第4季	1.32元	102年	3.27元
股東權益報酬率	5.43%	每股淨值	18.57元	101年	2.16元

近4季EPS總和為3.49元

表6-11d 新巨收租股買前檢查表

民國（年）	最高價（元）（月/日）	最低價（元）（月/日）	收盤均價（元）	淨值（元）	EPS（元）	本益比（P/E）	ROE（%）	現金息（元）	現金殖利率（%）	現金配息率（%）	負債比（%）	董監事持股（%）	外資持股（%）
101	26.10（03/22）	19.60（10/30）	22.39	15.46	2.16	10.37	13.97	2.00	8.93	92.59	30.79	27.93	1.33
102	38.45（12/26）	20.60（01/17）	28.01	16.59	3.27	8.57	19.71	2.80	10.00	85.63	55.45	28.01	1.94
103	60.60（04/21）	29.65（10/17）	44.25	17.65	3.84	11.52	21.76	3.50	7.91	91.15	54.67	27.91	3.73
104	53.20（04/09）	29.45（08/25）	42.57	18.45	4.26	9.99	23.09	2.50	5.87	58.69	51.53	27.91	3.91
105	49.00（03/17）	31.80（11/09）	38.74	19.49	3.71	10.44	19.04	3.00	7.74	80.86	56.88	27.71	7.27
平均						10.18	19.51	2.76	8.09	81.78			
是否符合SOP：						○	○		○	○	♦	○	

②複查買價＝平均P/E×近4季EPS
＝10.18×3.49元=35.53元

①基準買價=2.76元×15=41.4元
買入P/E=基準買價÷近4季EPS
＝41.4÷3.49元=11.86
※11.86＜15，OK

註1：近5年配股記錄：無
註2：106Q3股價淨值比（P/B）=1.95
註3：最近4季（105Q4～106Q3）
　　　EPS=3.49元
註4：106/10/31股價：36.30元
註5：106/10/31適當買價：35.53元

註6：買前最近4季EPS（自填）：
註7：買前基準買價（自填）：
註8：買前複查買價（自填）：
註9：買前適當買價（自填）：
註10：本次買入價（自填）：

⑫ 互盛（2433）

成立：1984/08/30	上市：2000/09/11	產業別：其他電子
地址：台北市松山區健康路 156號3F	電話：02-27476789	發言人：游玉婷 （經理）

主要業務：租賃65.78%、供應品及服務29.40%、辦公室自動化商品4.82%
（2016年）。為震旦行子公司，以代理震旦及理光之OA機器為主，
大陸業務約佔50%，但整體市占率仍低，有成長空間。

106年Q3：資本額14.45億元，總資產80.65億元。
Q1～Q3累計：EPS 3.21元，Q1～Q3累計：ROE 11.45%

表6-12a 互盛股利政策

（單位：元）

民國（年）	現金股利	盈餘配股	公積配股	股票股利	合計
105	2.70	0.00	0.00	0.00	2.70
104	3.30	0.00	0.00	0.00	3.30
103	3.20	0.00	0.00	0.00	3.20
102	4.00	0.00	0.00	0.00	4.00
101	2.50	0.00	0.00	0.00	2.50
100	4.35	0.00	0.00	0.00	4.35
99	2.18	0.00	0.00	0.00	2.18
98	1.44	0.00	0.00	0.00	1.44
97	2.25	0.00	0.00	0.00	2.25
96	2.59	0.01	0.00	0.01	2.60

表6-12b 互盛年度成交資訊

民國（年）	張數	金額（仟元）	筆數（仟）	最高價	日期	最低價	日期	收盤均價
105	17,302	736,119	10	47.65	3/15	37.00	8/17	41.75
104	18,429	825,926	11	47.20	5/06	40.05	8/25	44.69
103	62,608	2,939,359	36	53.50	2/20	38.00	8/18	45.41
102	78,568	3,240,702	44	53.70	12/10	28.25	1/17	38.31
101	47,321	1,681,724	30	45.50	3/27	24.00	10/30	33.12
100	35,041	1,131,094	17	39.00	11/03	27.95	7/14	32.02
99	84,371	2,162,999	37	34.90	12/23	18.70	2/06	24.92
98	61,635	1,195,934	25	24.65	12/31	13.05	2/05	17.91
97	37,711	757,239	14	25.55	5/19	13.40	11/21	18.73
96	142,806	2,563,133	44	22.50	8/24	13.60	5/04	16.80

表6-12c 互盛近4季與近5年的EPS

獲利能力（106年第3季）		最新4季每股盈餘		最新5年每股盈餘	
營業毛利率	28.80%	106第3季	1.51元	105年	2.98元
營業利益率	10.15%	106第2季	0.56元	104年	3.67元
稅前淨利率	24.55%	106第1季	1.15元	103年	3.40元
資產報酬率	2.84%	105第4季	0.49元	102年	5.55元
股東權益報酬率	5.20%	每股淨值	28.03元	101年	3.12元

近4季EPS總和為3.71元

表6-12d 互盛收租股買前檢查表

民國（年）	最高價（元）（月/日）	最低價（元）（月/日）	收盤均價（元）	淨值（元）	EPS（元）	本益比（P/E）	ROE（%）	現金息（元）	現金殖利率（%）	現金配息率（%）	負債比（%）	董監事持股（%）	外資持股（%）
101	45.50（03/27）	24.00（10/30）	33.12	23.04	3.12	10.62	13.54	2.50	7.55	80.13	30.08	69.78	7.87
102	53.70（12/10）	28.25（01/17）	38.31	29.48	5.55	6.90	18.83	4.00	10.44	72.07	31.94	64.15	4.24
103	53.50（02/20）	38.00（08/18）	45.41	25.93	3.40	13.36	13.11	3.20	7.05	94.12	43.38	64.50	1.18
104	47.20（05/06）	40.05（08/25）	44.69	24.70	3.67	12.18	14.86	3.30	7.38	89.92	44.94	67.81	1.08
105	47.65（03/15）	37.00（08/17）	41.75	24.49	2.98	14.01	12.17	2.70	6.47	90.60	45.57	68.46	9.16
平均						11.41	14.50	3.14	7.78	85.37			
	是否符合SOP：					○	◆		○	○	○	○	○

②複查買價＝平均P/E×近4季EPS
＝11.41×3.71元＝42.33元

①基準買價＝3.14元×15＝47.1元
買入P/E＝基準買價÷近4季EPS
＝47.1元÷3.71元＝12.7
※12.7＜15，OK

註1：近5年配股記錄：無
註2：106Q3股價淨值比（P/B）＝1.57
註3：最近4季（105Q4～106Q3）
　　　EPS＝3.71元
註4：106/10/31股價：43.90元
註5：106/10/31適當買價：42.33元

註6：買前最近4季EPS（自填）：
註7：買前基準買價（自填）：
註8：買前複查買價（自填）：
註9：買前適當買價（自填）：
註10：本次買入價（自填）：

⑬ 超豐（2441）

成立：1983/03/07	上市：2000/10/26	產業別：半導體
地址：苗栗縣竹南鎮公義路 　　　136號	電話：037-638568	發言人：陳笙 　　　　（管理處長）
主要業務：IC封裝86.11%、IC測試13.89%（2016年）。力成（6239）的子公司，是消費性IC封裝測試廠，指紋辨識感測器封裝業務逐漸成長。		
106年Q3：資本額56.88億元，總資產176.06億元。Q1～Q3累計：EPS 3.27元，Q1～Q3累計：ROE 12.49%		

表6-13a 超豐股利政策

（單位：元）

民國（年）	現金股利	盈餘配股	公積配股	股票股利	合計
105	2.75	0.00	0.00	0.00	2.75
104	2.40	0.00	0.00	0.00	2.40
103	2.80	0.00	0.00	0.00	2.80
102	2.00	0.00	0.00	0.00	2.00
101	1.60	0.00	0.00	0.00	1.60
100	1.20	0.00	0.00	0.00	1.20
99	2.00	0.00	0.00	0.00	2.00
98	1.80	0.20	0.00	0.20	2.00
97	1.60	0.40	0.00	0.40	2.00
96	3.00	0.60	0.00	0.60	3.60

表6-13b 超豐年度成交資訊

民國（年）	張數	金額（仟元）	筆數（仟）	最高價	日期	最低價	日期	收盤均價
105	139,190	5,256,040	92	42.00	8/11	31.90	1/21	37.66
104	313,939	11,299,921	185	43.25	5/28	24.05	8/26	35.38
103	468,507	17,459,242	241	44.20	7/07	27.45	1/02	36.72
102	103,264	2,616,995	50	27.60	12/31	22.90	1/28	24.92
101	131,577	3,112,901	58	26.50	2/04	20.70	11/22	23.25
100	370,570	9,207,350	141	30.80	1/20	18.10	12/09	24.36
99	695,166	22,294,461	235	36.75	4/23	27.95	11/10	31.33
98	1,024,282	28,488,576	351	34.30	7/28	16.70	1/15	27.95
97	611,322	19,598,276	217	43.65	4/21	16.10	12/05	32.61
96	1,000,397	50,573,448	361	63.00	7/09	34.50	12/18	49.65

表6-13c ▶ 超豐近4季與近5年的EPS

獲利能力（106年第3季）		最新4季每股盈餘		最新5年每股盈餘	
營業毛利率	28.63%	106第3季	1.19元	105年	3.94元
營業利益率	24.97%	106第2季	1.03元	104年	3.47元
稅前淨利率	25.36%	106第1季	1.05元	103年	3.98元
資產報酬率	3.75%	105第4季	1.05元	102年	2.91元
股東權益報酬率	4.63%	每股淨值	26.19元	101年	2.24元

近4季EPS總和為4.32元

表6-13d ▶ 超豐收租股買前檢查表

民國（年）	最高價（元）（月/日）	最低價（元）（月/日）	收盤均價（元）	淨值（元）	EPS（元）	本益比（P/E）	ROE（%）	現金息（元）	現金殖利率（%）	現金配息率（%）	負債比（%）	董監事持股（%）	外資持股（%）
101	26.50（02/04）	20.70（11/22）	23.25	20.49	2.24	10.38	10.93	1.60	6.88	71.43	11.45	49.1	1.94
102	27.60（12/31）	22.90（01/28）	24.92	21.58	2.91	8.56	13.48	2.00	8.03	68.73	14.12	49.1	3.40
103	44.20（07/07）	27.45（01/02）	36.72	23.55	3.98	9.23	16.90	2.80	7.63	70.35	13.94	48.0	8.66
104	43.25（05/28）	24.05（08/26）	35.38	24.18	3.47	10.20	14.35	2.40	6.78	69.16	13.03	48.0	15.52
105	42.00（08/11）	31.90（01/21）	37.66	25.67	3.94	9.56	15.35	2.75	7.30	69.80	15.94	46.0	23.00
平均						9.58	14.20	2.31	7.32	69.89			
是否符合SOP：						○	◆		○		◆	○	○

②複查買價=平均P/E×近4季EPS
=9.58×4.32元=41.39元

①基準買價=2.31元×15=34.65元
買入P/E=基準買價÷近4季EPS
=34.65元÷4.32元=8.02
※8.02＜15，OK

註1：近5年配股記錄：無
註2：106Q3股價淨值比（P/B）=2.13
註3：最近4季（105Q4～106Q3）
　　　EPS=4.32元
註4：106/10/31股價：55.70元
註5：106/10/31 適當買價：34.65元

註6：買前最近4季EPS（自填）：
註7：買前基準買價（自填）：
註8：買前複查買價（自填）：
註9：買前適當買價（自填）：
註10：本次買入價（自填）：

⑭ 神腦（2450）

成立：1979/05/18	上市：2001/05/24	產業別：通信網路
地址：新北市新店區中正路 531號2F	電話：02-22183588	發言人：游經緯（協理）

主要業務：通訊商品77.20%、其他13.10%、勞務9.70%（2016年）。國內最大手機通路業者，從事手機通訊產品及配件的代理買賣，以Apple產品為主，中華電（2412）是其大股東。

106年Q3：資本額25.83億元，總資產104.56億元。
Q1～Q3累計：EPS 2.55元，Q1～Q3累計：ROE 11.35%

表6-14a ▶ 神腦股利政策

（單位：元）

民國（年）	現金股利	盈餘配股	公積配股	股票股利	合計
105	3.98	0.00	0.00	0.00	3.98
104	3.00	0.00	0.00	0.00	3.00
103	1.56	0.00	0.00	0.00	1.56
102	4.00	0.00	0.00	0.00	4.00
101	3.99	0.00	0.00	0.00	3.99
100	4.49	0.00	0.00	0.00	4.49
99	3.97	0.00	0.00	0.00	3.97
98	3.46	0.00	0.00	0.00	3.46
97	3.95	0.00	0.00	0.00	3.95
96	2.95	0.10	0.00	0.10	3.05

表6-14b ▶ 神腦年度成交資訊

民國（年）	張數	金額（仟元）	筆數（仟）	最高價	日期	最低價	日期	收盤均價
105	52,011	2,571,445	34	59.40	7/21	37.20	1/07	47.18
104	74,575	3,505,069	50	52.40	2/04	37.55	8/25	45.81
103	141,088	9,226,193	98	94.40	1/08	49.20	8/19	69.08
102	114,740	11,155,373	82	108.00	6/14	88.50	11/21	96.09
101	557,539	64,213,552	366	148.00	3/28	88.80	1/02	109.71
100	717,522	82,322,498	434	190.00	7/29	57.50	1/06	104.43
99	150,407	7,636,785	75	62.50	12/16	44.10	2/06	50.39
98	243,820	10,827,280	116	59.00	6/02	30.50	1/21	41.73
97	98,558	4,208,180	42	53.80	4/02	28.40	10/27	40.84
96	321,669	14,515,652	107	63.50	8/03	28.00	1/05	45.68

表6-14c 神腦近4季與近5年的EPS

獲利能力（106年第3季）		最新4季每股盈餘		最新5年每股盈餘	
營業毛利率	12.08%	106第3季	0.93元	105年	4.02元
營業利益率	2.06%	106第2季	1.00元	104年	3.17元
稅前淨利率	3.05%	106第1季	0.62元	103年	2.13元
資產報酬率	2.14%	105第4季	1.02元	102年	5.55元
股東權益報酬率	4.19%	每股淨值	22.47元	101年	5.81元

近4季EPS總和為3.57元

表6-14d 神腦收租股買前檢查表

民國（年）	最高價（元）（月/日）	最低價（元）（月/日）	收盤均價（元）	淨值（元）	EPS（元）	本益比（P/E）	ROE（%）	現金息（元）	現金殖利率（%）	現金配息率（%）	負債比（%）	董監事持股（%）	外資持股（%）
101	148.00（03/28）	88.80（01/02）	109.71	21.34	5.81	18.88	27.23	3.99	3.64	68.67	48.19	46.47	5.59
102	108.00（06/14）	88.50（11/21）	96.09	23.75	5.55	17.31	23.37	4.00	4.16	72.07	41.79	46.41	6.59
103	94.40（01/08）	49.20（08/19）	69.08	22.33	2.13	32.43	9.54	1.56	2.26	73.24	44.78	44.56	8.22
104	52.40（02/04）	37.55（08/25）	45.81	23.05	3.17	14.45	13.75	3.00	6.55	94.64	43.68	43.98	9.03
105	59.40（07/21）	37.20（01/07）	47.18	23.82	4.02	11.74	16.88	3.98	8.44	99.00	43.28	47.36	7.10
平均						18.96	18.15	3.31	5.01	81.53			
			是否符合SOP：			X	○		X	○	○	○	

②複查買價＝平均P/E×近4季EPS
　　　　　＝15.00×3.57元＝53.55元
※平均P/E≧15，取15.00計算

①基準買價＝3.31元×15＝49.65元
買入P/E＝基準買價÷近4季EPS
　　　＝49.65元÷3.57元＝13.91
※13.91＜15，OK

註1：近5年配股記錄：無
註2：106Q3股價淨值比（P/B）=2.31
註3：最近4季（105Q4～106Q3）
　　　EPS=3.57元
註4：106/10/31股價：51.80元
註5：106/10/31適當買價：49.65元

註6：買前最近4季EPS（自填）：
註7：買前基準買價（自填）：
註8：買前複查買價（自填）：
註9：買前適當買價（自填）：
註10：本次買入價（自填）：

⑮ 敦陽科（2480）

成立：1993/03/24	上市：2001/09/17	產業別：資訊服務
地址：新竹市東大路二段83號 12F之1	電話：03-5425566	發言人：瞿瑞華 （資材中心副總經理）
主要業務：諮詢與維修服務32.21%、儲存設備18.46%、網路產品14.51%、工作站及伺服器主機14.24%、電腦軟體11.28%、電腦週邊7.12%等工程（2016年）。客戶群涵蓋公民營的電信、金融、石化及電子科技產業等，有系統整合的設備、軟體及維修業務。		
106年Q3：資本額10.64億元，總資產41.28億元。 Q1～Q3累計：EPS 1.88元，Q1～Q3累計：ROE 8.15%		

表6-15a 敦陽科股利政策

（單位：元）

民國（年）	現金股利	盈餘配股	公積配股	股票股利	合計
105	2.10	0.00	0.00	0.00	2.10
104	2.00	0.00	0.00	0.00	2.00
103	2.00	0.00	0.00	0.00	2.00
102	2.00	0.00	0.00	0.00	2.00
101	2.00	0.00	0.00	0.00	2.00
100	1.90	0.00	0.00	0.00	1.90
99	1.87	0.00	0.00	0.00	1.87
98	1.80	0.00	0.00	0.00	1.80
97	1.69	0.00	0.00	0.00	1.69
96	1.20	0.00	0.00	0.00	1.20

表6-15b 敦陽科年度成交資訊

民國（年）	張數	金額（仟元）	筆數（仟）	最高價	日期	最低價	日期	收盤均價
105	44,103	1,157,911	26	29.10	12/13	23.45	1/18	25.86
104	68,347	1,900,212	41	30.90	5/27	20.15	8/25	27.04
103	146,708	4,561,856	71	34.90	1/08	26.70	8/08	29.51
102	188,006	5,205,971	83	32.95	12/13	23.80	7/10	26.29
101	249,513	6,739,067	111	30.20	3/01	22.65	1/13	26.06
100	680,948	20,339,851	285	37.60	8/16	21.70	12/16	28.11
99	745,586	23,375,974	307	38.40	3/23	24.00	2/06	29.44
98	607,972	14,031,882	190	33.10	12/16	10.00	1/10	17.62
97	145,852	2,165,897	40	19.50	5/06	8.86	11/21	14.28
96	678,308	13,233,760	173	24.30	6/23	13.60	12/18	18.15

表6-15c 敦陽科近4季與近5年的EPS

獲利能力（106年第3季）		最新4季每股盈餘		最新5年每股盈餘	
營業毛利率	24.88%	106第3季	0.76元	105年	2.25元
營業利益率	7.06%	106第2季	0.59元	104年	2.02元
稅前淨利率	8.59%	106第1季	0.55元	103年	2.01元
資產報酬率	1.89%	105第4季	0.50元	102年	2.01元
股東權益報酬率	3.18%	每股淨值	23.08元	101年	1.95元

近4季EPS總和為2.4元

表6-15d 敦陽科收租股買前檢查表

民國（年）	最高價（元）（月/日）	最低價（元）（月/日）	收盤均價（元）	淨值（元）	EPS（元）	本益比（P/E）	ROE（%）	現金息（元）	現金殖利率（%）	現金配息率（%）	負債比（%）	董監事持股（%）	外資持股（%）
101	30.20（03/01）	22.65（01/13）	26.06	20.62	1.95	13.36	9.46	2.00	7.67	102.56	30.41	42.64	1.72
102	32.95（12/13）	23.80（07/10）	26.29	20.49	2.01	13.08	9.81	2.00	7.61	99.50	31.26	42.63	2.54
103	34.90（01/08）	26.70（08/08）	29.51	20.82	2.01	14.68	9.65	2.00	6.78	99.50	34.57	42.62	1.43
104	30.90（05/27）	20.15（08/25）	27.04	20.86	2.02	13.39	9.68	2.00	7.40	99.01	33.61	42.64	0.72
105	29.10（12/13）	23.45（01/18）	25.86	20.64	2.25	11.49	10.90	2.10	8.12	93.33	41.36	42.59	0.38
平均						13.20	9.90	2.02	7.52	98.78			
是否符合SOP：						○	X		○	○	○	○	

②複查買價=平均P/E×近4季EPS
=13.20×2.4=31.68元

①基準買價=2.02元×15=30.3元
買入P/E=基準買價÷近4季EPS
=30.3元÷2.4=12.63
※12.63＜15，OK

註1：近5年配股記錄：無
註2：106Q3 股價淨值比（P/B）=1.48
註3：最近4季（105Q4～106Q3）
　　　EPS=2.4元
註4：106/10/31股價：34.15元
註5：106/10/31 適當買價：30.3元

註6：買前最近4季 EPS（自填）：
註7：買前基準買價（自填）：
註8：買前複查買價（自填）：
註9：買前適當買價（自填）：
註10：本次買入價（自填）：

⑯ 匯僑（2904）

成立：1978/10/11	上市：2004/08/01	產業別：其他
地址：台北市中山區民生東路 　　　三段131號5F	電話：02-27174347	發言人：陳重光 　　　　（財務部副總）

主要業務：能源事業處100%（2016年）。主要為台中港口碼頭的石油油品輸儲
　　　　　及儲槽租賃業務，擁有專用碼頭及50座儲槽，也投入太陽能種電業
　　　　　務，並在柬埔寨設立太陽能發電廠。

106年Q3：資本額6.9億元，總資產11.9億元。
　　　　　Q1～Q3累計：EPS 0.99元，Q1～Q3累計：ROE 7.56%

表6-16a 匯僑股利政策

（單位：元）

民國（年）	現金股利	盈餘配股	公積配股	股票股利	合計
105	1.35	0.00	0.00	0.00	1.35
104	2.00	0.00	0.00	0.00	2.00
103	2.00	0.00	0.00	0.00	2.00
102	2.80	0.00	0.00	0.00	2.80
101	2.60	0.00	0.00	0.00	2.60
100	4.00	0.00	0.00	0.00	4.00
99	1.15	0.00	0.00	0.00	1.15
98	0.87	0.00	0.00	0.00	0.87
97	0.50	0.00	0.00	0.00	0.50
96	0.06	0.15	0.00	0.15	0.21

表6-16b 匯僑年度成交資訊

民國（年）	張數	金額（仟元）	筆數（仟）	最高價	日期	最低價	日期	收盤均價
105	14,433	378,326	12	28.30	3/09	23.85	12/02	26.32
104	19,925	538,160	14	29.00	4/17	23.60	8/24	26.69
103	39,898	1,090,872	23	30.30	6/20	25.40	7/21	26.61
102	53,415	1,424,278	29	30.40	7/19	23.80	8/23	26.05
101	139,722	3,843,105	66	32.60	7/04	18.15	1/02	26.76
100	196,166	3,625,507	71	22.60	8/02	13.05	3/15	17.53
99	158,705	2,299,193	48	17.45	1/19	11.80	2/06	13.77
98	74,874	868,504	24	15.30	10/12	4.65	2/19	9.17
97	13,368	108,443	5	10.95	5/16	3.97	11/25	7.18
96	23,280	81,911	3	9.96	8/23	1.87	3/05	4.86

表6-16c 匯僑近4季與近5年的EPS

獲利能力（106年第3季）		最新4季每股盈餘		最新5年每股盈餘	
營業毛利率	40.93%	106第3季	0.39元	105年	1.52元
營業利益率	27.71%	106第2季	0.32元	104年	2.24元
稅前淨利率	27.79%	106第1季	0.29元	103年	2.22元
資產報酬率	2.33%	105第4季	0.32元	102年	2.20元
股東權益報酬率	2.98%	每股淨值	13.10元	101年	2.90元

近4季EPS總和為1.32元

表6-16d 匯僑收租股買前檢查表

民國（年）	最高價（元）（月/日）	最低價（元）（月/日）	收盤均價（元）	淨值（元）	EPS（元）	本益比（P/E）	ROE（%）	現金息（元）	現金殖利率（%）	現金配息率（%）	負債比（%）	董監事持股（%）	外資持股（%）
101	32.60（07/04）	18.15（01/02）	26.76	14.82	2.90	9.23	19.57	2.60	9.72	89.66	8.22	42.64	1.72
102	30.40（07/19）	23.80（08/23）	26.05	14.32	2.20	11.84	15.36	2.80	10.75	127.27	6.96	42.63	2.54
103	30.30（06/20）	25.40（07/21）	26.61	13.77	2.22	11.99	16.12	2.00	7.52	90.09	7.95	42.62	1.43
104	29.00（04/17）	23.60（08/24）	26.69	13.97	2.24	11.92	16.03	2.00	7.49	89.29	7.29	42.64	0.72
105	28.30（03/09）	23.85（12/02）	26.32	13.47	1.52	17.32	11.28	1.35	5.13	88.82	20.02	42.64	1.72
平均						12.46	15.67	2.15	8.12	97.02			
是否符合SOP：						○	○		○	○	○	○	

②複查買價＝平均P/E×近4季EPS
＝12.46×1.32＝16.44元

①基準買價＝2.15元×15＝32.25元
買入P/E＝基準買價÷近4季EPS
＝32.25元÷1.32元＝24.43
※24.43＞15，不宜

註1：近5年配股記錄：無
註2：106Q3股價淨值比（P/B）=1.52
註3：最近4季（105Q4～106Q3）
　　　EPS=1.32元
註4：106/10/31股價：20.00元
註5：106/10/31適當買價：16.44元

註6：買前最近4季EPS（自填）：
註7：買前基準買價（自填）：
註8：買前複查買價（自填）：
註9：買前適當買價（自填）：
註10：本次買入價（自填）：

⑰ 德律（3030）

成立：1989/04/10	上市：2002/10/29	產業別：其他電子
地址：台北市士林區德行西路 　　　45號7F	電話：02-28328918	發言人：林江淮 　　　　（營業部副總）

主要業務：電路板自動測試機97.25%、半導體測試設備2.75%（2016年）。全球檢測設備大廠，與日本系統大廠Panasonic合作，搶攻全球市場。

106年Q3：資本額23.62億元，總資產59.59億元。
　　　　　Q1～Q3累計：EPS 2.03元，Q1～Q3累計：ROE 9.8%

表6-17a 德律股利政策

（單位：元）

民國（年）	現金股利	盈餘配股	公積配股	股票股利	合計
105	3.00	0.00	0.00	0.00	3.00
104	4.00	0.00	0.00	0.00	4.00
103	4.30	0.00	0.00	0.00	4.30
102	3.30	0.00	0.00	0.00	3.30
101	3.70	0.60	0.00	0.60	4.30
100	2.70	0.30	0.00	0.30	3.00
99	2.30	0.70	0.00	0.70	3.00
98	0.50	0.50	0.00	0.50	1.00
97	1.00	0.20	0.00	0.20	1.20
96	1.20	1.80	0.00	1.80	3.00

表6-17b 德律年度成交資訊

民國 （年）	張數	金額（仟元）	筆數（仟）	最高價	日期	最低價	日期	收盤均價
105	109,725	4,844,936	81	50.90	3/07	36.35	10/28	43.09
104	319,647	19,147,796	210	73.50	6/02	45.10	8/24	56.43
103	376,492	19,078,339	201	57.40	8/06	41.50	1/02	49.77
102	198,435	9,325,965	119	56.00	1/03	37.00	8/22	44.99
101	432,673	19,455,247	217	55.40	12/28	27.65	1/02	44.05
100	509,894	23,636,477	243	62.80	5/05	26.20	12/19	43.13
99	456,531	19,926,394	197	50.30	5/14	33.65	2/06	42.85
98	432,136	10,988,329	158	39.50	12/28	13.20	2/02	22.70
97	244,514	8,570,856	111	53.20	6/10	12.55	11/21	34.12
96	547,222	29,930,562	226	80.00	8/09	37.20	5/07	50.39

表6-17c　德律近4季與近5年的EPS

獲利能力（106年第3季）		最新4季每股盈餘		最新5年每股盈餘	
營業毛利率	53.60%	106第3季	1.04元	105年	1.82元
營業利益率	26.42%	106第2季	0.66元	104年	4.23元
稅前淨利率	27.11%	106第1季	0.32元	103年	5.34元
資產報酬率	4.02%	105第4季	0.31元	102年	3.41元
股東權益報酬率	5.17%	每股淨值	20.72元	101年	6.43元

近4季EPS總和為2.33元

表6-17d　德律收租股買前檢查表

民國(年)	最高價(元)(月/日)	最低價(元)(月/日)	收盤均價(元)	淨值(元)	EPS(元)	本益比(P/E)	ROE(%)	現金(元)	現金殖利率(%)	現金配息率(%)	負債比(%)	董監事持股(%)	外資持股(%)
101	55.40(12/28)	27.65(01/02)	44.05	23.55	6.43	6.85	27.30	3.70	8.40	57.54	19.92	19.39	6.47
102	56.00(01/03)	37.00(08/22)	44.99	22.10	3.41	13.19	15.43	3.30	7.33	96.77	15.90	19.39	16.83
103	57.40(08/06)	41.50(01/02)	49.77	24.21	5.34	9.32	22.06	4.30	8.64	80.52	15.96	19.24	19.33
104	73.50(06/02)	45.10(08/24)	56.43	24.07	4.23	13.34	17.57	4.00	7.09	94.56	14.50	19.17	24.28
105	50.90(03/07)	36.35(10/28)	43.09	21.71	1.82	23.68	8.38	3.00	6.96	164.84	11.16	32.15	27.78
平均						13.28	18.15	3.66	7.68	98.85			
是否符合SOP：						○	○		○	○	○	○	○

②複查買價＝平均P/E×近4季EPS
　　　　　＝13.28×2.33元＝30.94元

①基準買價＝3.66元×15＝54.9元
　買入P/E＝基準買價÷近4季EPS
　　　　　＝54.9元÷2.33元＝23.56
※23.56＞15，不宜

註1：近5年配股記錄：101年0.6元
註2：106Q3股價淨值比（P/B）=2.03
註3：最近4季（105Q4～106Q3）
　　　EPS=2.33元
註4：106/10/31股價：42.00元
註5：106/10/31適當買價：30.94元

註6：買前最近4季EPS（自填）：
註7：買前基準買價（自填）：
註8：買前複查買價（自填）：
註9：買前適當買價（自填）：
註10：本次買入價（自填）：

⑱ 融程電（3416）

成立：1996/01/23	上櫃：2015/01/23	產業別：電腦及周邊設備
地址：新北市三重區興德路 111-6號9F	電話：02-85110288	發言人：呂谷清（總經理）

主要業務：嵌入式系統模組73.94%、液晶顯示應用設備及模組21.03%、其他5.02%（2016年）。主攻工業用LCD、（防爆）強固型手持裝置、車用設備等領域。

106年Q3：資本額6.02億元，總資產17.89億元。
Q1～Q3累計：EPS 1.51元，Q1～Q3累計：ROE 5.95%

表6-18a 融程電股利政策

（單位：元）

民國（年）	現金股利	盈餘配股	公積配股	股票股利	合計
105	3.00	0.00	0.00	0.00	3.00
104	3.50	0.00	0.00	0.00	3.50
103	4.00	0.00	0.00	0.00	4.00
102	3.00	1.00	0.00	1.00	4.00
101	2.50	0.50	0.00	0.50	3.00
100	3.00	0.20	0.00	0.20	3.20
99	4.00	0.50	0.00	0.50	4.50
98	3.50	0.20	0.00	0.20	3.70
97	3.80	1.50	0.00	1.50	5.30
96	3.00	2.26	0.00	2.26	5.26

表6-18b 融程電年度成交資訊

民國（年）	張數	金額（仟元）	筆數（仟）	最高價	日期	最低價	日期	收盤均價
105	21,535	1,084,255	14	55.50	1/04	46.00	10/17	50.26
104	31,211	1,791,663	21	65.50	3/25	45.10	8/25	56.08
103	84,771	5,623,460	58	76.80	03/14	50.10	09/26	66.34
102	52,769	2,963,768	34	69.50	12/27	40.00	01/09	56.16
101	10,606	468,998	8	50.00	02/22	39.60	11/21	44.22
100	34,646	2,484,203	20	87.90	03/03	41.00	12/20	71.70
99	53,062	3,688,311	32	83.80	12/27	60.30	06/07	69.51
98	79,175	5,240,090	52	78.90	05/12	48.60	01/21	66.18
97	38,097	3,589,555	28	127.50	05/16	46.15	11/20	87.52
96	16,408	1,802,308	11	126.50	10/26	91.00	12/26	107.76

表6-18c 融程電近4季與近5年的EPS

獲利能力（106年第3季）		最新4季每股盈餘		最新5年每股盈餘	
營業毛利率	33.66%	106第3季	0.52元	105年	3.06元
營業利益率	10.93%	106第2季	0.49元	104年	3.52元
稅前淨利率	10.62%	106第1季	0.50元	103年	4.12元
資產報酬率	1.69%	105第4季	0.69元	102年	4.60元
股東權益報酬率	2.09%	每股淨值	25.37元	101年	3.34元

近4季EPS總和為2.2元

表6-18d 融程電收租股買前檢查表

民國（年）	最高價（元）（月/日）	最低價（元）（月/日）	收盤均價（元）	淨值（元）	EPS（元）	本益比（P/E）	ROE（%）	現金息（元）	現金殖利率（%）	現金配息率（%）	負債比（%）	董監事持股（%）	外資持股（%）
101	50.00（02/22）	39.60（11/21）	44.22	24.49	3.34	13.24	13.64	2.50	5.65	74.85	22.15	23.75	0.10
102	69.50（12/27）	40.00（01/09）	56.16	26.58	4.60	12.21	17.31	3.00	5.34	65.22	16.39	23.72	0.22
103	76.80（03/14）	50.10（09/26）	66.34	27.73	4.12	16.10	14.86	4.00	6.03	97.09	14.52	19.69	0.82
104	65.00（01/22）	59.90（01/16）	62.06	27.31	3.52	17.63	12.89	3.50	5.64	99.43	13.83	27.63	0.28
105	55.50（01/04）	46.00（10/17）	50.26	26.94	3.06	16.42	11.36	3.00	5.97	98.04	15.94	31.22	1.83
平均						15.12	14.01	3.20	5.73	86.93			
	是否符合SOP：					◆	◆		▲		○	○	○

②複查買價＝平均P/E×近4季EPS
　　　　　＝15.00×2.2元＝33元
※平均P/E≧15，取15.00計算

①基準買價＝3.20元×15＝48元
買入P/E＝基準買價÷近4季EPS
　　　　＝48元÷2.2元＝21.82
※21.82＞15，不宜

註1：近5年配股記錄：101年0.5元，102年1元

註2：106Q3股價淨值比（P/B）＝2.31

註3：最近4季（105Q4～106Q3）EPS＝2.2元

註4：106/10/31股價：58.50元

註5：106/10/31適當買價：33元

註6：買前最近4季EPS（自填）：

註7：買前基準買價（自填）：

註8：買前複查買價（自填）：

註9：買前適當買價（自填）：

註10：本次買入價（自填）：

⑲ 晶睿（3454）

成立：2000/02/08	上市：2011/07/22	產業別：光電
地址：新北市中和區連城路 192號6F	電話：02-82455282	發言人：顧中威（副總）

主要業務：網路攝影機84.53%、其他13.85%、網路影音伺服器1.62%（2016年）。製造銷售視訊安全監控設備、物聯網監控及雲端視訊監控等產品。

106年Q3：資本額8.18億元，總資產42.04億元。
Q1～Q3累計：EPS 3.58元，Q1～Q3累計：ROE 11.02%

表6-19a 晶睿股利政策

（單位：元）

民國（年）	現金股利	盈餘配股	公積配股	股票股利	合計
105	4.75	0.00	0.25	0.25	5.00
104	4.50	0.10	0.25	0.35	4.85
103	4.00	0.00	0.35	0.35	4.35
102	6.90	0.10	0.25	0.35	7.25
101	6.00	0.10	0.25	0.35	6.35
100	4.99	0.10	0.25	0.35	5.34
99	2.38	0.10	0.25	0.35	2.73
98	0.96	0.10	0.34	0.44	1.40
97	1.20	0.10	0.25	0.35	1.55
96	2.44	0.10	0.25	0.35	2.79

表6-19b 晶睿年度成交資訊

民國（年）	張數	金額（仟元）	筆數（仟）	最高價	日期	最低價	日期	收盤均價
105	152,299	12,762,908	117	99.50	8/01	70.80	5/20	82.08
104	172,458	14,665,254	138	104.50	1/16	66.50	7/28	85.20
103	275,049	35,088,912	208	215.00	3/07	82.50	10/16	132.14
102	235,128	33,099,356	165	212.00	12/06	89.20	1/02	139.47
101	292,148	27,742,934	192	121.00	3/08	70.10	1/02	94.23
100	90,239	6,222,904	57	87.00	7/22	49.80	10/04	67.76
99	212,419	11,526,126	109	70.00	12/29	32.20	02/06	54.26
98	160,848	5,548,418	78	48.30	12/24	19.35	01/05	34.49
97	84,926	4,743,115	49	78.50	01/03	18.30	12/29	45.28
96	376,291	52,585,115	218	212.50	07/26	68.70	12/18	124.71

表6-19c 晶睿近4季與近5年的EPS

獲利能力（106年第3季）		最新4季每股盈餘		最新5年每股盈餘	
營業毛利率	35.04%	106第3季	1.46元	105年	6.57元
營業利益率	7.99%	106第2季	1.58元	104年	6.20元
稅前淨利率	7.79%	106第1季	0.55元	103年	5.01元
資產報酬率	2.28%	105第4季	2.01元	102年	10.28元
股東權益報酬率	3.6%	每股淨值	32.48元	101年	8.49元

近4季EPS總和為5.6元

表6-19d 晶睿收租股買前檢查表

民國（年）	最高價（元）（月/日）	最低價（元）（月/日）	收盤均價（元）	淨值（元）	EPS（元）	本益比（P/E）	ROE（%）	現金息（元）	現金殖利率（%）	現金配息率（%）	負債比（%）	董監事持股（%）	外資持股（%）
101	121.00（03/08）	70.10（01/02）	94.23	28.24	8.49	11.10	30.06	6.00	6.37	70.67	29.71	27.51	1.47
102	212.00（12/06）	89.20（01/02）	139.47	31.69	10.28	13.57	32.44	6.90	4.95	67.12	28.50	28.02	4.83
103	215.00（03/07）	82.50（10/16）	132.14	31.87	5.01	26.38	15.72	4.00	3.03	79.84	23.56	25.00	13.87
104	104.50（01/16）	66.50（07/28）	85.20	33.19	6.20	13.74	18.68	4.50	5.28	72.58	26.13	24.67	10.09
105	99.50（08/01）	70.80（05/20）	82.08	34.51	6.57	12.49	19.04	4.75	5.79	72.30	26.86	24.22	10.31
平均						15.46	23.19	5.23	5.08	72.50			
是否符合SOP：						◆	○		X	○	○	○	○

②複查買價=平均P/E×近4季EPS
　　　　　＝15×5.6元=84元
※平均P/E≧15，取15.00計算

①基準買價=5.23元×15=78.45元
　買入P/E=基準買價÷近4季EPS
　　　　　＝78.45元÷5.6元=14.01
※14.01＜15，OK

註1：近5年配股記錄：每年配股，見表6-19a
註2：106Q3股價淨值比（P/B）=3.26
註3：最近4季（105Q4～106Q3）
　　　EPS=5.6元
註4：106/10/31股價：106.00元
註5：106/10/31適當買價：78.45元

註6：買前最近4季EPS（自填）：
註7：買前基準買價（自填）：
註8：買前複查買價（自填）：
註9：買前適當買價（自填）：
註10：本次買入價（自填）：

⑳ 安馳（3528）

成立：2000/12/26	上市：2016/05/18	產業別：電子通路
地址：新北市汐止區新台五路 一段75號21F	電話：02-26982526	發言人：徐敏芳 （財務主管）

主要業務：混合信號IC31.76%、邏輯IC27.25%、類比積體電路26.13%、其他14.86%（2016年）。屬於電腦、電子材料批發業，以工控為主，另有FPGA晶片、固態硬碟及高頻RF傳輸元件產品線。

106年Q3：資本額6.38億元，總資產25.83億元。
Q1～Q3累計：EPS 2元，Q1～Q3累計：ROE 9.33%

表6-20a 安馳股利政策

（單位：元）

民國（年）	現金股利	盈餘配股	公積配股	股票股利	合計
105	2.40	0.10	0.00	0.10	2.50
104	2.30	0.00	0.00	0.20	2.50
103	2.20	0.00	0.00	0.30	2.50
102	2.00	0.00	0.00	0.30	2.30
101	1.80	0.00	0.00	0.50	2.30
100	1.80	0.00	0.00	0.80	2.60

表6-20b 安馳年度成交資訊

民國（年）	張數	金額（仟元）	筆數（仟）	最高價	日期	最低價	日期	收盤均價
105	13,019	396,006	9	33.00	7/15	28.20	11/14	30.18
104	55,158	2,053,702	35	46.30	05/29	23.75	08/25	37.23
103	46,231	1,702,849	29	42.90	07/01	30.30	01/03	36.83
102	16,387	472,741	11	31.50	04/29	26.00	07/16	28.85
101	10,712	300,200	8	33.50	03/13	23.85	07/24	28.03
100	16,296	621,444	10	46.00	05/18	24.10	12/30	38.13

表6-20c 安馳近4季與近5年的EPS

獲利能力（106年第3季）		最新4季每股盈餘		最新5年每股盈餘	
營業毛利率	10.85%	106第3季	0.55元	105年	2.64元
營業利益率	4.19%	106第2季	0.82元	104年	3.41元
稅前淨利率	4.10%	106第1季	0.63元	103年	3.19元
資產報酬率	1.53%	105第4季	0.52元	102年	2.79元
股東權益報酬率	2.61%	每股淨值	21.44元	101年	2.85元

近4季EPS總和為2.52元

表6-20d 安馳收租股買前檢查表

民國（年）	最高價（元）（月/日）	最低價（元）（月/日）	收盤均價（元）	淨值（元）	EPS（元）	本益比（P/E）	ROE（%）	現金息（元）	現金殖利率（%）	現金配息率（%）	負債比（%）	董監事持股（%）	外資持股（%）
101	33.50（03/13）	23.85（07/24）	28.03	19.74	2.85	9.84	14.44	1.80	6.42	63.16	31.68	25.77	11.47
102	31.50（04/29）	26.00（07/16）	28.85	19.98	2.79	10.34	13.96	2.00	6.93	71.68	37.67	25.62	11.47
103	42.90（07/01）	30.30（01/03）	36.83	21.06	3.19	11.55	15.15	2.20	5.97	68.97	51.09	25.50	11.66
104	46.30（05/29）	23.75（08/25）	37.23	21.24	3.41	10.92	16.05	2.30	6.18	67.45	45.84	24.38	10.60
105	33.00（07/15）	28.20（11/14）	30.18	21.65	2.64	11.43	12.19	2.40	7.95	90.91	37.73	22.11	9.01
平均						10.81	14.36	2.14	6.69	72.43			
是否符合SOP：						○	◆				○	○	○	○	○

②複查買價＝平均P/E×近4季EPS
　　　　　＝10.81×2.52元＝27.24元

①基準買價＝2.14元×15＝32.1元
　買入P/E＝基準買價÷近4季EPS
　　　　　＝32.1元÷2.52元＝12.74
　※12.74＜15，OK

註1：配股記錄：每年配股，見表6-20a
註2：106Q3 股價淨值比（P/B）＝1.72
註3：最近4季（105Q4～106Q3）
　　　EPS＝2.52元
註4：105/10/31 股價：36.90元
註5：105/10/31 適當買價：27.24元

註6：買前最近4季 EPS（自填）：
註7：買前基準買價（自填）：
註8：買前複查買價（自填）：
註9：買前適當買價（自填）：
註10：本次買入價（自填）：

㉑ 瑞智（4532）

成立：1989/12/19	上市：2003/08/04	產業別：電機機械
地址：桃園市觀音區成功路二段943號	電話：03-4837201	發言人：柯志成（營運總部協理）

主要業務：壓縮機96.32%、其他3.68%（2016年）。為聲寶（1604）轉投資公司，是全球第四大小型（變頻）壓縮機製造大廠。

106年Q3：資本額49.02億元，總資產225.4億元。
　　　　　Q1～Q3累計：EPS 1.57元，Q1～Q3累計：ROE 10.12%

表6-21a ▶ 瑞智股利政策

（單位：元）

民國（年）	現金股利	盈餘配股	公積配股	股票股利	合計
105	2.28	0.00	0.00	0.00	2.28
104	1.60	0.00	0.00	0.00	1.60
103	2.00	0.00	0.00	0.00	2.00
102	1.50	0.30	0.00	0.30	1.80
101	1.50	0.30	0.00	0.30	1.80
100	1.20	0.30	0.00	0.30	1.50
99	0.60	0.30	0.00	0.30	0.90
98	0.00	0.00	0.00	0.00	0.00
97	0.00	0.00	0.00	0.00	0.00
96	0.30	0.50	0.00	0.50	0.80

表6-21b ▶ 瑞智年度成交資訊

民國（年）	張數	金額（仟元）	筆數（仟）	最高價	日期	最低價	日期	收盤均價
105	312,948	10,132,403	171	38.80	9/30	21.80	1/07	29.08
104	163,686	4,714,503	89	33.90	1/05	18.70	8/25	27.40
103	472,241	15,340,531	232	36.80	3/05	28.20	10/16	31.99
102	608,281	17,032,089	239	32.40	12/31	24.10	3/18	27.17
101	539,013	14,139,939	208	31.80	3/16	19.85	10/29	25.19
100	1,220,290	26,660,953	370	27.95	8/16	16.50	3/15	21.56
99	1,520,752	22,656,812	333	18.80	12/27	9.25	2/06	14.27
98	911,463	8,794,312	179	12.50	12/10	4.15	1/16	8.25
97	148,572	1,583,823	39	15.40	4/15	3.77	11/24	10.16
96	407,180	6,749,585	100	19.85	7/27	13.25	8/17	15.78

表6-21c ▶ 瑞智近4季與近5年的EPS

獲利能力（106年第3季）		最新4季每股盈餘		最新5年每股盈餘	
營業毛利率	13.25%	106第3季	0.35元	105年	2.80元
營業利益率	5.10%	106第2季	0.70元	104年	1.86元
稅前淨利率	5.12%	106第1季	0.52元	103年	2.30元
資產報酬率	0.86%	105第4季	0.49元	102年	2.02元
股東權益報酬率	1.90%	每股淨值	15.57元	101年	2.21元

近4季EPS總和為2.06元

表6-21d ▶ 瑞智收租股買前檢查表

民國（年）	最高價（元）（月/日）	最低價（元）（月/日）	收盤均價（元）	淨值（元）	EPS（元）	本益比（P/E）	ROE（%）	現金息（元）	現金殖利率（%）	現金配息率（%）	負債比（%）	董監事持股（%）	外資持股（%）
101	31.80（03/16）	19.85（10/29）	25.19	15.28	2.21	11.40	14.46	1.50	5.95	67.87	21.19	67.98	9.64
102	32.40（12/31）	24.10（03/18）	27.17	16.04	2.02	13.45	12.59	1.50	5.52	74.26	54.66	42.07	10.23
103	36.80（03/05）	28.20（10/16）	31.99	17.20	2.30	13.91	13.37	2.00	6.25	86.96	51.80	42.07	11.65
104	33.90（01/05）	18.70（08/25）	27.40	16.56	1.86	14.73	11.23	1.60	5.84	86.02	53.48	42.14	11.84
105	38.80（09/30）	21.80（01/07）	29.08	16.38	2.08	13.98	12.70	2.28	7.84	109.62	56.13	43.78	11.79
平均						13.49	12.87	1.78	6.28	84.94			
是否符合SOP：						○	◆		◆	○	◆	○	

②複查買價＝平均P/E×近4季EPS
＝13.49×2.06元＝27.79元

①基準買價＝1.78元×15＝26.7元
買入P/E＝基準買價÷近4季EPS
＝26.7元÷2.06元＝12.96
※12.96＜15，OK

註1：近5年配股記錄：101～102年均配股0.3元
註2：106Q3股價淨值比（P/B）＝1.99
註3：最近4季（105Q4～106Q3）EPS＝2.06元
註4：106/10/31股價：31.00元
註5：106/10/31適當買價：26.7元
註6：買前最近4季EPS（自填）：
註7：買前基準買價（自填）：
註8：買前複查買價（自填）：
註9：買前適當買價（自填）：
註10：本次買入價（自填）：

㉒ 訊連（5203）

成立：1990/08/08	上市：2004/09/27	產業別：資訊服務
地址：新北市新店區民權路 　　　100號15F	電話：02-86671298	發言人：蔡明鋒 　　　　（特助）

主要業務：數位創作及其他57.15%、影音娛樂42.85%（2016年）。多媒體影音軟體的研發大廠，搭配硬體並跨入全球VR市場。

106年Q3：資本額8.69億元，總資產50.92億元。
　　　　　Q1～Q3累計：EPS 1.9元，Q1～Q3累計：ROE 4.35%

表6-22a ▶ **訊連股利政策**

（單位：元）

民國（年）	現金股利	盈餘配股	公積配股	股票股利	合計
105	1.70	0.00	0.00	0.00	1.70
104	4.00	0.00	0.00	0.00	4.00
103	6.98	0.00	0.00	0.00	6.98
102	7.00	0.00	0.00	0.00	7.00
101	7.00	0.00	0.60	0.60	7.60
100	7.00	0.00	0.00	0.00	7.00
99	6.99	0.00	0.00	0.00	6.99
98	6.40	0.08	0.00	0.08	6.48
97	7.49	0.10	0.00	0.10	7.59
96	7.49	0.10	0.00	0.10	7.59

表6-22b ▶ **訊連年度成交資訊**

民國 （年）	張數	金額（仟元）	筆數（仟）	最高價	日期	最低價	日期	收盤均價
105	33,536	2,329,288	26	78.00	3/17	60.70	10/21	69.21
104	40,763	3,203,181	33	94.80	4/15	50.80	8/25	79.15
103	73,780	6,827,998	57	102.00	6/06	83.00	10/16	91.56
102	73,459	6,789,817	55	105.00	5/20	80.80	8/28	91.12
101	111,577	10,640,381	80	112.00	10/16	62.00	1/02	91.96
100	150,016	12,562,444	107	112.00	1/05	56.80	10/03	80.72
99	212,306	29,909,714	139	168.50	1/19	107.50	11/16	132.35
98	323,849	43,873,346	200	170.00	5/26	109.50	2/02	130.76
97	92,578	12,643,897	65	162.50	5/07	93.00	11/21	133.54
96	291,583	42,862,070	171	187.50	8/29	106.50	12/18	140.43

表6-22c 訊連近4季與近5年的EPS

獲利能力（106年第3季）		最新4季每股盈餘		最新5年每股盈餘	
營業毛利率	88.22%	106第3季	0.75元	105年	3.15元
營業利益率	30.35%	106第2季	0.77元	104年	5.60元
稅前淨利率	23.48%	106第1季	0.39元	103年	7.06元
資產報酬率	1.27%	105第4季	1.23元	102年	7.07元
股東權益報酬率	1.73%	每股淨值	43.70元	101年	6.90元

近4季EPS總和為3.14元

表6-22d 訊連收租股買前檢查表

民國（年）	最高價（元）〔月/日〕	最低價（元）〔月/日〕	收盤均價（元）	淨值（元）	EPS（元）	本益比（P/E）	ROE（%）	現金息（元）	現金殖利率（%）	現金配息率（%）	負債比（%）	董監事持股（%）	外資持股（%）
101	112.00（10/16）	62.00（01/02）	91.96	50.81	6.90	13.33	13.58	7.00	7.61	101.45	16.64	13.62	21.81
102	105.00（05/20）	80.80（08/28）	91.12	48.09	7.07	12.89	14.70	7.00	7.68	99.01	24.23	15.70	15.84
103	102.00（06/06）	83.00（10/16）	91.56	48.30	7.06	12.97	14.62	6.98	7.62	98.87	24.35	15.74	16.04
104	94.80（04/15）	50.80（08/25）	79.15	47.02	5.60	14.13	11.91	4.00	5.05	71.43	25.10	17.39	20.10
105	78.00（03/17）	60.70（10/21）	69.21	47.83	3.15	21.97	6.59	1.70	2.46	53.97	25.63	11.33	21.46
平均						15.06	12.28	5.34	6.09	84.94			
是否符合SOP：						◆	◆		◆	○	○	○	○

②複查買價＝平均P/E×近4季EPS
＝15×3.14元＝47.1元
※平均P/E≧15，取15.00計算

①基準買價＝5.34元×15＝80.1元
買入P/E＝基準買價÷近4季EPS
＝80.1元÷3.14元＝25.51
※25.51＞15，不宜

註1：近5年配股記錄：101年配股0.6元
註2：106Q3股價淨值比（P/B）＝1.53
註3：最近4季（105Q4～106Q3）
　　　EPS＝3.14元
註4：106/10/31股價：66.70元
註5：106/10/31適當買價：47.1元

註6：買前最近4季EPS（自填）：
註7：買前基準買價（自填）：
註8：買前複查買價（自填）：
註9：買前適當買價（自填）：
註10：本次買入價（自填）：

㉓ 達興（5234）

成立：2006/07/12	上市：2012/07/16	產業別：光電
地址：台南市官田區二鎮里工業西路32號	電話：04-24608889	發言人：郭宗鑫（總經理）
主要業務：顯示器產業相關材料98.87%、綠能產業相關材料1.13%（2016年）。友達及長興合資的光電產業用材料廠，有蝕刻液、光學膠及高門檻的LCD特殊材料等產品。		
106年Q3：資本額9.34億元，總資產32.5億元。Q1～Q3累計：EPS 3.48元，Q1～Q3累計：ROE 14.98%		

表6-23a 達興股利政策

（單位：元）

民國（年）	現金股利	盈餘配股	公積配股	股票股利	合計
105	3.00	0.00	0.00	0.00	3.00
104	2.00	0.00	0.00	0.00	2.00
103	2.20	0.00	0.00	0.00	2.20
102	3.00	0.50	0.00	0.50	3.50
101	3.00	0.00	0.00	0.00	3.00
100	2.00	0.00	0.00	0.00	2.00

表6-23b 達興年度成交資訊

民國（年）	張數	金額（仟元）	筆數（仟）	最高價	日期	最低價	日期	收盤均價
105	29,637	1,007,636	18	39.50	9/12	27.10	5/24	32.31
104	26,687	1,073,575	18	48.70	3/19	27.50	8/25	37.63
103	86,814	5,110,799	54	72.80	1/10	35.20	10/28	52.08
102	208,187	12,908,658	128	75.80	4/11	48.10	8/08	61.13
101	98,555	4,511,343	55	57.50	9/12	31.55	7/17	47.12

表6-23c 達興近4季與近5年的EPS

獲利能力（106年第3季）		最新4季每股盈餘		最新5年每股盈餘	
營業毛利率	30.28%	106第3季	1.45元	105年	3.78元
營業利益率	14.90%	106第2季	0.98元	104年	2.86元
稅前淨利率	14.98%	106第1季	1.05元	103年	3.25元
資產報酬率	4.20%	105第4季	1.24元	102年	4.62元
股東權益報酬率	6.45%	每股淨值	23.23元	101年	4.05元

近4季EPS總和為4.72元

表6-23d 達興收租股買前檢查表

民國（年）	最高價（元）（月/日）	最低價（元）（月/日）	收盤均價（元）	淨值（元）	EPS（元）	本益比（P/E）	ROE（%）	現金息（元）	現金殖利率（%）	現金配息率（%）	負債比（%）	董監事持股（%）	外資持股（%）
101	57.50（09/12）	31.55（07/17）	47.12	19.38	4.05	11.63	20.90	3.00	6.37	74.07	40.53	53.30	0.67
102	75.80（04/11）	48.10（08/08）	61.13	20.91	4.62	13.23	22.09	3.00	4.91	64.94	38.08	45.25	2.26
103	72.80（01/10）	35.20（10/28）	52.08	20.30	3.25	16.02	16.01	2.20	4.22	67.69	41.61	45.19	1.77
104	48.70（03/19）	27.50（08/25）	37.63	20.96	2.86	13.16	13.65	2.00	5.31	69.93	39.21	47.37	0.92
105	39.50（09/12）	27.10（05/24）	32.31	22.75	3.78	8.55	16.62	3.00	9.29	79.37	33.39	47.36	0.62
平均						12.52	17.85	2.64	6.02	71.20			
是否符合SOP：						○	○		◆	○	○	○	○

②複查買價＝平均P/E×近4季EPS
　　　　＝12.52×4.72元＝59.09元

①基準買價＝2.64元×15＝39.6元
買入P/E＝基準買價÷近4季EPS
　　　　＝39.6元÷4.72元＝8.39
※8.39＜15，OK

註1：近5年配股記錄：102年配股0.5元
註2：106Q3股價淨值比（P/B）＝2.12
註3：最近4季（105Q4～106Q3）
　　　EPS＝4.72元
註4：106/10/31股價：49.20元
註5：106/10/31適當買價：39.6元

註6：買前最近4季EPS（自填）：
註7：買前基準買價（自填）：
註8：買前複查買價（自填）：
註9：買前適當買價（自填）：
註10：本次買入價（自填）：

㉔ 松翰（5471）

成立：1996/07/13	上市：2003/08/25	產業別：半導體
地址：新竹縣竹北市台元街36 號10F-1	電話：03-5600888	發言人：潘銘鍠 （業務處副總）
主要業務：消費性IC63.90%、多媒體IC35.16%、其他0.94%（2016年）。專攻 IC設計、電玩語音控制等，主力產品為MCU、影像IC、消費性IC及 醫療量測產品等。		
106年Q3：資本額16.79億元，總資產34.97億元。 Q1～Q3累計：EPS 1.18元，Q1～Q3累計：ROE 6.85%		

表6-24a 松翰股利政策

（單位：元）

民國（年）	現金股利	盈餘配股	公積配股	股票股利	合計
105	1.80	0.00	0.00	0.00	1.80
104	2.20	0.00	0.00	0.00	2.20
103	3.20	0.00	0.00	0.00	3.20
102	3.20	0.00	0.00	0.00	3.20
101	3.00	0.00	0.00	0.00	3.00
100	3.20	0.00	0.00	0.00	3.20
99	4.20	0.00	0.00	0.00	4.20
98	4.00	0.00	0.00	0.00	4.00
97	2.99	0.00	0.00	0.00	2.99
96	3.78	0.30	0.00	0.30	4.08

表6-24b 松翰年度成交資訊

民國 （年）	張數	金額（仟元）	筆數 （仟）	最高價	日期	最低價	日期	收盤均價
105	93,776	3,328,772	62	41.50	8/09	30.00	5/17	33.75
104	78,703	3,311,165	55	50.20	3/20	29.90	8/25	41.08
103	235,759	12,643,713	140	66.20	6/10	41.00	10/16	51.37
102	107,467	4,481,466	68	44.85	5/23	37.70	8/12	41.04
101	231,046	10,680,524	130	54.80	5/03	35.10	10/29	43.58
100	250,206	13,404,648	142	69.20	6/01	34.90	8/09	51.60
99	416,035	30,369,576	217	88.50	1/04	61.30	8/31	71.00
98	1,159,999	72,961,027	528	88.70	12/31	33.60	1/09	60.62
97	768,250	51,745,712	387	95.10	5/06	25.20	12/05	63.13
96	1,266,391	116,927,698	568	138.00	7/26	61.40	12/18	87.67

表6-24c 松翰近4季與近5年的EPS

獲利能力（106年第3季）		最新4季每股盈餘		最新5年每股盈餘	
營業毛利率	39.03%	106第3季	0.48元	105年	1.67元
營業利益率	10.28%	106第2季	0.51元	104年	2.32元
稅前淨利率	11.20%	106第1季	0.19元	103年	3.12元
資產報酬率	2.21%	105第4季	0.40元	102年	3.07元
股東權益報酬率	2.83%	每股淨值	17.23元	101年	3.20元

近4季EPS總和為1.58元

表6-24d 松翰收租股買前檢查表

民國（年）	最高價（元）（月/日）	最低價（元）（月/日）	收盤均價（元）	淨值（元）	EPS（元）	本益比（P/E）	ROE（%）	現金息（元）	現金殖利率（%）	現金配息率（%）	負債比（%）	董監事持股（%）	外資持股（%）
101	54.80（05/03）	35.10（10/29）	43.58	19.45	3.20	13.62	16.45	3.00	6.88	93.75	15.41	9.39	8.94
102	44.85（05/23）	37.70（08/12）	41.04	19.48	3.07	13.37	15.76	3.20	7.80	104.23	16.36	9.38	10.02
103	66.20（06/10）	41.00（10/16）	51.37	19.51	3.12	16.46	15.99	3.20	6.23	102.56	16.39	10.89	13.64
104	50.20（03/20）	29.90（08/25）	41.08	18.54	2.32	17.71	12.51	2.20	5.36	94.83	16.49	10.84	15.06
105	41.50（08/09）	30.000（05/17）	33.75	17.86	1.67	15.54	17.05	3.20	6.20	96.39	18.84	10.97	13.36
平均						15.34	15.55	2.96	6.49	98.35			
			是否符合SOP：			◆	○		◆	○	○	◆	◆

②複查買價=平均P/E×近4季EPS
=15.00×1.58元=23.7元
※平均P/E≧15，取15.00計算

①基準買價=2.96元×15=44.40元
買入P/E=基準買價÷近4季EPS
=44.40元÷1.58元=28.1
※28.1＞15，不宜

註1：近5年配股記錄：無
註2：106Q3股價淨值比（P/B）=2.15
註3：最近4季（105Q4～106Q3）
　　　EPS=1.58元
註4：106/10/31股價：37.05元
註5：106/10/31適當買價：23.7元

註6：買前最近4季EPS（自填）：
註7：買前基準買價（自填）：
註8：買前複查買價（自填）：
註9：買前適當買價（自填）：
註10：本次買入價（自填）：

㉕ 鳳凰（5706）

成立：1957/04/30	上市：2011/10/21	產業別：觀光
地址：台北市中山區長安東路 　　　一段25號4F	電話：02-25370000	發言人：卞傑民 　　　　（總經理）

主要業務：歐洲線33.15%、大陸線16.32%、東北亞線12.03%、郵輪線 　　　　　10.69%、美洲線10.09%、亞洲線6.07%、紐澳線5.10%、其他 　　　　　3.62%、國民旅遊2.93%（2016年）。因應大團客式微的趨勢，而 　　　　　調整營運策略，郵輪航程業務明顯增加。

106年Q3：資本額6.4億元，總資產15.8億元。 　　　　　　Q1～Q3累計：EPS 2.26元，Q1～Q3累計：ROE 13.93%

表6-25a　鳳凰股利政策

（單位：元）

民國（年）	現金股利	盈餘配股	公積配股	股票股利	合計
105	2.00	0.00	0.00	0.00	2.00
104	2.82	0.00	0.00	0.00	2.82
103	1.50	0.50	0.00	0.50	2.00
102	3.00	0.00	0.00	0.00	3.00
101	3.00	0.00	0.00	0.00	3.00
100	3.00	0.00	0.00	0.00	3.00
99	0.50	4.50	1.00	5.50	6.00
98	2.28	0.00	0.00	0.00	2.28
97	1.15	0.00	0.50	0.50	1.65
96	1.50	0.25	0.25	0.50	2.00

表6-25b　鳳凰年度成交資訊

民國 （年）	張數	金額（仟元）	筆數（仟）	最高價	日期	最低價	日期	收盤均價
105	17,062	661,804	14	42.80	3/22	33.55	11/09	37.63
104	55,567	2,507,572	39	51.90	5/20	33.10	8/27	42.68
103	40,335	2,042,335	28	57.70	1/02	40.05	10/27	49.10
102	81,463	4,884,624	56	68.00	8/06	51.50	11/14	59.26
101	125,164	8,037,269	83	76.70	3/03	51.00	7/25	61.51
100	37,023	2,449,185	24	73.00	11/14	56.50	12/19	63.79
99	137,575	9,034,878	85	74.80	11/29	53.60	02/06	65.67
98	204,664	13,621,707	127	94.00	04/13	40.00	02/03	66.56
97	165,263	12,167,427	109	111.00	06/17	33.55	10/24	72.42
96	63,087	4,458,162	41	84.50	02/13	50.20	12/17	65.91

表6-25c 鳳凰近4季與近5年的EPS

獲利能力（106年第3季）		最新4季每股盈餘		最新5年每股盈餘	
營業毛利率	12.57%	106第3季	1.17元	105年	2.76元
營業利益率	6.53%	106第2季	0.81元	104年	3.20元
稅前淨利率	8.85%	106第1季	0.34元	103年	2.07元
資產報酬率	3.44%	105第4季	0.49元	102年	3.03元
股東權益報酬率	6.83%	每股淨值	17.40元	101年	3.76元

近4季EPS總和為2.81元

表6-25d 鳳凰收租股買前檢查表

民國（年）	最高價（元）（月/日）	最低價（元）（月/日）	收盤均價（元）	淨值（元）	EPS（元）	本益比（P/E）	ROE（%）	現金息（元）	現金殖利率（%）	現金配息率（%）	負債比（%）	董監事持股（%）	外資持股（%）
101	76.70（03/03）	51.00（07/25）	61.51	19.93	3.83	16.06	19.22	3.00	4.88	78.33	29.33	26.01	1.08
102	68.00（08/06）	51.50（11/14）	59.26	19.69	3.03	19.56	15.39	3.00	5.06	99.01	29.03	21.52	7.07
103	57.70（01/02）	40.05（10/27）	49.10	18.68	2.07	23.72	11.08	1.50	3.05	72.46	30.28	21.17	1.73
104	51.90（05/20）	33.10（08/27）	42.68	18.34	3.20	13.34	17.45	2.82	6.61	88.13	30.27	20.41	1.42
105	42.80（03/22）	33.55（11/09）	37.63	16.56	2.76	13.63	16.67	2.00	5.31	72.46	38.39	20.73	2.44
平均				17.26	15.96	2.46	4.98	82.08					
是否符合SOP：						▲	○		X	○	○	♦	

②複查買價＝平均P/E×近4季EPS
　　　　　＝15×2.81元＝42.15元
※平均P/E≧15，取15.00計算

①基準買價＝2.46元×15＝36.9元
買入P/E＝基準買價÷近4季EPS
　　　　＝36.9元÷2.81元＝13.13
※13.13＜15，OK

註1：近5年配股記錄：103年配股0.5元
註2：106Q3股價淨值比（P/B）＝1.95
註3：最近4季（105Q4～106Q3）
　　　EPS＝2.81元
註4：106/10/31股價：33.85元
註5：106/10/31適當買價：36.9元

註6：買前最近4季EPS（自填）：
註7：買前基準買價（自填）：
註8：買前複查買價（自填）：
註9：買前適當買價（自填）：
註10：本次買入價（自填）：

㉖ 鎰勝（6115）

成立：1986/11/25	上市：2004/07/19	產業別：電子零組件
地址：桃園市龜山區大崗村頂湖路50、52號	電話：03-3282391	發言人：高事榮（經理）
主要業務：電源線連接器95.60%、塑膠加工材料4.40%（2016年）。含電源線、網路線及VR線等，應用於顯示器、遊戲機及PC等產品上。		
106年Q3：資本額18.77億元，總資產81.54億元。 Q1～Q3累計：EPS 2.01元，Q1～Q3累計：ROE 7.61%		

表6-26a 鎰勝股利政策

（單位：元）

民國（年）	現金股利	盈餘配股	公積配股	股票股利	合計
105	4.00	0.00	0.00	0.00	4.00
104	3.49	0.00	0.00	0.00	3.49
103	3.49	0.00	0.00	0.00	3.49
102	3.44	0.00	0.00	0.00	3.44
101	3.14	0.00	0.00	0.00	3.14
100	3.50	0.00	0.00	0.00	3.50
99	3.50	0.00	0.00	0.00	3.50
98	4.50	0.00	0.00	0.00	4.50
97	2.46	0.49	0.00	0.49	2.95
96	3.00	1.00	0.00	1.00	4.00

表6-26b 鎰勝年度成交資訊

民國（年）	張數	金額（仟元）	筆數（仟）	最高價	日期	最低價	日期	收盤均價
105	43,553	1,817,048	28	47.50	10/19	32.50	1/19	39.72
104	29,842	1,153,117	18	46.50	3/26	26.00	8/25	38.06
103	48,395	2,168,052	29	48.50	3/31	40.60	10/20	43.65
102	39,024	1,688,559	21	46.30	7/17	40.00	11/14	42.97
101	46,920	2,043,182	23	49.80	3/23	35.10	1/16	41.71
100	41,647	1,692,136	25	49.90	1/05	28.75	8/09	39.94
99	176,241	10,172,911	97	64.50	1/20	46.00	9/01	54.87
98	465,644	26,142,777	206	68.50	9/04	21.40	1/20	44.96
97	59,354	2,177,894	27	47.00	5/20	20.50	11/21	35.95
96	267,763	14,690,809	117	66.50	7/26	40.80	12/24	52.10

表6-26c 鎰勝近4季與近5年的EPS

獲利能力（106年第3季）		最新4季每股盈餘		最新5年每股盈餘	
營業毛利率	20.50%	106第3季	0.98元	105年	4.08元
營業利益率	11.50%	106第2季	0.88元	104年	3.39元
稅前淨利率	12.51%	106第1季	0.14元	103年	3.50元
資產報酬率	2.26%	105第4季	1.26元	102年	3.84元
股東權益報酬率	3.78%	每股淨值	26.41元	101年	4.12元

近4季EPS總和為3.26元

表6-26d 鎰勝收租股買前檢查表

民國（年）	最高價（元）（月/日）	最低價（元）（月/日）	收盤均價（元）	淨值（元）	EPS（元）	本益比（P/E）	ROE（%）	現金息（元）	現金殖利率（%）	現金配息率（%）	負債比（%）	董監事持股（%）	外資持股（%）
101	49.80（03/23）	35.10（01/16）	41.71	26.98	4.12	10.12	15.27	3.14	7.53	76.21	40.21	12.38	15.06
102	46.30（07/17）	40.00（11/14）	42.97	29.06	3.84	11.19	13.21	3.44	8.01	89.58	37.86	13.29	14.94
103	48.50（03/31）	40.60（10/20）	43.65	29.83	3.50	12.47	11.73	3.49	8.00	99.71	35.00	12.78	16.12
104	46.50（03/26）	26.00（08/25）	38.06	29.22	3.39	11.23	11.60	3.49	9.17	102.95	35.68	12.31	15.88
105	47.50（10/19）	32.50（01/19）	39.72	28.60	4.08	8.88	16.60	3.50	8.76	77.78	38.84	12.50	14.68
平均						10.78	13.68	3.41	8.29	89.25			
是否符合SOP：				○	◆			○	○	○	○	◆	◆

②複查買價＝平均P/E×近4季EPS
　　　　　＝10.78×3.26＝35.14元

①基準買價＝3.41元×15＝51.15元
買入P/E＝基準買價÷近4季EPS
　　　　＝51.15元÷3.26元＝15.69
※15.69＞15，不宜

註1：近5年配股記錄：無
註2：106Q3股價淨值比（P/B）＝1.64
註3：最近4季（105Q4～106Q3）
　　　EPS＝3.26元
註4：106/10/31股價：43.40元
註5：106/10/31適當買價：35.14元

註6：買前最近4季EPS（自填）：
註7：買前基準買價（自填）：
註8：買前複查買價（自填）：
註9：買前適當買價（自填）：
註10：本次買入價（自填）：

㉗ 上福（6128）

成立：1978/07/12	上市：2003/06/16	產業別：電腦及周邊設備
地址：台中市梧棲區自強路50號	電話：04-26393103	發言人：黃懷德（執行副總）
主要業務：彩色影印機卡匣40.36%、黑白影印機卡匣19.24%、彩色印表機卡匣13.33%、黑白印表機卡匣11.64%、感光鼓的精密齒輪6.63%、客房4.48%、餐飲收入3.47%等（2016年）。製造銷售事務機等耗材，並全資投入台中港酒店營運。		
106年Q3：資本額8.76億元，總資產44.02億元。Q1～Q3累計：EPS 1.57元，Q1～Q3累計：ROE 8.4%		

表6-27a 上福股利政策

（單位：元）

民國（年）	現金股利	盈餘配股	公積配股	股票股利	合計
105	2.80	0.00	0.00	0.00	2.80
104	3.00	0.00	0.00	0.00	3.00
103	2.80	0.00	0.00	0.00	2.80
102	2.25	0.00	0.00	0.00	2.25
101	1.70	0.00	0.00	0.00	1.70
100	2.50	0.00	0.00	0.00	2.50
99	2.75	0.35	0.00	0.35	3.10
98	3.20	0.40	0.00	0.40	3.60
97	1.70	0.20	0.00	0.20	1.90
96	1.25	0.20	0.00	0.20	1.45

表6-27b 上福年度成交資訊

民國（年）	張數	金額（仟元）	筆數（仟）	最高價	日期	最低價	日期	收盤均價
105	32,499	1,335,566	19	48.05	7/22	33.00	1/13	40.28
104	14,075	484,728	9	38.35	6/01	29.45	8/25	34.26
103	32,153	1,126,393	18	40.70	6/27	31.20	1/03	34.68
102	53,269	1,632,147	31	36.95	6/21	25.00	1/17	29.81
101	23,229	669,587	12	33.05	3/12	23.60	8/03	26.83
100	26,331	872,449	13	38.40	3/04	23.30	8/09	31.13
99	83,486	3,687,529	42	56.00	1/04	32.05	11/16	42.23
98	161,376	6,706,447	68	56.80	12/31	12.65	1/07	32.14
97	36,890	691,079	15	23.25	4/10	10.35	11/21	16.89
96	156,235	5,077,722	62	37.80	7/19	18.60	12/18	29.74

表6-27c 上福近4季與近5年的EPS

獲利能力（106年第3季）		最新4季每股盈餘		最新5年每股盈餘	
營業毛利率	41.23%	106第3季	0.20元	105年	4.20元
營業利益率	9.50%	106第2季	0.83元	104年	3.70元
稅前淨利率	8.01%	106第1季	0.54元	103年	3.08元
資產報酬率	0.54%	105第4季	1.05元	102年	2.41元
股東權益報酬率	1.09%	每股淨值	18.70元	101年	2.13元

近4季EPS總和為2.62元

表6-27d 上福收租股買前檢查表

民國（年）	最高價（元）（月/日）	最低價（元）（月/日）	收盤均價（元）	淨值（元）	EPS（元）	本益比（P/E）	ROE（%）	現金息（元）	現金殖利率（%）	現金配息率（%）	負債比（%）	董監事持股（%）	外資持股（%）
101	33.05（03/12）	23.60（08/03）	26.83	17.46	2.13	12.60	12.20	1.70	6.34	79.81	26.55	30.78	0.95
102	36.95（06/21）	25.00（01/17）	29.81	18.16	2.41	12.37	13.27	2.25	7.55	93.36	37.87	33.95	1.37
103	40.70（06/27）	31.20（01/03）	34.68	19.38	3.08	11.26	15.89	2.80	8.07	90.91	52.07	34.43	1.39
104	38.35（06/01）	29.45（08/25）	34.26	20.41	3.70	9.26	18.13	3.00	8.76	81.08	48.97	34.93	1.19
105	48.50（07/22）	33.00（01/13）	40.28	20.36	4.20	9.59	20.63	2.80	6.95	66.67	51.23	35.23	1.13
平均						11.02	16.02	2.51	7.53	82.37			
		是否符合SOP：				○	○		○	○	○	○	○

②複查買價＝平均P/E×近4季EPS
　　　　　＝11.02×2.62元＝28.87元

①基準買價＝2.51元×15＝37.65元
買入P/E＝基準買價÷近4季EPS
　　　　　＝37.65元÷2.62元＝14.37
※14.37＜15，OK

註1：近5年配股記錄：無
註2：106Q3股價淨值比（P/B）=2.26
註3：最近4季（105Q4～106Q3）
　　　EPS=2.62元
註4：106/10/31股價：42.30元
註5：106/10/31適當買價：28.87元

註6：買前最近4季EPS（自填）：
註7：買前基準買價（自填）：
註8：買前複查買價（自填）：
註9：買前適當買價（自填）：
註10：本次買入價（自填）：

㉘ 豐藝（6189）

成立：1986/05/26	上市：2004/05/24	產業別：電子通路
地址：台北市內湖區環山路一段32號4F	電話：02-26590303	發言人：杜懷琪（營運長）

主要業務：特定應用暨液晶面板相關產品45.75%、線性、分散式元件35.14%、其他11.81%、特定應用晶片7.29%（2016年）。代理銷售IC零組件，並從事面板模組的研發，與子公司勁豐合作，開發醫療及健身器材等領域。

106年Q3：資本額17.9億元，總資產84.65億元。
Q1～Q3累計：EPS 1.36元，Q1～Q3累計：ROE 7.15%

表6-28a 豐藝股利政策

（單位：元）

民國（年）	現金股利	盈餘配股	公積配股	股票股利	合計
105	2.30	0.00	0.00	0.00	2.30
104	3.00	0.00	0.00	0.00	3.00
103	3.20	0.00	0.00	0.00	3.20
102	3.00	0.00	0.00	0.00	3.00
101	2.20	0.00	0.00	0.00	2.20
100	2.20	0.00	0.00	0.00	2.20
99	2.00	0.00	0.00	0.00	2.00
98	2.00	0.00	0.00	0.00	2.00
97	1.60	0.00	0.00	0.00	1.60
96	2.50	0.40	0.10	0.50	3.00

表6-28b 豐藝年度成交資訊

民國（年）	張數	金額（仟元）	筆數（仟）	最高價	日期	最低價	日期	收盤均價
105	50,670	1,672,216	32	36.05	7/18	29.05	1/07	32.53
104	61,961	2,085,739	39	39.60	3/25	23.45	8/24	33.04
103	104,796	3,766,250	58	41.00	6/17	32.00	2/10	35.86
102	102,637	2,915,357	47	33.10	12/27	24.00	1/07	28.29
101	104,525	2,437,247	41	25.40	3/27	18.00	1/09	23.19
100	50,584	1,052,412	22	23.90	2/08	16.00	8/09	20.33
99	147,090	3,659,483	55	27.95	4/27	21.50	2/06	24.47
98	177,237	3,345,359	66	25.25	12/30	9.50	1/21	17.20
97	107,159	2,642,731	43	33.50	4/23	8.50	11/21	22.34
96	506,863	19,982,280	174	48.50	7/12	28.60	12/18	37.29

表6-28c 豐藝近4季與近5年的EPS

獲利能力（106年第3季）		最新4季每股盈餘		最新5年每股盈餘	
營業毛利率	8.78%	106第3季	0.73元	105年	2.50元
營業利益率	3.83%	106第2季	0.51元	104年	3.22元
稅前淨利率	3.60%	106第1季	0.11元	103年	3.48元
資產報酬率	1.88%	105第4季	0.83元	102年	3.23元
股東權益報酬率	4.02%	每股淨值	19.01元	101年	2.57元

近4季EPS總和為2.18元

表6-28d 豐藝收租股買前檢查表

民國（年）	最高價（元）（月/日）	最低價（元）（月/日）	收盤均價（元）	淨值（元）	EPS（元）	本益比（P/E）	ROE（%）	現金息（元）	現金殖利率（%）	現金配息率（%）	負債比（%）	董監事持股（%）	外資持股（%）
101	25.40（03/27）	18.00（01/09）	23.19	17.82	2.57	9.02	14.42	2.20	9.49	85.60	52.63	10.78	10.96
102	33.10（12/27）	24.00（01/07）	28.29	18.77	3.23	8.76	17.21	3.00	10.60	92.88	55.73	11.50	12.16
103	41.00（06/17）	32.00（02/10）	35.86	19.28	3.48	10.30	18.05	3.20	8.92	91.95	57.23	11.89	11.57
104	39.60（03/25）	23.45（08/24）	33.04	19.24	3.22	10.26	16.74	3.00	9.08	93.17	53.42	11.97	11.70
105	36.05（07/18）	29.05（01/07）	32.53	18.95	2.50	8.00	14.48	2.20	10.82	86.61	55.13	12.25	11.52
平均						9.27	16.18	2.72	9.78	90.04			
是否符合SOP：						○	○		○	○	◆	▲	▲

②複查買價＝平均P/E×近4季EPS
＝9.27×2.18元＝20.21元

①基準買價＝2.72元×15＝40.8元
買入P/E＝基準買價÷近4季EPS
＝40.8÷2.18元＝18.72
※18.72＞15，不宜

註1：近5年配股記錄：無
註2：106Q3股價淨值比（P/B）=1.47
註3：最近4季（105Q4～106Q3）
　　　EPS=2.18元
註4：106/10/31股價：27.90元
註5：106/10/31適當買價：20.21元

註6：買前最近4季EPS（自填）：
註7：買前基準買價（自填）：
註8：買前複查買價（自填）：
註9：買前適當買價（自填）：
註10：本次買入價（自填）：

㉙ 盛群（6202）

成立：1998/10/01	上市：2004/09/27	產業別：半導體
地址：新竹市科學園區研新二路3號	電話：03-5631999	發言人：李佩縈 （資管中心副總）

主要業務：微控制器IC71.33%、電腦週邊IC28.05%、開發工具及設計0.62%（2016年）。微控制器MCU為主要營收源，產品有煙霧感測器、指紋辨識器及體脂計等，應用於居家安全及工業控制上。

106年Q3：資本額22.62億元，總資產49.82億元。
Q1～Q3累計：EPS 2.87元，Q1～Q3累計：ROE 17.10%

表6-29a 盛群股利政策

（單位：元）

民國（年）	現金股利	盈餘配股	公積配股	股票股利	合計
105	3.50	0.00	0.00	0.00	3.50
104	3.57	0.00	0.00	0.00	3.57
103	3.50	0.00	0.00	0.00	3.50
102	3.30	0.00	0.00	0.00	3.30
101	2.50	0.00	0.00	0.00	2.50
100	2.30	0.00	0.00	0.00	2.30
99	3.16	0.00	0.00	0.00	3.16
98	2.50	0.00	0.00	0.00	2.50
97	2.41	0.04	0.00	0.04	2.45
96	3.00	0.04	0.00	0.04	3.04

表6-29b 盛群年度成交資訊

民國（年）	張數	金額（仟元）	筆數（仟）	最高價	日期	最低價	日期	收盤均價
105	101,560	5,261,769	74	56.40	5/30	46.90	2/15	51.15
104	218,425	11,821,175	145	61.90	1/27	35.50	8/24	51.42
103	613,300	36,312,307	353	71.60	2/21	44.70	10/16	57.15
102	195,867	8,029,380	114	49.90	12/27	29.60	1/02	37.61
101	135,103	4,382,423	69	37.05	3/26	26.10	1/02	31.52
100	152,345	5,783,267	82	45.95	5/19	25.00	12/20	36.61
99	603,650	27,995,037	278	53.10	4/26	36.90	2/06	45.09
98	913,519	33,012,704	389	46.80	12/31	20.50	1/21	34.47
97	510,252	20,022,422	244	57.50	5/07	18.80	11/18	37.07
96	856,014	61,185,631	357	115.00	7/27	39.50	12/18	65.02

表6-29c 盛群近4季與近5年的EPS

獲利能力（106年第3季）		最新4季每股盈餘		最新5年每股盈餘	
營業毛利率	47.84%	106第3季	1.05元	105年	3.47元
營業利益率	20.36%	106第2季	1.01元	104年	3.57元
稅前淨利率	24.51%	106第1季	0.82元	103年	3.50元
資產報酬率	4.54%	105第4季	0.92元	102年	3.32元
股東權益報酬率	6.47%	每股淨值	16.78元	101年	2.51元

近4季EPS總和為3.8元

表6-29d 盛群收租股買前檢查表

民國（年）	最高價（元）（月/日）	最低價（元）（月/日）	收盤均價（元）	淨值（元）	EPS（元）	本益比（P/E）	ROE（%）	現金息（元）	現金殖利率（%）	現金配息率（%）	負債比（%）	董監事持股（%）	外資持股（%）
101	37.05（03/26）	26.10（01/02）	31.52	16.36	2.51	12.56	15.34	2.50	7.93	99.60	19.40	26.36	10.39
102	49.90（12/27）	29.60（01/02）	37.61	17.52	3.32	11.33	18.95	3.30	8.77	99.40	19.38	25.92	8.21
103	71.60（02/21）	44.70（10/16）	57.15	17.86	3.50	16.33	19.60	3.50	6.12	100.00	19.80	24.17	17.67
104	61.90（01/27）	35.50（08/24）	51.42	17.81	3.57	14.40	20.04	3.57	6.94	100.00	20.10	24.13	16.99
105	56.40（05/30）	46.90（02/15）	51.15	17.53	2.36	21.67	13.46	3.50	6.84	148.31	22.41	22.77	15.03
平均						15.26	17.48	3.27	7.32	109.46			
是否符合SOP：						◆	○		○	○	○	○	○

②複查買價＝平均P/E×近4季EPS
　　　　　＝15×3.8元＝57元
※平均P/E≧15，取15.00計算

①基準買價＝3.27元×15＝49.05元
　買入P/E＝基準買價÷近4季EPS
　　　　　＝49.05元÷3.8元＝12.91
※12.91＜15，OK

註1：近5年配股記錄：無
註2：106Q3股價淨值比（P/B）＝4.16
註3：最近4季（105Q4～106Q3）
　　　EPS＝3.8元
註4：106/10/31股價：69.80元
註5：106/10/31適當買價：49.05元

註6：買前最近4季EPS（自填）：
註7：買前基準買價（自填）：
註8：買前複查買價（自填）：
註9：買前適當買價（自填）：
註10：本次買入價（自填）：

㉚ 居易（6216）

成立：1997/10/14	上市：2004/09/27	產業別：通信網路
地址：新竹縣沛口鄉新竹工業 　　　區復興路26號	電話：03-5972727	發言人：鄭明德 　　　　（執行副總）

主要業務：寬頻路由器80.90%、無線基地臺10.03%、其他9.07%（2016年）。 　　　　　為網通設備製造商，自有品牌（Dray Tek）路由器是主力產品，另 　　　　　有無線基地台及網路交換器等，行銷全球。

106年Q3：資本額8.12億元，總資產15.59億元。 　　　　　Q1～Q3累計：EPS 1.66元，Q1～Q3累計：ROE 9.93%

表6-30a ▶ 居易股利政策

（單位：元）

民國（年）	現金股利	盈餘配股	公積配股	股票股利	合計
105	2.64	0.00	0.00	0.00	2.64
104	2.62	0.00	0.00	0.00	2.62
103	2.12	0.00	0.00	0.00	2.12
102	1.62	0.00	0.00	0.00	1.62
101	1.36	0.00	0.00	0.00	1.36
100	2.24	0.00	0.00	0.00	2.24
99	1.18	0.00	0.00	0.00	1.18
98	1.55	0.00	0.00	0.00	1.55
97	1.60	0.00	0.00	0.00	1.60
96	3.35	0.00	0.00	0.00	3.35

表6-30b ▶ 居易年度成交資訊

民國 （年）	張數	金額（仟元）	筆數（仟）	最高價	日期	最低價	日期	收盤均價
105	61,596	1,824,419	37	32.50	4/07	24.65	1/18	29.03
104	88,275	2,528,189	48	33.60	5/05	23.25	8/24	27.35
103	142,991	4,077,467	71	33.65	4/08	23.60	1/06	28.17
102	73,668	1,580,726	35	25.50	12/25	17.20	1/17	19.77
101	93,239	2,037,436	43	26.35	4/02	15.00	1/13	19.43
100	19,742	369,558	11	22.50	1/06	13.80	8/09	18.31
99	88,673	2,253,661	39	29.60	1/14	21.05	11/24	23.73
98	163,436	3,513,287	67	28.10	12/24	11.85	2/02	19.13
97	80,138	1,993,662	39	32.90	5/19	9.70	11/21	21.52
96	389,276	14,868,525	156	53.70	7/27	22.50	12/21	35.17

表6-30c 居易近4季與近5年的EPS

獲利能力（106年第3季）		最新4季每股盈餘		最新5年每股盈餘	
營業毛利率	51.86%	106第3季	0.49元	105年	3.07元
營業利益率	20.43%	106第2季	0.79元	104年	2.99元
稅前淨利率	22.58%	106第1季	0.40元	103年	2.43元
資產報酬率	2.37%	105第4季	0.70元	102年	2.00元
股東權益報酬率	2.95%	每股淨值	16.72元	101年	1.51元

近4季EPS總和為2.38元

表6-30d 居易收租股買前檢查表

民國（年）	最高價（元）（月/日）	最低價（元）（月/日）	收盤均價（元）	淨值（元）	EPS（元）	本益比（P/E）	ROE（%）	現金息（元）	現金殖利率（%）	現金配息率（%）	負債比（%）	董監事持股（%）	外資持股（%）
101	26.35（04/02）	15.00（01/13）	19.43	14.58	1.51	12.87	10.36	1.36	7.00	90.07	12.69	21.88	0.15
102	25.50（12/25）	17.20（01/17）	19.77	15.45	2.00	9.89	12.95	1.62	8.19	81.00	14.43	22.11	0.06
103	33.65（04/08）	23.60（01/06）	28.17	16.51	2.43	11.59	14.72	2.12	7.53	87.24	15.42	21.61	3.56
104	33.60（05/05）	23.25（08/24）	27.35	17.45	2.99	9.15	17.13	2.62	9.58	87.63	16.39	21.19	3.46
105	32.50（04/07）	24.65（01/18）	29.03	17.59	3.07	9.46	17.45	2.64	9.09	85.99	19.62	21.89	0.10
平均						10.59	14.52	2.07	8.28	86.39			
是否符合SOP：						○	◆		○	○	○	◆	

②複查買價＝平均P/E×近4季EPS
＝10.59×2.38元＝25.2元

①基準買價＝2.07元×15＝31.05元
買入P/E＝基準買價÷近4季EPS
＝31.05元÷2.38元＝13.05
※13.05＜15，OK

註1：近5年配股記錄：無
註2：106Q3股價淨值比（P/B）=1.73
註3：最近4季（105Q4～106Q3）
　　　EPS=2.38元
註4：106/10/31股價：29.00元
註5：106/10/31適當買價：25.2元

註6：買前最近4季EPS（自填）：
註7：買前基準買價（自填）：
註8：買前複查買價（自填）：
註9：買前適當買價（自填）：
註10：本次買入價（自填）：

㉛ 聚鼎（6224）

成立：1997/12/18	上市：2009/09/17	產業別：電子零組件
地址：新竹科學園區工業東四路24-1號	電話：03-5643931	發言人：侯全興（副總）

主要業務：保護元件84.30%、其他15.70%（2016年）。主力產品為可變式熱敏電阻，是台灣高分子聚合物正係數溫度元件的最大廠，應用於手機、PC、NB及LED燈等散熱基板。

106年Q3：資本額8億元，總資產23.22億元。
Q1～Q3累計：EPS 3.07元，Q1～Q3累計：ROE 12.61%

表6-31a 聚鼎股利政策

（單位：元）

民國（年）	現金股利	盈餘配股	公積配股	股票股利	合計
105	4.55	0.00	0.00	0.00	4.55
104	4.30	0.00	0.00	0.00	4.30
103	4.20	0.00	0.00	0.00	4.20
102	4.10	0.00	0.00	0.00	4.10
101	4.10	0.00	0.00	0.00	4.10
100	3.91	0.00	0.00	0.00	3.91
99	3.48	0.00	0.00	0.00	3.48
98	2.49	0.00	0.00	0.00	2.49
97	2.05	0.00	0.00	0.00	2.05
96	2.16	0.25	0.00	0.25	2.41

表6-31b 聚鼎年度成交資訊

民國（年）	張數	金額（仟元）	筆數（仟）	最高價	日期	最低價	日期	收盤均價
105	40,377	2,443,778	32	66.80	2/23	54.80	5/17	59.69
104	44,957	3,142,600	31	81.40	6/03	58.00	8/24	67.62
103	92,269	6,946,796	54	88.00	6/10	61.80	10/16	72.17
102	61,045	3,578,152	39	65.50	12/16	52.30	1/02	57.40
101	116,102	6,547,228	66	64.40	5/04	43.90	1/09	54.50
100	152,456	9,623,792	85	74.90	4/13	40.80	12/13	57.62
99	239,395	15,861,913	127	78.20	5/17	49.65	2/06	64.19
98	105,059	5,462,703	51	65.50	12/31	42.60	11/02	50.22

表6-31c ▶ 聚鼎近4季與近5年的EPS

獲利能力（106年第3季）		最新4季每股盈餘		最新5年每股盈餘	
營業毛利率	48.21%	106第3季	1.20元	105年	5.07元
營業利益率	26.94%	106第2季	1.07元	104年	5.83元
稅前淨利率	28.55%	106第1季	0.80元	103年	5.01元
資產報酬率	3.91%	105第4季	1.14元	102年	4.72元
股東權益報酬率	5.08%	每股淨值	24.35元	101年	4.94元

近4季EPS總和為4.21元

表6-31d ▶ 聚鼎收租股買前檢查表

民國（年）	最高價（元）（月/日）	最低價（元）（月/日）	收盤均價（元）	淨值（元）	EPS（元）	本益比（P/E）	ROE（%）	現息（元）	現金殖利率（%）	現金配息率（%）	負債比（%）	董監事持股（%）	外資持股（%）
101	64.40（05/04）	43.90（01/09）	54.50	22.53	4.94	11.03	21.93	4.10	7.52	83.00	25.78	25.24	9.14
102	65.50（12/16）	52.30（01/02）	57.40	23.19	4.72	12.16	20.35	4.10	7.14	86.86	21.45	30.13	12.75
103	88.00（06/10）	61.80（10/16）	72.17	24.32	5.01	14.41	20.60	4.20	5.82	83.83	19.85	30.89	17.92
104	81.40（06/03）	58.00（08/24）	67.62	25.89	5.83	11.60	22.52	4.30	6.36	73.76	17.66	30.04	20.41
105	66.80（02/23）	54.80（05/17）	59.69	25.98	5.07	11.77	19.52	4.55	7.62	89.74	18.31	29.02	13.59
平均						12.19	20.98	4.25	6.89	83.44			
是否符合SOP：						○	○		○	○	○	○	

②複查買價＝平均P/E×近4季EPS
＝12.19×4.21元＝51.32元

①基準買價＝4.25元×15＝63.75元
買入P/E＝基準買價÷近4季EPS
＝63.75元÷4.21元＝15.14
※15.14 ＞15，不宜

註1：近5年配股記錄：無
註2：106Q3股價淨值比(P/B)=2.28
註3：最近4季（105Q4～106Q3）
　　　EPS=4.21元
註4：106/10/31 股價：55.50元
註5：106/10/31 適當買價：51.32元

註6：買前最近4季 EPS（自填）：
註7：買前基準買價（自填）：
註8：買前複查買價（自填）：
註9：買前適當買價（自填）：
註10：本次買入價（自填）：

㉜ 福興（9924）

成立：1957/11/23	上市：1995/03/15	產業別：其他
地址：高雄市岡山區本洲里育才路88號	電話：07-6225151	發言人：李國偉（財務長）

主要業務：門用相關製品100%（2016年），為全球性門鎖大廠。高雄岡山新廠預計於2018年年底完工，有助產能的提昇。

106年Q3：資本額18.85億元，總資產72.53億元。
Q1～Q3累計：EPS 2.26元，Q1～Q3累計：ROE 8.7%

表6-32a ▶ 福興股利政策

（單位：元）

民國（年）	現金股利	盈餘配股	公積配股	股票股利	合計
105	2.80	0.00	0.00	0.00	2.80
104	2.80	0.00	0.00	0.00	2.80
103	2.00	0.00	0.00	0.00	2.00
102	2.00	0.00	0.00	0.00	2.00
101	1.50	0.00	0.00	0.00	1.50
100	1.20	0.00	0.00	0.00	1.20
99	1.20	0.00	0.00	0.00	1.20
98	1.50	0.00	0.00	0.00	1.50
97	0.70	0.00	0.00	0.00	0.70
96	1.50	0.00	0.00	0.00	1.50

表6-32b ▶ 福興年度成交資訊

民國（年）	張數	金額（仟元）	筆數（仟）	最高價	日期	最低價	日期	收盤均價
105	269,181	12,189,399	165	55.30	7/05	38.45	11/04	43.82
104	395,996	18,191,704	239	59.80	9/03	30.15	1/05	42.38
103	62,504	1,965,017	36	33.65	2/17	27.80	7/18	30.68
102	227,026	7,244,149	114	39.30	7/26	25.50	1/03	29.96
101	132,429	2,758,713	48	26.30	12/25	16.35	1/18	20.96
100	50,020	1,057,793	23	25.80	1/07	16.20	9/26	20.18
99	94,469	1,978,076	33	25.40	12/23	18.05	2/08	20.16
98	123,581	2,130,235	41	20.80	12/30	9.60	3/03	15.65
97	66,964	1,019,846	21	21.75	1/02	8.90	10/27	15.19
96	84,929	2,303,552	33	30.60	7/04	19.30	12/18	26.30

表6-32c ▶ 福興近4季與近5年的EPS

獲利能力（106年第3季）		最新4季每股盈餘		最新5年每股盈餘	
營業毛利率	20.55%	106第3季	0.94元	105年	4.35元
營業利益率	10.05%	106第2季	0.81元	104年	4.22元
稅前淨利率	10.46%	106第1季	0.51元	103年	2.70元
資產報酬率	2.47%	105第4季	1.00元	102年	3.08元
股東權益報酬率	3.70%	每股淨值	25.98元	101年	2.05元

近4季EPS總和為3.26元

表6-32d ▶ 福興收租股買前檢查表

民國（年）	最高價（元）（月/日）	最低價（元）（月/日）	收盤均價（元）	淨值（元）	EPS（元）	本益比（P/E）	ROE（%）	現金息（元）	現金殖利率（%）	現金配息率（%）	負債比（%）	董監事持股（%）	外資持股（%）
101	26.30（12/25）	16.35（01/18）	20.96	22.08	2.05	10.22	9.28	1.50	7.16	73.17	24.65	9.50	7.96
102	39.30（07/26）	25.50（01/03）	29.96	23.26	3.08	9.73	13.24	2.00	6.68	64.94	28.71	9.52	13.01
103	33.65（02/17）	27.80（07/18）	30.68	24.37	2.70	11.36	11.08	2.00	6.52	74.07	31.83	9.46	15.06
104	59.80（09/03）	30.15（01/05）	42.38	26.54	4.22	10.04	15.90	2.80	6.61	66.35	30.31	9.88	14.51
105	55.30（07/05）	38.45（11/04）	43.82	27.24	4.35	10.07	15.97	2.80	6.39	64.37	30.82	9.88	13.52
平均						10.29	13.09	2.22	6.67	68.58			
是否符合SOP：						○	◆		○	◆	○	▲	▲

②複查買價＝平均P/E×近4季EPS
＝10.29×3.26元＝33.55元

①基準買價＝2.22元×15＝33.3元
買入P/E＝基準買價÷近4季EPS
＝33.3元÷3.26元＝10.21
※10.21＜15，OK

註1：近5年配股記錄：無
註2：106Q3股價淨值比（P/B）＝1.48
註3：最近4季（105Q4～106Q3）
　　　EPS＝3.26元
註4：106/10/31股價：38.35元
註5：106/10/31適當買價：33.3元

註6：買前最近4季EPS（自填）：
註7：買前基準買價（自填）：
註8：買前複查買價（自填）：
註9：買前適當買價（自填）：
註10：本次買入價（自填）：

㉝ 新保（9925）

成立：1980/01/21	上市：1995/12/09	產業別：其他
地址：台北市內湖區行愛路 128號	電話：02-77199888	發言人：黃春明（副總經理）

主要業務：電子服務業務40.99%、其他22.17%、常駐服務21.43%、現送服務15.41%（2016年）。台灣第二大保全業者，以智慧生活及健康照護為主軸，搶攻銀髮族商機，也推出「新保寶」居家陪伴機器人。

106年Q3：資本額38.37億元，總資產154.39億元。
Q1～Q3累計：EPS 1.99元，Q1～Q3累計：ROE 7.89%

表6-33a 新保股利政策

（單位：元）

民國（年）	現金股利	盈餘配股	公積配股	股票股利	合計
105	2.00	0.00	0.00	0.00	2.00
104	2.00	0.00	0.00	0.00	2.00
103	1.90	0.00	0.00	0.00	1.90
102	1.80	0.10	0.00	0.10	1.90
101	1.80	0.00	0.00	0.00	1.80
100	1.70	0.00	0.00	0.00	1.70
99	1.70	0.00	0.00	0.00	1.70
98	1.60	0.00	0.00	0.00	1.60
97	1.00	0.00	0.00	0.00	1.00
96	1.80	0.20	0.00	0.20	2.00

表6-33b 新保年度成交資訊

民國（年）	張數	金額（仟元）	筆數（仟）	最高價	日期	最低價	日期	收盤均價
105	63,539	2,521,657	29	42.15	7/22	37.75	1/18	39.91
104	75,913	2,963,043	43	41.70	3/26	32.60	8/24	39.04
103	77,095	3,129,677	43	43.90	2/27	36.50	10/16	40.30
102	75,666	2,755,790	41	38.85	4/26	34.75	1/04	36.38
101	168,513	5,063,521	77	36.75	10/18	26.40	1/10	30.67
100	109,644	2,811,553	40	28.10	7/18	22.70	3/15	25.30
99	103,698	2,381,441	34	24.80	12/30	21.00	2/06	23.02
98	147,204	2,848,752	46	23.30	12/31	13.30	3/06	18.35
97	104,992	2,669,313	38	32.00	5/08	11.80	11/24	24.41
96	78,817	2,456,040	28	35.70	8/31	27.00	12/18	31.26

表6-33c　新保近4季與近5年的EPS

獲利能力（106年第3季）		最新4季每股盈餘		最新5年每股盈餘	
營業毛利率	35.37%	106第3季	0.72元	105年	2.55元
營業利益率	12.85%	106第2季	0.82元	104年	2.81元
稅前淨利率	19.61%	106第1季	0.44元	103年	2.71元
資產報酬率	2.04%	105第4季	0.44元	102年	2.71元
股東權益報酬率	2.95%	每股淨值	25.22元	101年	2.56元

近4季EPS總和為2.42元

表6-33d　新保收租股買前檢查表

民國（年）	最高價（元）（月/日）	最低價（元）（月/日）	收盤均價（元）	淨值（元）	EPS（元）	本益比（P/E）	ROE（%）	現金息（元）	現金殖利率（%）	現金配息率（%）	負債比（%）	董監事持股（%）	外資持股（%）
101	36.75（10/18）	26.40（01/10）	30.67	17.25	2.56	11.98	14.84	1.80	5.87	70.31	41.98	20.87	18.49
102	38.85（04/26）	34.75（01/04）	36.38	22.60	2.71	13.42	11.99	1.80	4.95	66.42	38.88	24.71	18.87
103	43.90（02/27）	36.50（10/16）	40.30	23.16	2.71	14.87	11.70	1.90	4.71	70.11	38.36	23.67	18.41
104	41.70（03/26）	32.60（08/24）	39.04	23.04	2.81	13.89	12.20	2.00	5.12	71.17	36.05	23.48	20.42
105	42.15（07/22）	37.75（01/18）	39.91	24.71	2.55	15.65	10.32	2.00	5.01	78.43	30.90	21.93	21.45
平均						13.96	12.21	1.90	5.13	71.29			
是否符合SOP：						○	◆		X	○	○	○	○

②複查買價＝平均P/E×近4季EPS
　　　　＝13.96×2.42元=33.78元

①基準買價=1.90元×15=28.50元
買入P/E=基準買價÷近4季EPS
　　　　=28.5元÷2.42元=11.8
※11.8＜15，OK

註1：近5年配股記錄：102年配股0.1元
註2：106Q3股價淨值比（P/B）=1.54
註3：最近4季（105Q4～106Q3）
　　　EPS=2.42元
註4：106/10/31股價：38.75元
註5：106/10/31適當買價：28.50元

註6：買前最近4季EPS（自填）：
註7：買前基準買價（自填）：
註8：買前複查買價（自填）：
註9：買前適當買價（自填）：
註10：本次買入價（自填）：

㉞ 泰銘（9927）

成立：1983/02/19	上市：1999/03/12	產業別：其他
地址：高雄市大寮區大發工業區莒光三街6號	電話：07-7872278	發言人：李茂生（總經理）

主要業務：鉛錠、鉛合金錠93.01%、黃、紅丹5.37%、其他1.62%（2016年）。亞洲最大鉛合金提煉廠，產品主要用於汽機車的鉛酸蓄電池，也是台灣最大的廢鉛蓄電池處理廠，兼營廢鉛蓄電池處理業務。

106年Q3：資本額20.91億元，總資產67.1億元。
Q1～Q3累計：EPS 3.30元，Q1～Q3累計：ROE 13.89%

表6-34a 泰銘股利政策

（單位：元）

民國（年）	現金股利	盈餘配股	公積配股	股票股利	合計
105	2.50	0.00	0.00	0.00	2.50
104	2.00	0.00	0.00	0.00	2.00
103	2.50	0.00	0.00	0.00	2.50
102	2.00	0.00	0.00	0.00	2.00
101	2.20	0.25	0.00	0.25	2.45
100	1.60	0.00	0.00	0.00	1.60
99	2.30	0.00	0.00	0.00	2.30
98	3.50	0.50	0.00	0.50	4.00
97	0.00	0.00	0.00	0.00	0.00
96	6.60	0.47	0.00	0.47	7.07

表6-34b 泰銘年度成交資訊

民國（年）	張數	金額（仟元）	筆數（仟）	最高價	日期	最低價	日期	收盤均價
105	54,775	1,781,421	30	37.90	12/13	26.50	1/12	31.01
104	67,961	2,382,354	39	42.00	5/04	26.40	8/25	33.93
103	91,354	3,370,024	48	42.10	8/01	32.80	10/16	35.44
102	89,294	3,095,767	47	39.65	7/26	30.10	3/20	33.65
101	43,047	1,239,913	24	32.60	9/18	24.75	6/15	28.24
100	178,507	6,855,225	107	43.70	4/11	26.75	12/20	35.84
99	277,900	11,841,375	131	50.90	1/07	33.00	9/02	40.30
98	428,631	15,665,632	168	50.00	10/19	13.20	1/16	32.36
97	358,413	17,224,735	172	67.50	1/10	11.90	11/21	40.33
96	718,114	38,420,989	248	85.00	10/05	26.50	2/06	48.07

表6-34c ▶ 泰銘近4季與近5年的EPS

獲利能力（106年第3季）		最新4季每股盈餘		最新5年每股盈餘	
營業毛利率	12.30%	106第3季	1.22元	105年	3.80元
營業利益率	10.13%	106第2季	0.88元	104年	2.40元
稅前淨利率	11.00%	106第1季	1.21元	103年	3.56元
資產報酬率	3.83%	105第4季	1.36元	102年	3.40元
股東權益報酬率	5.27%	每股淨值	23.75元	101年	2.74元

近4季EPS總和為4.67元

表6-34d ▶ 泰銘收租股買前檢查表

民國（年）	最高價（元）（月/日）	最低價（元）（月/日）	收盤均價（元）	淨值（元）	EPS（元）	本益比（P/E）	ROE（%）	現金息（元）	現金殖利率（%）	現金配息率（%）	負債比（%）	董監事持股（%）	外資持股（%）
101	32.60（09/18）	24.75（06/15）	28.24	19.59	2.74	10.31	13.99	2.20	7.79	80.29	35.56	24.55	18.39
102	39.65（07/26）	30.10（03/20）	33.65	20.22	3.40	9.90	16.82	2.00	5.94	58.82	36.45	24.92	17.76
103	42.10（08/01）	32.80（10/16）	35.44	22.13	3.56	9.96	16.09	2.50	7.05	70.22	30.60	25.01	17.52
104	42.00（05/04）	26.40（08/25）	33.93	22.02	2.40	14.14	10.90	2.00	5.89	83.33	30.32	26.22	18.60
105	37.90（12/13）	26.50（01/12）	31.01	23.29	3.80	8.16	16.32	2.5	8.06	65.79	21.04	27.30	17.65
平均						10.49	14.82	2.24	6.95	71.69			
是否符合SOP：						○	◆		○	○	○	○	○

②複查買價＝平均P/E×近4季EPS
＝10.49×4.67元＝48.99元

①基準買價＝2.24元×15＝33.6元
買入P/E＝基準買價÷近4季EPS
＝33.6元÷4.67元＝7.19
※7.19＜15，OK

註1：近5年配股記錄：101年配股0.25元
註2：106Q3股價淨值比（P/B）＝1.62
註3：最近4季（105Q4～106Q3）
　　　EPS＝4.67元
註4：106/10/31股價：38.55元
註5：106/10/31適當買價：33.6元

註6：買前最近4季EPS（自填）：
註7：買前基準買價（自填）：
註8：買前複查買價（自填）：
註9：買前適當買價（自填）：

註10：本次買入價（自填）：

㉟ 中聯資（9930）

成立：1991/05/25	上市：1999/11/22	產業別：其他
地址：高雄市前鎮區成功二路 　　　88號22F	電話：07-3368377	發言人：金崇仁 　　　　（副總）

主要業務：資源再生處理43.74%、高爐石粉36.51%、資源再生生產6.16%、
　　　　　特殊用途材料4.44%、其他3.48%、高爐水泥3.36%等（2016年）。
　　　　　屬中鋼集團，是爐石粉及高爐水泥生產的龍頭，並承接中鋼廢棄物
　　　　　處理業務，為寡占經營事業。

106年Q3： 資本額22.59億元，總資產72.42億元。
　　　　　　Q1～Q3累計：EPS 2.41元，Q1～Q3累計：ROE 13.29%

表6-35a 中聯資股利政策

（單位：元）

民國（年）	現金股利	盈餘配股	公積配股	股票股利	合計
105	2.80	0.00	0.00	0.00	2.80
104	3.50	0.00	0.00	0.00	3.50
103	4.20	0.00	0.00	0.00	4.20
102	3.30	0.00	0.00	0.00	3.30
101	2.80	0.00	0.00	0.00	2.80
100	3.00	0.00	0.00	0.00	3.00
99	2.50	0.00	0.00	0.00	2.50
98	2.80	0.00	0.00	0.00	2.80
97	2.70	0.00	0.00	0.00	2.70
96	2.40	0.30	0.00	0.30	2.70

表6-35b 中聯資年度成交資訊

民國 （年）	張數	金額（仟元）	筆數 （仟）	最高價	日期	最低價	日期	收盤均價
105	15,894	908,671	12	65.00	3/30	51.00	11/28	56.96
104	22,692	1,582,270	18	83.90	5/05	50.70	8/24	69.15
103	25,784	1,790,445	20	75.00	7/09	60.70	1/02	70.13
102	34,458	1,893,111	25	62.90	11/11	48.70	1/08	54.88
101	41,986	1,896,323	27	49.60	7/02	39.30	1/18	45.62
100	55,786	2,273,783	31	45.30	5/11	35.65	1/03	40.15
99	43,248	1,657,262	25	42.45	1/05	33.15	11/30	37.89
98	101,416	4,054,172	50	44.10	6/08	30.55	1/05	39.98
97	146,360	6,142,563	75	56.20	6/10	24.95	10/28	38.50
96	151,087	5,681,534	63	45.25	4/26	28.70	1/03	34.25

表6-35c 中聯資近4季與近5年的EPS

獲利能力（106年第3季）		最新4季每股盈餘		最新5年每股盈餘	
營業毛利率	19.62%	106第3季	0.98元	105年	2.71元
營業利益率	13.53%	106第2季	0.66元	104年	3.99元
稅前淨利率	14.91%	106第1季	0.77元	103年	4.57元
資產報酬率	3.32%	105第4季	0.70元	102年	3.92元
股東權益報酬率	5.64%	每股淨值	18.13元	101年	2.96元

近4季EPS總和為3.11元

表6-35d 中聯資收租股買前檢查表

民國（年）	最高價（元）（月/日）	最低價（元）（月/日）	收盤均價（元）	淨值（元）	EPS（元）	本益比（P/E）	ROE（%）	現金息（元）	現金殖利率（%）	現金配息率（%）	負債比（%）	董監事持股（%）	外資持股（%）
101	49.60（07/02）	39.30（01/18）	45.62	17.66	2.96	15.41	16.76	2.80	6.14	94.59	24.61	70.44	1.81
102	62.90（11/11）	48.70（01/08）	54.88	18.85	3.92	14.00	20.80	3.30	6.01	84.18	28.41	70.41	1.96
103	75.00（07/09）	60.70（01/02）	70.13	20.17	4.57	15.35	22.66	4.20	5.99	91.90	27.20	70.43	1.72
104	83.90（05/05）	50.70（08/24）	69.15	19.31	3.99	17.33	20.66	3.50	5.06	87.72	35.83	70.56	2.12
105	65.00（03/30）	51.00（11/28）	56.96	18.67	2.71	21.02	14.52	2.80	4.92	103.32	38.27	70.48	1.98
平均						16.62	19.08	3.32	5.62	92.34			
是否符合SOP：						▲	○		▲	○	○	○	

②複查買價＝平均P/E×近4季EPS
　　　　　＝15×3.11元＝46.65元
※平均P/E≧15，取15.00計算

①基準買價＝3.32元×15＝49.8元
買入P/E＝基準買價÷近4季EPS
　　　　＝49.8元÷3.11元＝16.01
※16.01＞15，不宜

註1：近5年配股記錄：無
註2：106Q3股價淨值比（P/B）＝3.01
註3：最近4季（105Q4～106Q3）
　　　EPS＝3.11元
註4：106/10/31股價：54.60元
註5：106/10/31適當買價：46.65元

註6：買前最近4季EPS（自填）：
註7：買前基準買價（自填）：
註8：買前複查買價（自填）：
註9：買前適當買價（自填）：
註10：本次買入價（自填）：

㊱ 祺驊（1593）

成立：1997/03/15	上櫃：2012/06/13	產業別：生技醫療
地址：新竹縣湖口鄉德興路231號	電話：03-6992860	發言人：楊智誠（專案經理）

主要業務：健身器材產品91.68%、其他8.32%（2016年）。以商用健身器材為主，全球十大健身器材公司多為其客戶，2017年投資國內的Cyrves女性健身中心，持股35%。

106年Q3：資本額3.05億元，總資產億元。
Q1～Q3累計：EPS 2.6元，Q1～Q3累計：ROE 10.31%

表6-36a 祺驊股利政策

（單位：元）

民國（年）	現金股利	盈餘配股	公積配股	股票股利	合計
105	3.00	0.00	0.00	0.00	3.00
104	3.00	0.00	0.00	0.00	3.00
103	2.10	0.00	0.00	0.00	2.10
102	2.20	0.60	0.00	0.60	2.80
101	1.00	0.60	0.00	0.60	1.60
100	1.80	0.00	0.00	0.00	1.80
99	2.00	0.00	0.00	0.00	2.00

表6-36b 祺驊年度成交資訊

民國（年）	張數	金額（仟元）	筆數（仟）	最高價	日期	最低價	日期	收盤均價
105	4,950	196,341	3	43.50	03/22	36.00	01/14	39.67
104	24,976	1,185,914	15	55.40	04/29	35.00	08/25	47.48
103	57,584	2,663,147	35	57.20	03/19	30.10	02/05	46.25
102	10,421	294,475	7	32.10	06/20	24.75	02/05	28.26
101	27,222	811,251	16	34.40	06/22	22.40	10/30	29.80

表6-36c 祺驊近4季與近5年的EPS

獲利能力（106年第3季）		最新4季每股盈餘		最新5年每股盈餘	
營業毛利率	32.80%	106第3季	1.45元	105年	3.30元
營業利益率	19.75%	106第2季	0.84元	104年	3.21元
稅前淨利率	21.15%	106第1季	0.31元	103年	2.30元
資產報酬率	4.30%	105第4季	1.00元	102年	1.83元
股東權益報酬率	5.92%	每股淨值	25.23元	101年	1.77元

近4季EPS總和為3.6元

表6-36d 祺驊收租股買前檢查表

民國（年）	最高價（元）（月/日）	最低價（元）（月/日）	收盤均價（元）	淨值（元）	EPS（元）	本益比（P/E）	ROE（%）	現金息（元）	現金殖利率（%）	現金配息率（%）	負債比（%）	董監事持股（%）	外資持股（%）
101	34.40（06/22）	22.40（10/30）	29.80	26.07	1.77	16.84	6.79	3.00	10.07	169.49	26.28	27.04	0.41
102	32.10（06/20）	24.75（02/05）	28.26	25.40	1.83	15.44	7.20	3.00	10.62	163.93	24.27	26.87	0.41
103	57.20（03/19）	30.10（02/05）	46.25	24.77	2.30	20.11	9.29	2.10	4.54	91.30	24.64	19.02	0.78
104	55.40（04/29）	35.00（08/25）	47.48	26.68	3.21	14.79	12.03	3.00	6.32	93.46	21.83	19.12	2.79
105	43.50（03/22）	36.00（01/14）	39.67	26.12	3.30	12.02	12.63	3.00	7.56	90.90	21.93	18.91	3.30
平均						15.84	9.59	2.82	7.82	121.82			
是否符合SOP：						◆	X		○	○	○	▲	▲

②複查買價＝平均P/E×近4季EPS
＝15×3.6元＝54元
※平均P/E≧15，取15.00計算

①基準買價＝2.82元×15＝42.3元
買入P/E＝基準買價÷近4季EPS
＝42.3元÷3.6元＝11.75
※11.75＜15，OK

註1：配股記錄：101及102年配股0.6元
註2：106Q3股價淨值比（P/B）＝1.68
註3：最近4季（105Q4～106Q3）
　　　EPS＝3.6元
註4：106/10/31股價：42.40元
註5：106/10/31適當買價：42.3元

註6：買前最近4季EPS（自填）：
註7：買前基準買價（自填）：
註8：買前複查買價（自填）：
註9：買前適當買價（自填）：
註10：本次買入價（自填）：

㊲ 艾訊（3088）

成立：1990/05/11	上櫃：2005/04/28	產業別：電腦及週邊設備
地址：新北市汐止區南興路55號8樓	電話：02-86462111	發言人：謝宜玲（資深經理）

主要業務：嵌入式板卡暨系統產品51.95%、設計及製造服務產品22.74%、乙太網路產品20.21%等（2016年）。Q2處分子公司（益網）使EPS爆增至9.66元，但少了益網營收，營收下滑。新無風扇嵌入式電腦系統，可望增加營收獲利。

106年Q3：資本額7.93億元，總資產35.44億元。 Q1～Q3累計：EPS 11.17元，Q1～Q3累計：ROE 37.94%

表6-37a ▶ 艾訊股利政策

（單位：元）

民國（年）	現金股利	盈餘配股	公積配股	股票股利	合計
105	3.65	0.00	0.00	0.00	3.65
104	4.30	0.00	0.00	0.00	4.30
103	3.99	0.00	0.00	0.00	3.99
102	2.67	0.00	0.00	0.00	2.67
101	1.96	0.00	0.00	0.00	1.96
100	1.50	0.00	0.00	0.00	1.50
99	2.20	0.00	0.00	0.00	2.20
98	1.30	0.00	0.00	0.00	1.30
97	1.80	0.20	0.00	0.20	2.00
96	3.08	0.20	0.00	0.20	3.28

表6-37b ▶ 艾訊年度成交資訊

民國（年）	張數	金額（仟元）	筆數（仟）	最高價	日期	最低價	日期	收盤均價
105	62,455	4,194,134	45	79.60	03/01	51.50	11/09	67.15
104	85,134	5,973,925	63	81.30	04/23	45.00	08/03	70.17
103	248,608	17,174,461	162	82.60	09/02	50.80	02/05	69.08
102	233,180	9,430,894	121	57.50	12/23	24.60	01/17	40.44
101	37,354	861,455	17	27.40	12/28	18.90	08/09	23.06
100	105,001	3,433,065	50	43.20	03/07	18.50	12/09	32.70
99	122,972	3,662,466	52	38.50	12/28	23.65	05/25	29.78
98	149,181	3,843,637	65	32.35	12/17	15.55	01/21	25.77
97	78,327	2,922,678	47	52.00	04/10	14.10	11/20	33.37
96	359,085	23,554,096	178	93.00	07/27	39.20	12/18	60.34

表6-37c 艾訊近4季與近5年的EPS

獲利能力（106年第3季）		最新4季每股盈餘		最新5年每股盈餘	
營業毛利率	32.73%	106第3季	1.16元	105年	4.56元
營業利益率	10.58%	106第2季	9.66元	104年	5.38元
稅前淨利率	10.79%	106第1季	0.35元	103年	4.75元
資產報酬率	2.58%	105第4季	1.09元	102年	3.47元
股東權益報酬率	4.00%	每股淨值	29.52元	101年	2.31元

近4季EPS總和為12.26元

表6-37d 艾訊收租股買前檢查表

民國（年）	最高價（元）（月/日）	最低價（元）（月/日）	收盤均價（元）	淨值（元）	EPS（元）	本益比（P/E）	ROE（%）	現金息（元）	現金殖利率（%）	現金配息率（%）	負債比（%）	董監事持股（%）	外資持股（%）
101	27.40（12/28）	18.90（08/09）	23.06	16.42	2.31	9.98	14.07	1.96	8.50	84.85	33.51	34.25	0.94
102	57.50（12/23）	24.60（01/17）	40.44	17.58	3.47	11.65	19.74	2.67	6.60	76.95	35.94	32.87	1.67
103	82.60（09/02）	50.80（02/05）	69.08	19.93	4.75	14.54	23.83	3.99	5.78	84.00	38.35	30.86	10.45
104	81.30（04/23）	45.00（08/03）	70.17	21.42	5.38	13.04	25.12	4.30	6.13	79.93	41.88	31.00	21.11
105	79.60（03/01）	51.50（11/09）	67.15	22.08	4.56	14.73	20.65	3.65	5.44	80.04	46.69	29.34	23.07
平均						12.79	20.68	3.31	6.49	81.15			
是否符合SOP：						○	○		◆	○	○	○	○

②複查買價=平均P/E×近4季EPS
=12.79×12.26元=156.81元

①基準買價=3.31元×15=49.65元
買入P/E=基準買價÷近4季EPS
=49.65元÷12.26元=4.05
※4.05＜15，OK

註1：配股記錄：無
註2：106Q3 股價淨值比（P/B）=1.75
註3：最近 4 季（105Q4～106Q3）
　　　EPS=12.26 元
註4：106/10/31 股價：51.60 元
註5：106/10/31 適當買價：49.65 元

註6：買前最近 4 季 EPS（自填）：
註7：買前基準買價（自填）：
註8：買前複查買價（自填）：
註9：買前適當買價（自填）：
註10：本次買入價（自填）：

㉘ 帛漢（3299）

成立：1992/01/11	上櫃：2005/07/29	產業別：通信網路
地址：台南市安南區工業三路 58號	電話：02-3840155	發言人：廖麗美（財務經理）

主要業務：濾波器（MCF）97.18%、其他2.82%（2016年）。全球乙太網路濾波變壓器大廠，網通及遊戲機產品是營收主力。

106年Q3：資本額6.1億元，總資產32.57億元。
Q1～Q3累計：EPS 3.92元，Q1～Q3累計：ROE 14.55%

表6-38a 帛漢股利政策

（單位：元）

民國（年）	現金股利	盈餘配股	公積配股	股票股利	合計
105	5.11	0.00	0.00	0.00	5.11
104	4.84	0.00	0.00	0.00	4.84
103	4.50	0.00	0.00	0.00	4.50
102	2.80	0.00	0.00	0.00	2.80
101	2.30	0.00	0.00	0.00	2.30
100	3.49	0.00	0.00	0.00	3.49
99	3.00	0.00	0.00	0.00	3.00
98	1.97	0.00	0.00	0.00	1.97
97	0.45	0.50	0.00	0.50	0.95
96	1.30	0.00	0.00	0.00	1.30

表6-38b 帛漢年度成交資訊

民國（年）	張數	金額（仟元）	筆數（仟）	最高價	日期	最低價	日期	收盤均價
105	136,440	7,404,743	88	64.20	03/15	44.40	01/12	54.27
104	117,197	6,280,420	73	61.00	06/03	39.30	08/25	53.59
103	284,807	13,814,236	160	63.50	09/11	30.00	01/02	48.50
102	43,063	1,278,259	23	33.00	02/27	25.60	07/30	29.68
101	73,661	2,587,137	40	41.05	03/23	25.50	11/16	35.12
100	99,448	3,760,387	52	44.70	06/08	24.45	11/24	37.81
99	290,735	11,547,460	134	47.10	04/22	25.60	02/06	39.72
98	57,777	1,430,233	25	30.75	12/31	9.90	01/12	24.75
97	13,720	244,367	6	22.35	04/16	10.40	12/31	16.67
96	97,522	2,907,646	40	36.85	07/25	19.35	12/26	28.67

表6-38c 帛漢近4季與近5年的EPS

獲利能力（106年第3季）		最新4季每股盈餘		最新5年每股盈餘	
營業毛利率	39.17%	106第3季	1.28元	105年	5.46元
營業利益率	18.86%	106第2季	1.41元	104年	5.75元
稅前淨利率	20.11%	106第1季	1.24元	103年	4.71元
資產報酬率	3.23%	105第4季	1.67元	102年	3.08元
股東權益報酬率	5.66%	每股淨值：	26.99元	101年	2.58元

近4季EPS總和為5.6元

表6-38d 帛漢收租股買前檢查表

民國（年）	最高價（元）（月/日）	最低價（元）（月/日）	收盤均價（元）	淨值（元）	EPS（元）	本益比（P/E）	ROE（%）	現金息（元）	現金殖利率（%）	現金配息率（%）	負債比（%）	董監事持股（%）	外資持股（%）
101	41.05（03/23）	25.50（11/16）	35.12	22.32	2.58	13.61	11.56	2.30	6.55	89.15	47.07	17.94	0.82
102	33.00（02/27）	25.60（07/30）	29.68	24.29	3.08	9.64	12.68	2.80	9.43	90.91	51.03	17.96	0.36
103	63.50（09/11）	30.00（01/02）	48.50	27.24	4.71	10.30	17.29	4.50	9.28	95.54	48.80	19.74	0.83
104	61.00（06/03）	39.30（08/25）	53.59	28.89	5.75	9.32	19.90	4.84	9.03	84.17	41.75	13.34	0.68
105	64.20（03/15）	44.40（01/12）	54.27	28.10	5.46	9.94	19.43	5.11	9.42	93.59	41.17	9.39	4.65
平均						10.56	16.17	3.91	8.74	90.67			
是否符合SOP：					○	○	○		○	○	○	X	X

②複查買價=平均P/E×近4季EPS
=10.56×5.6元=59.14元

①基準買價=3.91元×15=58.65元
買入P/E=基準買價÷近4季EPS
=58.65元÷5.6元=10.47
※10.47<15，OK

註1：配股記錄：無
註2：106Q3 股價淨值比（P/B）=2.53
註3：最近 4 季（105Q4 ~ 106Q3）
　　　EPS=5.6 元
註4：106/10/31 股價：68.40 元
註5：106/10/31 適當買價：58.65 元

註6：買前最近 4 季 EPS（自填）：
註7：買前基準買價（自填）：
註8：買前複查買價（自填）：
註9：買前適當買價（自填）：
註10：本次買入價（自填）：

㉟ 崇越電（3388）

成立：1994/02/05	上櫃：2006/02/22	產業別：電子零組件
地址：台北市大安區市民大道 　　　四段102號14F	電話：02-27517878	發言人：吳坤明 　　　　（財務長）

主要業務： 各式材料及其他貿易產品100%（2016年）。為日本信越公司
　　　　　　Silicone（矽氧樹脂）代理商，並代理瑞士SIKA（建築）填縫劑及防
　　　　　　水劑等，中國大陸是主要市場，也積極開發東協市場。

106年Q3： 資本額6.41億元，總資產43.58億元。
　　　　　Q1～Q3累計：EPS 4.23元，Q1～Q3累計：ROE 9.27%

表6-39a 崇越電股利政策

（單位：元）

民國（年）	現金股利	盈餘配股	公積配股	股票股利	合計
105	4.00	0.00	0.00	0.00	4.00
104	4.00	0.00	0.00	0.00	4.00
103	5.00	0.00	0.00	0.00	5.00
102	5.00	0.00	0.00	0.00	5.00
101	5.00	0.00	0.00	0.00	5.00
100	6.00	0.00	0.00	0.00	6.00
99	6.00	0.00	0.00	0.00	6.00
98	4.20	0.00	0.00	0.00	4.20
97	3.00	0.00	0.00	0.00	3.00
96	3.00	2.00	0.00	2.00	5.00

表6-39b 崇越電年度成交資訊

民國（年）	張數	金額（仟元）	筆數（仟）	最高價	日期	最低價	日期	收盤均價
105	9,313	555,614	7	65.90	03/02	55.40	07/07	59.66
104	10,724	721,030	8	72.50	04/17	55.80	08/24	67.24
103	18,843	1,402,041	14	81.60	03/07	66.00	10/16	74.41
102	19,530	1,327,038	14	74.50	10/16	60.30	01/25	67.95
101	30,918	2,153,152	23	80.00	03/21	58.10	11/05	69.64
100	66,689	5,582,212	46	99.90	03/07	57.00	12/20	83.71
99	54,984	4,129,225	35	87.00	04/22	61.60	02/06	75.10
98	86,415	4,803,251	54	74.70	10/20	32.85	01/21	55.58
97	63,115	6,907,310	46	154.50	03/04	35.00	12/25	102.19
96	162,574	28,258,633	103	244.00	08/10	116.00	01/03	166.55

表6-39c 崇越電近4季與近5年的EPS

獲利能力（106年第3季）		最新4季每股盈餘		最新5年每股盈餘	
營業毛利率	17.82%	106第3季	1.80元	105年	4.68元
營業利益率	7.05%	106第2季	1.21元	104年	4.68元
稅前淨利率	7.22%	106第1季	1.22元	103年	5.14元
資產報酬率	2.67%	105第4季	1.07元	102年	5.42元
股東權益報酬率	3.93%	每股淨值	45.63元	101年	5.48元

近4季EPS總和為5.3元

表6-39d 崇越電收租股買前檢查表

民國（年）	最高價（元）（月/日）	最低價（元）（月/日）	收盤均價（元）	淨值（元）	EPS（元）	本益比（P/E）	ROE（%）	現金息（元）	現金殖利率（%）	現金配息率（%）	負債比（%）	董監事持股（%）	外資持股（%）
101	80.00（03/21）	58.10（11/05）	69.64	44.93	5.48	12.71	12.20	5.00	7.18	91.24	15.41	38.43	6.04
102	74.50（10/16）	60.30（01/25）	67.95	46.65	5.42	12.54	11.62	5.00	7.36	92.25	27.94	38.38	7.24
103	81.60（03/07）	66.00（10/16）	74.41	47.03	5.14	14.48	10.93	5.00	6.72	97.28	28.09	38.25	7.22
104	72.50（04/17）	55.80（08/24）	67.24	47.06	4.68	14.37	9.94	5.00	5.95	85.47	28.30	37.24	5.42
105	65.90（03/02）	55.40（07/07）	59.66	45.81	4.68	12.75	10.22	4.00	6.70	85.47	30.85	36.78	5.17
平均						13.37	10.98	4.60	6.78	90.34			
是否符合SOP：						○	▲		○	○	○	○	○

②複查買價＝平均P/E×近4季EPS
　　　　　＝13.37×5.3元＝70.86元

①基準買價＝4.6元×15＝69.00元
買入P/E＝基準買價÷近4季EPS
　　　　＝69.00元÷5.3元＝13.02
※13.02＜15，OK

註1：配股記錄：無
註2：106Q3 股價淨值比（P/B）＝1.48
註3：最近 4 季（105Q4～106Q3）
　　　EPS＝5.3 元
註4：106/10/31 股價：67.70 元
註5：106/10/31 適當買價：69 元

註6：買前最近 4 季 EPS（自填）：
註7：買前基準買價（自填）：
註8：買前複查買價（自填）：
註9：買前適當買價（自填）：
註10：本次買入價（自填）：

⑳ 安勤（3479）

成立：2000/07/19	上櫃：2010/06/08	產業別：電腦及週邊設備
地址：新北市中和區連城路 228號7樓	電話：02-82262345	發言人：陳宛寧 （資深行銷經理）

主要業務：工業用電腦60.15%、嵌入式系統電腦34.77%、其他5.07%（2016年）。業務重心為醫療、博奕及POS等，仁寶為股東之一，共同開發新產品搶商機。

106年Q3：資本額6.93億元，總資產33.94億元。
Q1～Q3累計：EPS 2.36元，Q1～Q3累計：ROE 8.4%

表6-40a ▶ 安勤股利政策

（單位：元）

民國（年）	現金股利	盈餘配股	公積配股	股票股利	合計
105	3.60	0.00	0.00	0.00	3.60
104	3.55	0.00	0.00	0.00	3.55
103	2.80	0.00	0.00	0.00	2.80
102	3.00	0.00	0.00	0.00	3.00
101	3.44	0.00	0.00	0.00	3.44
100	2.31	0.00	0.00	0.00	2.31
99	2.80	0.00	0.00	0.00	2.80
98	1.96	0.09	0.00	0.09	2.05
97	1.50	0.50	0.00	0.50	2.00
96	2.50	0.55	0.00	0.55	3.05

表6-40b ▶ 安勤年度成交資訊

民國 （年）	張數	金額（仟元）	筆數（仟）	最高價	日期	最低價	日期	收盤均價
105	297,711	21,451,211	213	91.30	03/07	53.90	01/07	72.05
104	67,995	1,623,171	35	33.15	01/30	12.30	08/25	23.87
103	178,323	7,189,677	93	48.30	07/29	27.35	10/27	40.32
102	170,214	7,499,727	90	52.40	06/04	34.85	12/16	44.06
101	155,979	6,063,601	78	45.90	09/04	28.35	01/02	38.87
100	270,707	10,938,308	100	50.70	06/08	24.40	12/13	40.41
99	160,628	5,696,469	61	40.05	09/15	27.50	02/02	35.46

表6-40c 安勤近4季與近5年的EPS

獲利能力（106年第3季）		最新4季每股盈餘		最新5年每股盈餘	
營業毛利率	28.10%	106第3季	1.37元	105年	4.74元
營業利益率	11.27%	106第2季	0.58元	104年	4.35元
稅前淨利率	11.64%	106第1季	0.41元	103年	3.50元
資產報酬率	3.13%	105第4季	0.65元	102年	3.65元
股東權益報酬率	4.96%	每股淨值	28.1元	101年	4.88元

近4季EPS總和為3.01元

表6-40d 安勤收租股買前檢查表

民國（年）	最高價（元）（月/日）	最低價（元）（月/日）	收盤均價（元）	淨值（元）	EPS（元）	本益比（P/E）	ROE（%）	現金息（元）	現金殖利率（%）	現金配息率（%）	負債比（%）	重監事持股（%）	外資持股（%）
101	42.90（12/28）	23.20（01/10）	35.02	23.40	4.88	7.18	20.85	3.44	9.82	70.49	40.44	28.39	0.77
102	49.20（08/23）	39.75（01/28）	44.50	24.47	3.65	12.19	14.92	3.00	6.74	82.19	25.78	27.74	1.60
103	57.10（03/07）	41.50（09/26）	49.03	27.54	3.50	14.01	12.71	2.80	5.71	80.00	25.12	24.41	1.44
104	79.80（12/07）	31.15（08/25）	57.60	29.22	4.35	13.24	14.89	3.55	6.16	81.61	28.61	39.46	3.67
105	91.30（03/07）	53.90（01/07）	72.05	29.42	4.74	15.20	16.11	3.60	5.00	75.95	31.02	28.63	5.07
平均						12.36	15.90	3.28	6.69	78.05			
是否符合SOP：						○	○	○		○	○	○	○

②複查買價＝平均P/E×近4季EPS
　　　　　＝12.36×3.01元＝37.2元

①基準買價＝3.28元×15＝49.2元
　買入P/E＝基準買價÷近4季EPS
　　　　　＝49.2元÷3.01元＝16.35
※16.35＞15，不宜

註1：配股記錄：無
註2：106Q3 股價淨值比（P/B）＝1.79
註3：最近4季（105Q4～106Q3）EPS＝ 3.01元
註4：106/10/31 股價：50.3 元
註5：106/10/31 適當買價：37.2 元

註6：買前最近 4 季 EPS（自填）：
註7：買前基準買價（自填）：
註8：買前複查買價（自填）：
註9：買前適當買價（自填）：
註10：本次買入價（自填）：

㊶ 聚積（3527）

成立：1999/06/25	上櫃：2007/10/29	產業別：半導體
地址：新竹市埔頂路18號 3F-5,-6	電話：03-5790068	發言人：楊立昌 （董事長）

主要業務：發光二極體驅動積體電路99.26%等（2016年）。全球顯示屏LED驅動IC廠龍頭，以智慧型照明及車用市場為主，並積極搶攻高階的Micro LED產品。

106年Q3：資本額3.48億元，總資產23.42億元。
　　　　　　Q1～Q3累計：EPS 2.76元，Q1～Q3累計：ROE 6.13 %

表6-41a 聚積股利政策

（單位：元）

民國（年）	現金股利	盈餘配股	公積配股	股票股利	合計
105	3.60	0.00	0.00	0.00	3.60
104	3.50	0.00	0.00	0.00	3.50
103	4.50	0.00	0.00	0.00	4.50
102	4.00	0.00	0.00	0.00	4.00
101	7.80	0.00	0.00	0.00	7.80
100	8.30	0.00	0.00	0.00	8.30
99	8.00	0.00	0.00	0.00	8.00
98	5.97	0.00	0.00	0.00	5.97
97	5.98	0.00	0.00	0.00	5.98
96	10.49	1.00	0.00	1.00	11.49

表6-41b 聚積年度成交資訊

民國（年）	張數	金額（仟元）	筆數（仟）	最高價	日期	最低價	日期	收盤均價
105	74,088	4,956,949	55	80.50	08/08	37.85	01/18	66.91
104	46,058	2,902,084	33	92.40	03/25	31.95	08/24	63.01
103	32,371	2,547,155	26	92.00	03/12	56.40	10/16	78.69
102	52,366	4,615,819	41	118.00	03/06	63.50	08/02	88.15
101	129,988	16,219,655	96	145.00	05/09	88.10	01/02	124.78
100	93,036	11,351,213	69	149.50	05/05	86.10	12/19	122.01
99	199,144	28,985,599	130	174.00	10/20	102.50	02/06	145.55
98	275,226	36,839,537	193	197.50	05/25	76.10	01/05	133.85
97	117,801	22,379,796	96	296.00	05/20	63.30	11/18	166.27
96	12,854	3,829,365	9	378.00	10/31	211.50	12/26	281.01

表6-41c ▶ 聚積近4季與近5年的EPS

獲利能力（106年第3季）		最新4季每股盈餘		最新5年每股盈餘	
營業毛利率	29.86%	106第3季	1.52元	105年	6.05元
營業利益率	6.47%	106第2季	0.44元	104年	3.51元
稅前淨利率	7.75%	106第1季	0.85元	103年	5.53元
資產報酬率	2.06%	105第4季	1.04元	102年	4.86元
股東權益報酬率	3.09%	每股淨值	45.01元	101年	9.02元

近4季EPS總和為3.85元

表6-41d ▶ 聚積收租股買前檢查表

民國（年）	最高價（元）（月/日）	最低價（元）（月/日）	收盤均價（元）	淨值（元）	EPS（元）	本益比（P/E）	ROE（%）	現金息（元）	現金殖利率（%）	現金配息率（%）	負債比（%）	董監事持股（%）	外資持股（%）
101	145.00（05/09）	88.10（01/02）	124.78	49.08	9.02	13.83	18.38	7.80	6.25	86.47	27.02	11.30	1.73
102	118.00（03/06）	63.50（08/02）	88.15	45.45	4.86	18.14	10.69	4.00	4.54	82.30	27.09	12.15	7.50
103	92.00（03/12）	56.40（10/16）	78.69	47.20	5.53	14.23	11.72	4.50	5.72	81.37	28.25	13.24	4.55
104	92.40（03/25）	31.95（08/24）	63.01	46.03	3.51	17.95	7.63	3.50	5.55	99.72	21.66	13.25	2.80
105	80.50（08/08）	37.85（01/18）	66.91	47.79	6.05	11.06	12.66	3.60	5.38	59.50	29.08	12.66	2.43
平均						15.04	12.21	4.68	5.49	81.87			
是否符合SOP：						◆	◆		▲	○	○	X	X

②複查買價＝平均P/E×近4季EPS
　　　　　＝15.00×3.85元＝57.75元
※平均P/E≧15，取15.00計算

①基準買價＝4.68元×15＝70.20元
買入P/E＝基準買價÷近4季EPS
　　　　＝70.20元÷3.85元＝18.23
※18.23＞15，不宜

註1：配股記錄：無
註2：106Q3 股價淨值比（P/B）=1.51
註3：最近 4 季（105Q4 ～ 106Q3）
　　　EPS=3.85 元
註4：106/10/31 股價：68.00 元
註5：106/10/31 適當買價：57.75 元

註6：買前最近 4 季 EPS（自填）：
註7：買前基準買價（自填）：
註8：買前複查買價（自填）：
註9：買前適當買價（自填）：
註10：本次買入價（自填）：

㊷ 大塚（3570）

成立：1997/08/04	上櫃：2008/10/23	產業別：資訊服務
地址：新北市板橋區縣民大道 二段68號6F	電話：02-89646668	發言人：徐慧如 （協理）

主要業務：3D MCAD40.13%、維護服務39.19%、專業應用 CAD11.50%等
　　　　　（2016年）。為日商公司，專攻3D電腦、工程繪圖CAD軟體及網路系
　　　　　統整合的製造及技術服務，是Autodesk唯一白金級代理商，還自行
　　　　　開發Hyper PDM產品等。

106年Q3：資本額1.71億元，總資產6.29億元。
　　　　　Q1～Q3累計：EPS 0.87元，Q1～Q3累計：ROE 2.88%

表6-42a ▶ 大塚股利政策

（單位：元）

民國（年）	現金股利	盈餘配股	公積配股	股票股利	合計
105	3.00	0.00	0.00	0.00	3.00
104	3.50	0.00	0.00	0.00	3.50
103	4.00	0.00	0.00	0.00	4.00
102	3.00	0.00	0.00	0.00	3.00
101	2.20	0.00	0.00	0.00	2.20
100	2.50	0.00	0.00	0.00	2.50
99	1.98	0.00	0.00	0.00	1.98
98	1.40	0.00	0.00	0.00	1.40
97	1.48	0.00	0.00	0.00	1.48
96	1.50	0.50	0.00	0.50	2.00

表6-42b ▶ 大塚年度成交資訊

民國 （年）	張數	金額（仟元）	筆數（仟）	最高價	日期	最低價	日期	收盤均價
105	8,034	446,609	5	65.30	03/08	45.10	11/11	55.59
104	8,470	751,787	7	117.50	04/09	55.80	12/21	88.76
103	31,489	3,643,140	28	154.50	01/02	75.50	10/27	115.70
102	102,681	12,679,530	85	193.50	06/20	37.55	01/04	123.48
101	8,923	362,911	6	47.30	02/17	33.10	06/04	40.67
100	44,210	2,259,667	28	66.60	07/21	30.10	03/17	51.11
99	30,939	1,063,814	18	45.15	01/25	27.05	09/01	34.38
98	30,542	782,811	17	35.45	12/17	18.40	02/19	25.63
97	4,210	94,886	2	25.20	10/23	15.35	11/18	20.24

表6-42c 大塚近4季與近5年的EPS

獲利能力（106年第3季）		最新4季每股盈餘		最新5年每股盈餘	
營業毛利率	39.12%	106第3季	0.68元	105年	4.41元
營業利益率	7.65%	106第2季	-0.26元	104年	5.01元
稅前淨利率	7.93%	106第1季	0.45元	103年	5.49元
資產報酬率	1.81%	105第4季	1.27元	102年	4.62元
股東權益報酬率	2.28%	每股淨值	30.25元	101年	3.55元

近4季EPS總和為2.14元

表6-42d 大塚收租股買前檢查表

民國（年）	最高價（元）（月/日）	最低價（元）（月/日）	收盤均價（元）	淨值（元）	EPS（元）	本益比（P/E）	ROE（%）	現金息（元）	現金殖利率（%）	現金配息率（%）	負債比（%）	董監事持股（%）	外資持股（%）
101	47.30（02/17）	33.10（06/04）	40.67	26.65	3.55	11.46	13.32	2.20	5.41	61.97	16.54	46.71	37.85
102	193.50（06/20）	37.55（01/04）	123.48	28.44	4.62	26.73	16.24	3.00	2.43	64.94	22.55	46.47	37.82
103	154.50（01/02）	75.50（10/27）	115.70	31.21	5.49	21.07	17.59	4.00	3.46	72.86	22.64	44.46	37.82
104	117.50（04/09）	55.80（12/21）	88.76	31.95	5.01	17.72	15.68	3.50	3.94	69.86	23.20	44.25	37.86
105	65.30（03/08）	45.10（11/11）	55.59	32.47	4.41	12.61	13.58	3.00	5.40	68.03	16.97	43.89	38.01
平均						17.92	15.28	3.14	4.13	67.53			
是否符合SOP：						▲	○		X	◆		○	○

②複查買價＝平均P/E×近4季EPS
=15.00×2.14元=32.1元
※平均P/E≧15，取15.00計算

①基準買價=3.14元×15=47.1元
買入P/E=基準買價÷近4季EPS
=47.1元÷2.14元=22.01
※22.01＞15，不宜

註1：配股記錄：無
註2：106Q3 股價淨值比（P/B）=1.56
註3：最近 4 季（105Q4 ～ 106Q3）
　　　EPS=2.14 元
註4：106/10/31 股價：47.20 元
註5：106/10/31 適當買價：32.1 元

註6：買前最近 4 季 EPS（自填）：
註7：買前基準買價（自填）：
註8：買前複查買價（自填）：
註9：買前適當買價（自填）：
註 10：本次買入價（自填）：

㊸ 閎康（3587）

成立：2002/05/01	上櫃：2009/08/18	產業別：其他電子
地址：新竹縣竹北市台元街 26-2號1F	電話：03-6116678	發言人：楊明煌 （財務長）

主要業務：材料分析38.39%、故障分析34.25%、可靠度測試分析25.68%等
（2016年）。為晶圓代工、光電業之固態檢測分析的主要廠商。子公司閎康生技穩定成長。

106年Q3：資本額5.33億元，總資產26.21億元。
Q1～Q3累計：EPS 2.67元，Q1～Q3累計：ROE 7.87%

表6-43a 閎康股利政策

（單位：元）

民國（年）	現金股利	盈餘配股	公積配股	股票股利	合計
105	3.50	0.00	0.00	0.00	3.50
104	2.96	0.00	0.00	0.00	2.96
103	4.00	0.00	0.00	0.00	4.00
102	4.00	0.00	0.00	0.00	4.00
101	3.50	0.00	0.00	0.00	3.50
100	2.50	0.00	0.00	0.00	2.50
99	1.36	0.58	0.00	0.58	1.94
98	0.00	0.00	0.00	0.00	0.00
97	0.27	0.64	0.00	0.64	0.91
96	0.48	1.12	0.00	1.12	1.60

表6-43b 閎康年度成交資訊

民國 （年）	張數	金額（仟元）	筆數（仟）	最高價	日期	最低價	日期	收盤均價
105	82,127	6,427,457	59	94.00	07/05	56.10	01/21	78.26
104	54,301	3,014,728	38	68.20	10/26	32.00	08/25	55.52
103	116,157	8,996,546	78	88.20	03/05	60.50	10/27	77.45
102	203,629	14,538,288	141	89.60	02/26	53.50	01/17	71.40
101	115,885	5,060,147	69	60.30	12/12	23.45	01/02	43.67
100	49,607	1,508,021	24	34.80	05/20	22.20	11/23	30.40
99	59,304	1,768,240	30	35.90	12/22	22.35	02/06	29.82
98	19,716	494,312	11	28.15	10/02	21.60	08/26	25.07

表6-43c 閎康近4季與近5年的EPS

獲利能力（106年第3季）		最新4季每股盈餘		最新5年每股盈餘	
營業毛利率	27.64%	106第3季	0.94元	105年	4.94元
營業利益率	13.10%	106第2季	1.23元	104年	3.85元
稅前淨利率	14.18%	106第1季	0.50元	103年	4.54元
資產報酬率	1.96%	105第4季	1.08元	102年	5.12元
股東權益報酬率	2.80%	每股淨值	33.91元	101年	4.49元

近4季EPS總和為3.75元

表6-43d 閎康收租股買前檢查表

民國（年）	最高價（元）（月/日）	最低價（元）（月/日）	收盤均價（元）	淨值（元）	EPS（元）	本益比（P/E）	ROE（%）	現金息（元）	現金殖利率（%）	現金配息率（%）	負債比（%）	董監事持股（%）	外資持股（%）
101	60.30（12/12）	23.45（01/02）	43.67	22.13	4.49	9.73	20.29	3.50	8.01	77.95	18.86	36.05	0.70
102	89.60（02/26）	53.50（01/17）	71.40	23.85	5.12	13.95	21.47	4.00	5.60	78.13	18.77	32.71	0.58
103	88.20（03/05）	60.50（10/27）	77.45	27.45	4.54	17.06	16.54	4.00	5.16	88.11	15.01	32.14	1.87
104	68.20（10/26）	32.00（08/25）	55.52	27.01	3.85	14.42	14.25	2.96	5.33	76.88	24.18	28.71	1.26
105	94.00（07/05）	56.10（01/21）	78.26	34.59	4.94	15.84	14.28	3.50	4.47	70.85	24.48	30.93	6.53
平均						14.20	17.37	3.59	5.72	78.38			
是否符合SOP：						○	○		▲	○	○	○	○

②複查買價＝平均P/E×近4季EPS
＝14.20×3.75元＝53.25元

①基準買價＝3.59元×15＝53.85元
買入P/E＝基準買價÷近4季EPS
＝53.85元÷3.75元＝14.36
※14.36＜15，OK

註1：配股記錄：無
註2：106Q3股價淨值比（P/B）=2.57
註3：最近4季（105Q4～106Q3）
　　　EPS=3.75元
註4：106/10/31股價：87.20元
註5：106/10/31適當買價：53.25元

註6：買前最近4季EPS（自填）：
註7：買前基準買價（自填）：
註8：買前複查買價（自填）：
註9：買前適當買價（自填）：
註10：本次買入價（自填）：

㊹ 百略（4103）

成立：1981/11/10	上市：1999/07/16	產業別：生技醫療
地址：台北市內湖區瑞光路 431號9樓	電話：02-87971288	發言人：許盛信 （副董事長）

主要業務：數位血壓量測系統37.17%、綠色環保產品32.35%、數位體溫量測系統24.43%等（2016年）。全球第三大數位型體溫計供應商，新專利心房顫動血壓計是未來公司獲利的利器。

106年Q3：資本額11億元，總資產55.6億元。
Q1～Q3累計：EPS 3.35元，Q1～Q3累計：ROE 10.73%

表6-44a 百略股利政策

（單位：元）

民國（年）	現金股利	盈餘配股	公積配股	股票股利	合計
105	4.00	0.00	0.00	0.00	4.00
104	4.00	0.00	0.00	0.00	4.00
103	4.00	0.00	0.00	0.00	4.00
102	4.20	0.00	0.00	0.00	4.20
101	4.00	0.00	0.00	0.00	4.00
100	3.00	0.00	0.00	0.00	3.00
99	3.00	0.00	0.00	0.00	3.00
98	3.00	0.00	0.00	0.00	3.00
97	2.50	0.30	0.00	0.30	2.80
96	2.75	0.05	0.00	0.05	2.80

表6-44b 百略年度成交資訊

民國（年）	張數	金額（仟元）	筆數（仟）	最高價	日期	最低價	日期	收盤均價
105	11,420	946,257	10	98.00	03/07	71.00	10/14	82.86
104	35,031	2,981,441	29	110.50	12/07	64.20	07/09	85.11
103	22,614	1,762,248	19	91.90	03/03	56.30	11/07	77.93
102	50,041	3,938,136	39	97.90	05/16	56.90	01/21	78.70
101	22,502	1,160,789	17	61.00	12/13	44.05	06/04	51.59
100	39,130	1,933,013	26	56.40	05/06	40.00	08/09	49.40
99	138,397	7,474,859	83	65.10	08/17	38.10	02/06	54.01
98	152,579	6,572,029	83	53.80	11/05	29.70	03/03	43.07
97	24,165	950,597	16	48.00	01/08	27.15	10/29	37.84
96	71,947	3,764,161	40	62.80	07/18	40.50	08/29	48.21

表6-44c ▶ 百略近4季與近5年的EPS

獲利能力（106年第3季）		最新4季每股盈餘		最新5年每股盈餘	
業毛利率	39.80%	106第3季	2.02元	105年	5.53元
營業利益率	17.71%	106第2季	0.98元	104年	5.89元
稅前淨利率	17.13%	106第1季	0.35元	103年	5.63元
資產報酬率	4.02%	105第4季	1.76元	102年	5.76元
股東權益報酬率	6.67%	每股淨值	31.22元	101年	4.72元

近4季EPS總和為5.11元

表6-44d ▶ 百略收租股買前檢查表

民國（年）	最高價（元）（月/日）	最低價（元）（月/日）	收盤均價（元）	淨值（元）	EPS（元）	本益比（P/E）	ROE（%）	現金息（元）	現金殖利率（%）	現金配息率（%）	負債比（%）	董監事持股（%）	外資持股（%）
101	61.00（12/13）	44.05（06/04）	51.59	25.46	4.72	10.93	18.54	4.00	7.75	84.75	38.06	42.60	41.25
102	97.90（05/16）	56.90（01/21）	78.70	27.53	5.76	13.66	20.92	4.20	5.34	72.92	41.84	46.89	43.39
103	91.90（03/03）	56.30（11/07）	77.93	29.24	5.63	13.84	19.25	4.00	5.13	71.05	36.64	46.89	44.63
104	110.50（12/07）	64.20（07/09）	85.11	31.36	5.89	14.45	18.78	4.00	4.70	67.91	36.39	46.88	46.35
105	98.00（03/07）	71.00（10/14）	82.86	32.61	5.53	14.98	16.96	4.00	4.83	72.33	35.26	43.48	52.35
平均						13.57	18.89	4.04	5.55	73.79			
是否符合SOP：						○	○		▲	○	○	○	○

②複查買價＝平均P/E×近4季EPS
　　　　　＝13.57×5.11元＝69.34元

①基準買價＝4.04元×15＝60.6元
　買入P/E＝基準買價÷近4季EPS
　　　　　＝60.6元÷5.11元＝11.86
　※11.86＜15，OK

註1：配股記錄：無
註2：106Q3 股價淨值比（P/B）=2.36
註3：最近 4 季（105Q4～106Q3）
　　　EPS=5.11 元
註4：106/10/31 股價：73.80 元
註5：106/10/31 適當買價：60.6 元

註6：買前最近 4 季 EPS（自填）：
註7：買前基準買價（自填）：
註8：買前複查買價（自填）：
註9：買前適當買價（自填）：
註10：本次買入價（自填）：

㊺ 世堃（4305）

成立：1986/10/07	上市：2000/09/28	產業別：塑膠
地址：台南市麻豆區麻口里麻豆口32-26號	電話：06-5701211	發言人：黃曼玲（管理部協理）
主要業務：一般塑膠布63.80%、半硬質塑膠布15.80%、加壓塑膠布12.55%、貼合塑膠布7.84%等。塑膠布、乳膠布、印刷貼合膠布及反光布、桌布、浴簾等用品，內銷比重約佔75%。		
106年Q3：資本額5.5億元，總資產11.15億元。Q1～Q3累計：EPS 1.85元，Q1～Q3累計：ROE 10.63%		

表6-45a 世堃股利政策

（單位：元）

民國（年）	現金股利	盈餘配股	公積配股	股票股利	合計
105	2.40	0.00	0.00	0.00	2.40
104	2.30	0.00	0.00	0.00	2.30
103	1.80	0.00	0.00	0.00	1.80
102	1.80	0.00	0.00	0.00	1.80
101	1.70	0.00	0.00	0.00	1.70
100	1.10	0.00	0.00	0.00	1.10
99	0.80	0.00	0.00	0.00	0.80
98	1.20	0.00	0.00	0.00	1.20
97	0.70	0.00	0.00	0.00	0.70
96	0.65	0.00	0.00	0.00	0.65

表6-45b 世堃年度成交資訊

民國（年）	張數	金額（仟元）	筆數（仟）	最高價	日期	最低價	日期	收盤均價
105	2,814	82,412	2	31.70	06/08	25.60	01/07	29.29
104	2,137	56,827	1	29.45	01/23	23.10	08/24	26.59
103	4,198	122,391	3	32.45	04/14	26.55	10/16	29.15
102	8,094	213,144	5	29.10	09/14	24.00	01/29	26.33
101	19,115	469,647	11	34.55	03/30	15.85	01/13	24.57
100	4,860	104,954	3	26.30	04/08	16.55	11/24	21.59
99	20,763	571,541	12	37.05	10/13	17.50	02/08	27.53
98	16,096	397,509	8	37.90	10/29	7.71	01/21	24.70
97	3,060	38,036	1	13.90	01/11	8.02	12/31	11.71
96	5,259	83,585	3	18.40	04/23	12.80	11/28	15.25

表6-45c ▶ 世堃近4季與近5年的EPS

獲利能力（106年第3季）		最新4季每股盈餘		最新5年每股盈餘	
營業毛利率	21.57%	106第3季	0.67元	105年	3.00元
營業利益率	15.48%	106第2季	0.79元	104年	2.96元
稅前淨利率	15.29%	106第1季	0.38元	103年	2.34元
資產報酬率	3.16%	105第4季	1.03元	102年	2.55元
股東權益報酬率	3.93%	每股淨值	17.04元	101年	2.41元

近4季EPS總和為2.87元

表6-45d ▶ 世堃收租股買前檢查表

民國（年）	最高價（元）（月/日）	最低價（元）（月/日）	收盤均價（元）	淨值（元）	EPS（元）	本益比（P/E）	ROE（%）	現金息（元）	現金殖利率（%）	現金配息率（%）	負債比（%）	董監事持股（%）	外資持股（%）
101	34.55（03/30）	15.85（01/13）	24.57	14.98	2.41	10.20	16.09	1.70	6.92	70.54	18.10	31.82	0.00
102	29.10（09/14）	24.00（01/29）	26.33	15.69	2.55	10.33	16.25	1.80	6.84	70.59	18.29	31.84	0.00
103	32.45（04/14）	26.55（10/16）	29.15	16.20	2.34	12.46	14.44	1.80	6.17	76.92	17.91	31.77	2.11
104	29.45（01/23）	23.10（08/24）	26.59	17.33	2.96	8.98	17.08	2.30	8.65	77.70	15.76	30.56	2.11
105	31.70（06/08）	25.60（01/07）	29.29	17.96	3.00	9.76	16.70	2.40	8.19	80.00	15.35	29.56	2.41
平均						10.34	16.11	2.00	7.35	75.15			
是否符合SOP：						○	○	○		○	○	○	○

②複查買價=平均P/E×近4季EPS
=10.34×2.87元=29.68元

①基準買價=2元×15=30元
買入P/E=基準買價÷近4季EPS
=30元÷2.87元=10.45
※10.45＜15，OK

註1：配股記錄：無
註2：106Q3 股價淨值比（P/B）=1.93
註3：最近4季（105Q4～106Q3）
　　　EPS=2.87元
註4：106/10/31 股價：32.90元
註5：106/10/31 適當買價：29.68元

註6：買前最近4季EPS（自填）：
註7：買前基準買價（自填）：
註8：買前複查買價（自填）：
註9：買前適當買價（自填）：
註10：本次買入價（自填）：

㊻ 堃霖（4527）

成立：1988/04/05	上櫃：2000/09/28	產業別：電機機械
地址：高雄市三民區吉林街 139巷12號	電話：07-6192345	發言人：郎筱玲（專員）

主要業務：冰水機組67.08%、其他32.92%（2016年）。國內工商業用大型冰水機製造龍頭，並在中國及越南設廠。東元（1504）為大股東。

106年Q3：資本額億7.62元，總資產22.83億元。
Q1～Q3累計：EPS 1.63元，Q1～Q3累計：ROE 9.85%

表6-46a 堃霖股利政策

（單位：元）

民國（年）	現金股利	盈餘配股	公積配股	股票股利	合計
105	2.20	0.00	0.00	0.00	2.20
104	1.80	0.00	0.00	0.00	1.80
103	1.80	0.00	0.00	0.00	1.80
102	1.70	0.00	0.00	0.00	1.70
101	1.34	0.00	0.00	0.00	1.34
100	0.59	0.49	0.00	0.49	1.08
99	0.20	0.20	0.00	0.20	0.40
98	0.20	0.00	0.00	0.00	0.20
97	0.50	0.50	0.00	0.50	1.00
96	0.10	0.90	0.00	0.90	1.00

表6-46b 堃霖年度成交資訊

民國（年）	張數	金額（仟元）	筆數（仟）	最高價	日期	最低價	日期	收盤均價
105	10,615	278,853	6	28.85	12/12	22.00	01/25	26.27
104	18,510	486,056	10	30.35	04/10	18.55	08/24	26.26
103	101,615	3,285,310	51	37.75	05/05	25.50	02/06	32.33
102	76,189	1,705,131	27	30.80	12/19	18.90	06/25	22.38
101	23,134	405,906	9	19.90	12/19	13.45	01/03	17.55
100	15,078	220,890	6	16.55	04/15	12.20	08/09	14.65
99	32,861	579,660	13	20.75	07/30	12.65	02/06	17.64
98	14,319	223,741	6	20.65	06/09	9.60	01/14	15.63
97	4,674	70,062	2	18.20	04/24	9.53	11/20	14.41
96	48,658	1,167,106	15	28.20	05/02	15.30	12/19	20.67

表6-46c 堃霖近4季與近5年的EPS

獲利能力（106年第3季）		最新4季每股盈餘		最新5年每股盈餘	
營業毛利率	23.88%	106第3季	0.62元	105年	3.01元
營業利益率	8.77%	106第2季	0.59元	104年	2.43元
稅前淨利率	8.56%	106第1季	0.42元	103年	2.34元
資產報酬率	2.17%	105第4季	1.07元	102年	2.15元
股東權益報酬率	3.67%	每股淨值	16.55元	101年	2.11元

近4季EPS總和為2.7元

表6-46d 堃霖收租股買前檢查表

民國（年）	最高價（元）（月/日）	最低價（元）（月/日）	收盤均價（元）	淨值（元）	EPS（元）	本益比（P/E）	ROE（%）	現金息（元）	現金殖利率（%）	現金配息率（%）	負債比（%）	董監事持股（%）	外資持股（%）
101	19.90（12/19）	13.45（01/03）	17.55	15.23	2.11	8.32	13.85	1.34	7.64	63.51	45.01	44.67	4.77
102	30.80（12/19）	18.90（06/25）	22.38	15.39	2.15	10.41	13.97	1.70	7.60	79.07	41.14	40.49	6.44
103	37.75（05/05）	25.50（02/06）	32.33	16.26	2.34	13.82	14.39	1.80	5.57	76.92	37.96	40.90	4.17
104	30.35（04/10）	18.55（08/24）	26.26	16.74	2.43	10.81	14.52	1.80	6.85	74.07	37.38	40.11	4.15
105	28.85（12/12）	22.00[01/25）	26.27	17.31	3.01	8.73	17.39	2.2	8.37	73.09	40.85	44.64	4.77
平均						10.42	14.82	1.77	7.21	73.33			
			是否符合SOP：			○	◆		○	○	○	○	

②複查買價=平均P/E×近4季EPS
=10.42×2.7元=28.13元

①基準買價=1.77元×15=26.55元
買入P/E=基準買價÷近4季EPS
=26.55元÷2.7元=9.83
※9.83＜15，OK

註1：配股記錄：無
註2：106Q3股價淨值比（P/B）=1.9
註3：最近4季（105Q4～106Q3）
　　　EPS=2.7元
註4：106/10/31股價：31.45元
註5：106/10/31適當買價：26.55元

註6：買前最近4季EPS（自填）：
註7：買前基準買價（自填）：
註8：買前複查買價（自填）：
註9：買前適當買價（自填）：
註10：本次買入價（自填）：

㊼ 亞泰（4974）

成立：2004/01/20	上櫃：2011/11/29	產業別：電子零組件
地址：新北市中和區中正路880號2F	電話：02-82286401	發言人：吳淑品（行政總經理）

主要業務：影像感測模組100%（2016年）。產品應用於影印機、掃描器等事務機器及（驗鈔）辨識機等。為全球三大影像感測器供應商之一。新機器人影像感測模組和人體細胞影像追蹤模組，有助增長獲利。

106年Q3： 資本額7.25億元，總資產30.63億元。
Q1～Q3累計：EPS 3.22元，Q1～Q3累計：ROE 10.89%

表6-47a 亞泰股利政策

（單位：元）

民國（年）	現金股利	盈餘配股	公積配股	股票股利	合計
105	2.49	0.00	0.00	0.00	2.49
104	2.65	0.00	0.00	0.00	2.65
103	2.70	0.00	0.00	0.00	2.70
102	2.50	0.00	0.00	0.00	2.50
101	2.44	0.00	0.00	0.00	2.44
100	2.60	0.00	0.00	0.00	2.60
99	2.60	0.00	0.00	0.00	2.60

表6-47b 亞泰年度成交資訊

民國（年）	張數	金額（仟元）	筆數（仟）	最高價	日期	最低價	日期	收盤均價
105	47,729	1,610,435	31	38.40	02/01	27.00	05/13	33.74
104	132,303	5,887,117	80	52.00	06/03	31.85	08/24	44.50
103	179,296	8,302,594	99	53.20	04/21	33.60	10/16	46.31
102	365,468	15,598,386	196	57.50	07/18	30.30	01/02	42.68
101	176,078	5,930,431	86	39.30	09/03	22.30	01/02	33.68
100	14,640	349,529	8	27.20	11/29	20.75	12/20	23.87

表6-47c 亞泰近4季與近5年的EPS

獲利能力（106年第3季）		最新4季每股盈餘		最新5年每股盈餘	
營業毛利率	15.43%	106第3季	1.14元	105年	4.41元
營業利益率	11.29%	106第2季	1.33元	104年	4.02元
稅前淨利率	9.75%	106第1季	0.72元	103年	4.07元
資產報酬率	2.63%	105第4季	1.36元	102年	3.87元
股東權益報酬率	3.94%	每股淨值	29.57元	101年	3.65元

近4季EPS總和為4.55元

表6-47d 亞泰收租股買前檢查表

民國（年）	最高價（元）（月/日）	最低價（元）（月/日）	收盤均價（元）	淨值（元）	EPS（元）	本益比（P/E）	ROE（%）	現金息（元）	現金殖利率（%）	現金配息率（%）	負債比（%）	董監事持股（%）	外資持股（%）
101	39.30（09/03）	22.30（01/02）	33.68	20.46	3.65	9.23	17.84	2.44	7.24	66.85	31.52	49.97	0
102	57.50（07/18）	30.30（01/02）	42.68	23.35	3.87	11.03	16.57	2.50	5.86	64.60	35.87	45.82	0.01
103	53.20（04/21）	33.60（10/16）	46.31	26.30	4.07	11.38	15.48	2.70	5.83	66.34	43.68	31.54	0.87
104	52.00（06/03）	31.85（08/24）	44.50	27.53	4.02	11.07	14.60	2.65	5.96	65.92	37.68	31.54	1.68
105	38.40（02/01）	27.00（05/13）	33.74	27.66	4.41	7.65	15.94	2.49	7.38	56.46	42.61	30.74	1.19
平均						10.07	16.09	2.56	6.45	64.03			
是否符合SOP：						○	○		◆	◆	○	○	

②複查買價＝平均P/E×近4季EPS
　　　　　＝10.07×4.55元＝45.82元

①基準買價＝2.56元×15＝38.40元
買入P/E＝基準買價÷近4季EPS
　　　　＝38.40元÷4.55元＝8.44
※8.44＜15，OK

註1：配股記錄：無
註2：106Q3股價淨值比（P/B）=1.64
註3：最近4季（105Q4～106Q3）
　　　EPS=4.55元
註4：106/10/31股價：48.55元
註5：106/10/31適當買價：38.4元

註6：買前最近4季EPS（自填）：
註7：買前基準買價（自填）：
註8：買前複查買價（自填）：
註9：買前適當買價（自填）：
註10：本次買入價（自填）：

㊽ 科誠（4987）

成立：1993/01/04	上櫃：2012/03/21	產業別：電腦及週邊設備
地址：新北市中和區建康路 　　　168號13樓	電話：02-22258580	發言人：陳美蘭 　　　　（財務長）

主要業務：條碼標籤印製機及週邊硬體87.78%、耗材12.22%（2016年）。自有品牌GoDEX及GoLabel軟體等為主要營收來源，產品行銷全球70餘國。

106年Q3：資本額2.52億元，總資產11.95億元。
Q1～Q3累計：EPS 3.95元，Q1～Q3累計：ROE 12.0%

表6-48a 科誠股利政策

（單位：元）

民國（年）	現金股利	盈餘配股	公積配股	股票股利	合計
105	3.50	0.00	0.00	0.00	3.50
104	5.00	0.00	0.00	0.00	5.00
103	5.00	0.50	0.00	0.50	5.50
102	4.00	0.00	0.00	0.00	4.00
101	2.50	0.00	0.00	0.00	2.50
100	2.30	0.00	0.00	0.00	2.30
99	2.00	0.00	0.00	0.00	2.00

表6-48b 科誠年度成交資訊

民國 （年）	張數	金額（仟元）	筆數（仟）	最高價	日期	最低價	日期	收盤均價
105	9,815	561,340	7	73.00	02/19	43.00	11/04	57.19
104	11,951	1,019,619	10	99.90	01/12	56.00	08/25	85.32
103	36,725	3,890,849	28	129.00	03/13	79.80	01/14	105.95
102	92,048	5,379,705	58	98.00	12/19	38.10	01/11	58.44
101	26,696	1,157,540	17	51.80	03/29	34.20	10/30	43.36

表6-48c **科誠近4季與近5年的EPS**

獲利能力（106年第3季）		最新4季每股盈餘		最新5年每股盈餘	
營業毛利率	39.04%	106第3季	1.41元	105年	4.25元
營業利益率	13.40%	106第2季	1.78元	104年	6.81元
稅前淨利率	15.10%	106第1季	0.78元	103年	7.52元
資產報酬率	2.91%	105第4季	1.30元	102年	6.25元
股東權益報酬率	4.38%	每股淨值	32.92元	101年	4.69元

近4季EPS總和為5.27元

表6-48d **科誠收租股買前檢查表**

民國（年）	最高價（元）（月/日）	最低價（元）（月/日）	收盤均價（元）	淨值（元）	EPS（元）	本益比（P/E）	ROE（%）	現金息（元）	現金殖利率（%）	現金配息率（%）	負債比（%）	董監事持股（%）	外資持股（%）
101	51.80（03/29）	34.20（10/30）	43.36	26.67	4.69	9.25	17.59	2.50	5.77	53.30	33.88	22.38	0.08
102	98.00（12/19）	38.10（01/11）	58.44	30.21	6.25	9.35	20.69	4.00	6.84	64.00	38.67	21.47	1.76
103	129.00（03/13）	79.80（01/14）	105.95	34.11	7.52	14.09	22.05	5.00	4.72	66.49	36.37	18.75	3.12
104	99.90（01/12）	56.00（08/25）	85.32	34.51	6.81	12.53	19.73	5.00	5.86	73.42	28.69	18.82	2.36
105	73.00（02/19）	43.00（11/04）	57.19	33.09	4.25	13.46	12.84	3.50	6.12	82.35	28.06	20.81	6.22
平均						11.73	18.58	4.00	5.86	67.91			
是否符合SOP：						○	○		▲	◆	○	◆	

②複查買價＝平均P/E×近4季EPS
＝11.73×5.27元＝61.81元

①基準買價＝4.0元×15＝60元
買入P/E＝基準買價÷近4季EPS
＝60元÷5.27元＝11.39
※∵11.39＜15，OK

註1：配股記錄：103 年配股 0.5 元
註2：106Q3 股價淨值比（P/B）=2.07
註3：最近 4 季（105Q4～106Q3）
　　　EPS=5.27 元
註4：106/10/31 股價：68.00 元
註5：106/10/31 適當買價：60.00 元

註6：買前最近 4 季 EPS（自填）：
註7：買前基準買價（自填）：
註8：買前複查買價（自填）：
註9：買前適當買價（自填）：
註10：本次買入價（自填）：

㊾ 華祺（5015）

成立：1984/05/22	上櫃：2000/12/15	產業別：鋼鐵
地址：桃園市中壢區松江北路 　　　29號	電話：03-4511493	發言人：張順立 　　　　（總經理）
主要業務：不銹鋼螺絲93.83%、不銹鋼線材6.17%（2016年）。全球最大不鏽 　　　　　鋼小螺絲製造廠，產能滿載，有選擇較高利潤訂單的優勢。		
106年Q3：資本額6.06億元，總資產17.94億元。 　　　　　Q1～Q3累計：EPS 2.5元，Q1～Q3累計：ROE 13.8%		

表6-49a 華祺股利政策

（單位：元）

民國（年）	現金股利	盈餘配股	公積配股	股票股利	合計
105	2.50	0.00	0.00	0.00	2.50
104	2.00	0.00	0.00	0.00	2.00
103	3.00	0.00	0.00	0.00	3.00
102	1.20	0.00	0.00	0.00	1.20
101	0.20	0.00	0.00	0.00	0.20
100	1.50	0.00	0.00	0.00	1.50
99	0.40	0.00	0.00	0.00	0.40
98	1.00	0.00	0.00	0.00	1.00
97	1.00	0.00	0.00	0.00	1.00
96	3.50	0.00	0.00	0.00	3.50

表6-49b 華祺年度成交資訊

民國 （年）	張數	金額（仟元）	筆數（仟）	最高價	日期	最低價	日期	收盤均價
105	68,796	1,610,969	34	26.50	08/12	16.10	01/06	23.42
104	51,333	1,216,208	24	29.60	03/24	12.45	08/25	23.69
103	92,299	2,074,424	43	27.20	09/09	15.55	01/07	22.48
102	21,152	311,895	9	17.30	08/20	11.40	02/18	14.75
101	25,808	429,038	11	19.20	03/19	11.15	12/14	16.62
100	47,915	799,255	20	20.85	08/01	13.60	03/15	16.68
99	33,706	565,757	14	19.30	04/15	14.15	12/01	16.78
98	35,646	561,144	15	19.15	06/03	11.50	01/21	15.74
97	58,672	1,671,946	28	35.40	03/31	11.50	12/05	22.86
96	212,335	7,531,645	76	43.55	06/12	19.55	01/15	33.42

表6-49c 華祺近4季與近5年的EPS

獲利能力（106年第3季）		最新4季每股盈餘		最新5年每股盈餘	
營業毛利率	19.23%	106第3季	1.15元	105年	2.96元
營業利益率	11.69%	106第2季	1.01元	104年	2.43元
稅前淨利率	11.46%	106第1季	0.34元	103年	3.72元
資產報酬率	4.04%	105第4季	1.07元	102年	1.62元
股東權益報酬率	6.55%	每股淨值	18.12元	101年	-0.18元

近4季EPS總和為3.57元

表6-49d 華祺收租股買前檢查表

民國（年）	最高價（元）（月/日）	最低價（元）（月/日）	收盤均價（元）	淨值（元）	EPS（元）	本益比（P/E）	ROE（%）	現金息（元）	現金殖利率（%）	現金配息率（%）	負債比（%）	董監事持股（%）	外資持股（%）
101	19.20（03/19）	11.15（12/14）	16.62	14.25	-0.18	-92.33	-1.26	0.20	1.20	-111.11（取100）	43.98	16.05	6.98
102	17.30（08/20）	11.40（02/18）	14.75	15.38	1.62	9.10	10.53	1.20	8.14	74.07	45.78	16.02	6.95
103	27.20（09/09）	15.55（01/07）	22.48	18.06	3.72	6.04	20.60	3.00	13.35	80.65	32.05	16.83	7.27
104	29.60（03/24）	12.45（08/25）	23.69	17.33	2.43	9.75	14.02	2.00	8.44	82.30	34.96	1.16	8.44
105	26.50（08/12）	16.10（01/06）	23.42	18.21	2.96	7.91	16.25	2.50	10.67	84.46	33.17	20.60	8.34
平均						-11.90	11.03	1.78	8.36	84.30			
是否符合SOP：						○	▲		○	○	○	◆	◆

②複查買價=平均P/E×近4季EPS
=-11.9×3.57元=-42.48元

①基準買價=1.78元×15=26.7元
買入P/E=基準買價÷近4季EPS
=26.7元÷3.57元=7.48
※7.48<15，OK

註1：配股記錄：無
註2：106Q3 股價淨值比（P/B）=1.68
註3：最近4季（105Q4～106Q3）
　　　EPS=3.57元
註4：106/10/31 股價：30.45元
註5：106/10/31 適當買價：26.7元

註6：買前最近4季EPS（自填）：
註7：買前基準買價（自填）：
註8：買前複查買價（自填）：
註9：買前適當買價（自填）：
註10：本次買入價（自填）：

㊿ 新鼎（5209）

成立：1987/08/03	上櫃：2002/02/25	產業別：資訊服務
地址：台北市士林區中山北路 　　　六段89號10F	電話：02-27853839	發言人：林志正 　　　　（經理）

主要業務：提供勞務89.99%、商品銷售10.01%（2016年），為中鼎（9933）
　　　　　轉投資的系統整合公司，主打工業物聯網及工廠智慧化領域，與母
　　　　　公司中鼎聯手，擴大業務面，提供智能化服務。

106年Q3：資本額2.35億元，總資產12.42億元。
　　　　　Q1～Q3累計：EPS 2.57元，Q1～Q3累計：ROE 11.55%

表6-50a　新鼎股利政策

（單位：元）

民國（年）	現金股利	盈餘配股	公積配股	股票股利	合計
105	2.51	0.00	0.00	0.00	2.51
104	2.53	0.00	0.00	0.00	2.53
103	2.53	0.00	0.00	0.00	2.53
102	4.24	0.00	0.00	0.00	4.24
101	4.49	0.00	0.00	0.00	4.49
100	5.38	0.00	0.00	0.00	5.38
99	3.97	0.00	0.00	0.00	3.97
98	2.98	0.00	0.00	0.00	2.98
97	1.00	0.00	0.00	0.00	1.00
96	1.60	0.11	0.00	0.11	1.71

表6-50b　新鼎年度成交資訊

民國（年）	張數	金額（仟元）	筆數（仟）	最高價	日期	最低價	日期	收盤均價
105	2,715	109,318	2	44.50	03/28	38.00	09/08	40.27
104	2,342	113,363	2	56.40	03/06	38.20	08/24	48.40
103	8,369	523,830	7	74.30	05/07	50.00	11/17	62.59
102	6,676	376,690	5	66.30	04/01	45.60	08/22	56.43
101	14,345	897,137	10	71.90	07/26	50.50	01/13	62.54
100	23,326	1,538,411	16	76.60	01/03	49.00	12/20	65.95
99	69,919	4,692,779	43	84.40	02/24	35.60	01/05	67.12
98	19,129	480,151	11	38.50	12/16	14.00	01/19	25.10
97	7,049	170,506	5	31.20	04/29	14.25	10/28	22.58
96	56,112	2,262,016	30	46.70	07/25	22.65	12/21	34.87

表6-50c ▶ 新鼎近4季與近5年的EPS

獲利能力（106年第3季）		最新4季每股盈餘		最新5年每股盈餘	
營業毛利率	11.92%	106第3季	0.78元	105年	3.08元
營業利益率	4.95%	106第2季	1.03元	104年	3.40元
稅前淨利率	5.43%	106第1季	0.76元	103年	3.44元
資產報酬率	1.48%	105第4季	0.75元	102年	4.32元
股東權益報酬率	3.59%	每股淨值	22.25元	101年	5.38元

近4季EPS總和為3.32元

表6-50d ▶ 新鼎收租股買前檢查表

民國（年）	最高價（元）（月/日）	最低價（元）（月/日）	收盤均價（元）	淨值（元）	EPS（元）	本益比（P/E）	ROE（％）	現金息（元）	現金殖利率（％）	現金配息率（％）	負債比（％）	董監事持股（％）	外資持股（％）
101	71.90（07/26）	50.50（01/13）	62.54	22.27	5.38	11.62	24.16	4.49	7.18	83.46	55.05	54.49	0.26
102	66.30（04/01）	45.60（08/22）	56.43	22.97	4.32	13.06	18.81	4.24	7.51	98.15	54.67	53.33	0
103	74.30（05/07）	50.00（11/17）	62.59	21.92	3.30	18.97	15.05	2.53	4.04	76.67	58.53	52.58	0.07
104	56.40（03/06）	38.20（08/24）	48.40	22.00	3.40	14.24	15.45	2.53	5.23	74.41	55.91	51.78	0.07
105	44.50（03/28）	38.00（09/08）	40.27	22.30	3.08	13.07	13.81	2.51	6.23	81.49	54.58	51.85	0.09
平均						14.19	17.46	3.26	6.04	82.84			
是否符合SOP：						○	○		◆	○	○	○	○

②複查買價=平均P/E×近4季EPS
　　　　　=14.19×3.32元=47.11元

①基準買價=3.26元×15=48.9元
買入P/E=基準買價÷近4季EPS
　　　　=48.9元÷3.32元=14.73
※14.73＜15，OK

註1：配股記錄：無
註2：106Q3 股價淨值比（P/B）=2.22
註3：最近 4 季（105Q4～106Q3）
　　　EPS=3.32 元
註4：106/10/31 股價：49.45 元
註5：106/10/31 適當買價：47.11 元

註6：買前最近 4 季 EPS（自填）：
註7：買前基準買價（自填）：
註8：買前複查買價（自填）：
註9：買前適當買價（自填）：
註10：本次買入價（自填）：

(51) 高技（5439）

成立：1988/01/29	上櫃：2000/06/26	產業別：電子零組件
地址：桃園市桃園區興邦路43巷3號	電話：03-3767800	發言人：張秋雄（財務經理）
主要業務：多層印刷電路板96.42%，單、雙層印刷電路板3.58%（2016年）。主攻工業電腦、電動車、高頻雲端網通等利基型PCB產品。		
106年Q3：資本額8.6億元，總資產22.17億元。Q1～Q3累計：EPS 1.86元，Q1～Q3累計：ROE 10.56%		

表6-51a 高技股利政策

（單位：元）

民國（年）	現金股利	盈餘配股	公積配股	股票股利	合計
105	2.00	0.00	0.00	0.00	2.00
104	1.50	0.00	0.00	0.00	1.50
103	1.60	0.00	0.00	0.00	1.60
102	1.50	0.00	0.00	0.00	1.50
101	1.50	0.00	0.00	0.00	1.50
100	2.20	0.30	0.00	0.30	2.50
99	3.00	0.00	0.00	0.00	3.00
98	1.30	0.00	0.00	0.00	1.30
97	0.60	0.20	0.00	0.20	0.80
96	1.60	0.20	0.00	0.20	1.80

表6-51b 高技年度成交資訊

民國（年）	張數	金額（仟元）	筆數（仟）	最高價	日期	最低價	日期	收盤均價
105	143,871	4,125,478	78	33.15	08/19	17.70	01/28	28.67
104	16,389	352,964	11	25.70	03/19	15.20	08/25	21.54
103	85,774	2,061,142	40	29.00	06/09	17.70	02/05	24.03
102	23,822	436,767	13	19.80	04/01	16.60	12/09	18.33
101	47,305	1,154,369	25	29.45	03/14	16.80	11/23	24.40
100	63,109	1,884,468	31	35.40	01/03	19.75	12/19	29.86
99	204,879	6,114,976	85	39.25	09/27	15.05	02/08	29.85
98	90,379	1,195,824	33	20.00	12/30	8.25	01/21	13.23
97	66,717	1,216,933	30	25.30	03/07	8.17	11/20	16.58
96	231,071	8,498,258	95	40.85	01/22	20.00	12/21	33.20

表6-51c 高技近4季與近5年的EPS

獲利能力（106年第3季）		最新4季每股盈餘		最新5年每股盈餘	
營業毛利率	18.67%	106第3季	0.64元	105年	2.55元
營業利益率	12.15%	106第2季	0.69元	104年	1.62元
稅前淨利率	12.46%	106第1季	0.52元	103年	2.04元
資產報酬率	2.45%	105第4季	0.67元	102年	1.29元
股東權益報酬率	3.70%	每股淨值	17.62元	101年	1.65元

近4季EPS總和為2.52元

表6-51d 高技收租股買前檢查表

民國（年）	最高價（元）（月/日）	最低價（元）（月/日）	收盤均價（元）	淨值（元）	EPS（元）	本益比（P/E）	ROE（％）	現金息（元）	現金殖利率（％）	現金配息（％）	負債比（％）	董監事持股（％）	外資持股（％）
101	29.45（03/14）	16.80（11/23）	24.4	15.57	1.65	14.79	10.60	1.50	6.15	90.91	29.31	18.01	0.28
102	19.80（04/01）	16.60（12/09）	18.33	15.27	1.29	14.21	8.45	1.50	8.18	116.28	29.88	17.66	0.06
103	29.00（06/09）	17.70（02/05）	24.03	15.76	2.04	11.78	12.94	1.60	6.66	78.43	31.88	15.10	0.08
104	25.70（03/19）	15.20（08/25）	21.54	15.67	1.62	13.30	10.34	1.50	6.96	92.59	33.06	14.64	0.20
105	33.15（08/19）	17.70（01/28）	28.67	16.59	2.55	11.24	15.37	2.00	6.98	78.43	33.84	14.02	0.16
平均						13.06	11.54	1.62	6.99	91.33			
是否符合SOP：						○	▲		○	○	○	X	X

②複查買價＝平均P/E×近4季EPS
　　　　　＝13.06×2.52元＝32.91元

①基準買價＝1.62元×15＝24.3元
買入P/E＝基準買價÷近4季EPS
　　　　＝24.3元÷2.52元＝9.64
※9.64＜15，OK

註1：配股記錄：無
註2：106Q3股價淨值比（P/B）=1.81
註3：最近4季（105Q4～106Q3）
　　　EPS=2.52元
註4：106/10/31股價：31.95元
註5：106/10/31適當買價：24.3元

註6：買前最近4季EPS（自填）：
註7：買前基準買價（自填）：
註8：買前複查買價（自填）：
註9：買前適當買價（自填）：
註10：本次買入價（自填）：

㊾ 彩富（5489）

成立：1991/07/16	上櫃：2001/03/12	產業別：其他電子
地址：台北市內湖區洲子街 116號	電話：02-26598898	發言人：林佑衡（產品管理部經理）

主要業務：安全監控系統85.62%、其他10.14%、自動化系統4.24%（2016年）。為安控設備製造商，客戶多為歐美安控設備大品牌，高畫素及內建多功能的網路攝影機是主力產品。

106年Q3： 資本額10.32億元，總資產32.22億元。
Q1～Q3累計：EPS 1.45元，Q1～Q3累計：ROE 7.28%

表6-52a 彩富股利政策

（單位：元）

民國（年）	現金股利	盈餘配股	公積配股	股票股利	合計
105	1.80	0.00	0.00	0.00	1.80
104	3.50	0.00	0.00	0.00	3.50
103	4.08	0.00	0.00	0.00	4.08
102	4.04	0.00	0.00	0.00	4.04
101	3.00	0.00	0.00	0.00	3.00
100	1.21	0.00	0.00	0.00	1.21
99	2.33	0.00	0.00	0.00	2.33
98	1.50	0.50	0.00	0.50	2.00
97	0.98	0.49	0.00	0.49	1.47
96	2.50	0.70	0.00	0.70	3.20

表6-52b 彩富年度成交資訊

民國（年）	張數	金額（仟元）	筆數（仟）	最高價	日期	最低價	日期	收盤均價
105	12,298	582,742	8	56.40	03/23	40.55	10/06	47.39
104	35,899	2,031,499	24	72.40	01/23	43.50	08/24	56.59
103	71,610	5,370,607	50	89.30	03/18	56.00	10/16	75.00
102	156,661	9,099,219	95	86.50	12/18	39.40	01/14	58.08
101	46,562	1,710,109	24	44.20	11/19	26.45	01/02	36.73
100	21,564	624,316	10	36.00	01/05	22.80	09/23	28.95
99	30,990	1,181,798	16	44.40	04/06	31.05	11/11	38.14
98	27,325	821,925	14	39.85	12/31	18.20	01/09	30.08
97	43,832	1,652,466	18	54.70	01/02	15.50	11/18	36.60
96	167,585	9,033,417	73	79.40	07/25	29.00	01/30	49.64

表6-52c ▶ 彩富近4季與近5年的EPS

獲利能力（106年第3季）		最新4季每股盈餘		最新5年每股盈餘	
營業毛利率	34.96%	106第3季	0.78元	105年	2.18元
營業利益率	15.75%	106第2季	0.58元	104年	4.15元
稅前淨利率	14.80%	106第1季	0.09元	103年	5.78元
資產報酬率	2.48%	105第4季	1.20元	102年	5.77元
股東權益報酬率	4.01%	每股淨值	19.91元	101年	3.70元

近4季EPS總和為2.65元

表6-52d ▶ 彩富收租股買前檢查表

民國（年）	最高價（元）（月/日）	最低價（元）（月/日）	收盤均價（元）	淨值（元）	EPS（元）	本益比（P/E）	ROE（%）	現金息（元）	現金殖利率（%）	現金配息率（%）	負債比（%）	董監事持股（%）	外資持股（%）
101	44.20（11/19）	26.45（01/02）	36.73	16.75	3.70	9.93	22.09	3.00	8.17	81.08	23.74	30.12	0.49
102	86.50（12/18）	39.40（01/14）	58.08	20.72	5.77	10.07	27.85	4.04	6.96	70.02	21.39	30.31	0.30
103	89.30（03/18）	56.00（10/16）	75.00	22.70	5.78	12.98	25.46	4.08	5.44	70.59	21.89	34.29	4.87
104	72.40（01/23）	43.50（08/24）	56.59	21.97	4.15	13.64	18.89	3.50	6.18	84.34	20.26	34.55	4.94
105	56.40（03/23）	40.55（10/06）	47.39	20.27	2.18	21.74	10.75	1.80	3.80	82.57	24.85	45.21	2.05
平均						13.67	21.01	3.28	6.11	77.72			
是否符合SOP：						○	○		◆	○	○	○	○

②複查買價＝平均P/E×近4季EPS
＝13.67×2.65元＝36.23元

①基準買價＝3.28元×15＝49.2元
買入P/E＝基準買價÷近4季EPS
＝49.2元÷2.65元＝18.57
※18.57＞15，不宜

註1：配股記錄：無
註2：106Q3股價淨值比（P/B）＝1.84
註3：最近4季（105Q4～106Q3）
　　　EPS＝2.65元
註4：106/10/31股價：36.60元
註5：106/10/31適當買價：36.23元

註6：買前最近4季EPS（自填）：
註7：買前基準買價（自填）：
註8：買前複查買價（自填）：
註9：買前適當買價（自填）：
註10：本次買入價（自填）：

㊼ 元大期（6023）

成立：1997/04/09	上櫃：2007/11/28	產業別：金融
地址：台北市中山區南京東路 三段225號11F	電話：02-27176000	發言人：周筱玲 （總經理）

主要業務：經紀手續費77.50%、營業外16.80%、受託結算交割服務費
2.30%、衍生性金融商品損益期貨1.70%等（2016年）。國內第一
大期貨商，積極推出期交所新商品，確保龍頭地位。

106年Q3： 資本額23.23億元，總資產581.51億元。
Q1～Q3累計：EPS 2.64元，Q1～Q3累計：ROE 8.47%

表6-53a 元大期股利政策

（單位：元）

民國（年）	現金股利	盈餘配股	公積配股	股票股利	合計
105	2.47	0.00	0.00	0.00	2.47
104	2.28	0.00	0.00	0.00	2.28
103	6.95	0.00	0.00	0.00	6.95
102	2.07	0.00	0.00	0.00	2.07
101	1.79	0.00	0.00	0.00	1.79
100	2.40	0.00	0.00	0.00	2.40
99	1.58	0.00	0.00	0.00	1.58
98	1.83	0.00	0.00	0.00	1.83
97	3.00	0.00	0.00	0.00	3.00
96	1.15	1.72	0.00	1.72	2.87

表6-53b 元大期年度成交資訊

民國 （年）	張數	金額（仟元）	筆數（仟）	最高價	日期	最低價	日期	收盤均價
105	27,280	1,023,872	20	41.40	03/14	34.95	01/18	37.53
104	93,884	4,250,084	59	54.60	04/30	31.60	08/25	45.27
103	36,352	1,193,001	9	38.00	06/06	32.50	10/16	32.82
102	9,738	321,528	6	35.30	12/31	31.00	06/25	33.02
101	71,518	2,376,928	9	39.60	03/19	30.10	10/31	33.24
100	15,844	582,608	10	39.60	09/08	30.75	11/22	36.77
99	39,767	1,595,019	22	45.45	01/04	35.40	11/16	40.11
98	89,662	3,928,637	51	53.80	04/16	37.10	08/31	43.82
97	80,342	3,916,440	42	60.50	07/23	35.50	10/27	47.49
96	13,113	534,870	5	42.00	12/31	39.40	11/28	40.92

表6-53c 元大期近4季與近5年的EPS

獲利能力（106年第3季）		最新4季每股盈餘		最新5年每股盈餘	
營業毛利率	49.72%	106第3季	1.16元	105年	3.60元
營業利益率	15.56%	106第2季	0.79元	104年	3.35元
稅前淨利率	35.38%	106第1季	0.70元	103年	3.75元
資產報酬率	0.48%	105第4季	0.91元	102年	2.82元
股東權益報酬率	3.79%	每股淨值	31.18元	101年	2.51元

近4季EPS總和為3.56元

表6-53d 元大期收租股買前檢查表

民國（年）	最高價（元）（月/日）	最低價（元）（月/日）	收盤均價（元）	淨值（元）	EPS（元）	本益比（P/E）	ROE（%）	現金息（元）	現金殖利率（%）	現金配息率（%）	負債比（%）	董監事持股（%）	外資持股（%）
101	39.60（03/19）	30.10（10/31）	33.24	26.35	2.51	13.24	9.53	1.79	5.39	71.31	84.15	88.72	11.87
102	35.30（12/31）	31.00（06/25）	33.02	30.16	2.82	11.71	9.35	2.07	6.27	73.40	81.15	68.74	11.88
103	38.00（06/06）	32.50（10/16）	32.82	32.08	3.75	8.75	11.69	6.95	21.18	185.33	80.25	79.77	11.88
104	54.60（04/30）	31.60（08/25）	45.27	29.18	3.35	13.51	11.48	2.28	5.04	68.06	88.08	68.83	2.27
105	41.40（03/14）	34.95（01/18）	37.53	30.93	3.60	10.43	11.64	2.47	6.58	68.61	88.45	68.69	2.49
平均						11.53	10.74	3.11	8.89	93.34			
是否符合SOP：						○	▲		○	○	X	○	

②複查買價＝平均P/E×近4季EPS
　　　　　＝11.53×3.56元＝41.05元

①基準買價＝3.11元×15＝46.65元
　買入P/E＝基準買價÷近4季EPS
　　　　　＝46.65元÷3.56元＝13.10
　※13.10＜15，OK

註1：配股記錄：100～102年均配股0.5元
註2：106Q3股價淨值比（P/B）＝1.33
註3：最近4季（105Q4～106Q3）
　　　EPS＝3.56元
註4：106/10/31股價：41.4元
註5：106/10/31適當買價：41.05元

註6：買前最近4季EPS（自填）：
註7：買前基準買價（自填）：
註8：買前複查買價（自填）：
註9：買前適當買價（自填）：
註10：本次買入價（自填）：

㉜ 詩肯（6195）

成立：1995/10/09	上櫃：2002/10/21	產業別：貿易百貨
地址：桃園市龜山區頂湖一街 69號	電話：03-3180555	發言人：何山壯（財會主管）

主要業務：房間組46.10%、客廳組25.81%、餐廳組15.86%、床墊10.64%等（2016年）。經營（柚木）家具、沙發、床墊及系統家具設計服務。有詩肯柚木、詩肯家居及詩肯睡眠館三大門市，為台灣最大連鎖家具品牌。

106年Q3：資本額4.34億元，總資產14.67億元。
Q1～Q3累計：EPS 3.49元，Q1～Q3累計：ROE 17.42%

表6-54a 詩肯股利政策

（單位：元）

民國（年）	現金股利	盈餘配股	公積配股	股票股利	合計
105	2.97	0.00	0.00	0.00	2.97
104	3.50	0.00	0.00	0.00	3.50
103	5.11	0.00	0.00	0.00	5.11
102	5.00	0.50	0.00	0.50	5.50
101	4.00	0.50	0.00	0.50	4.50
100	4.50	0.50	0.00	0.50	5.00
99	2.00	0.00	0.00	0.00	2.00
98	0.00	0.00	0.00	0.00	0.00
97	0.50	0.00	0.00	0.00	0.50
96	0.00	0.00	0.00	0.00	0.00
95	0.00	0.00	0.00	0.00	0.00

表6-54b 詩肯年度成交資訊

民國（年）	張數	金額（仟元）	筆數（仟）	最高價	日期	最低價	日期	收盤均價
105	15,370	739,764	11	54.90	03/07	41.80	08/17	48.13
104	25,328	1,671,270	20	81.00	01/12	41.00	08/25	65.98
103	22,778	2,258,963	19	116.00	02/19	71.60	11/18	99.17
102	65,363	5,095,631	50	120.00	12/02	44.50	01/17	77.96
101	61,703	3,415,028	41	69.80	03/26	40.50	11/21	55.35
100	144,935	7,909,612	88	69.50	06/02	30.50	03/17	54.57
99	68,857	2,679,244	35	56.60	08/30	19.00	01/08	38.91
98	34,380	548,377	14	21.60	12/17	6.40	02/03	15.95
97	13,150	133,614	6	14.05	06/02	4.86	09/18	9.52
96	48,540	863,069	21	22.70	07/26	11.20	12/20	16.22

表6-54c 詩肯近4季與近5年的EPS

獲利能力（106年第3季）		最新4季每股盈餘		最新5年每股盈餘	
營業毛利率	55.72%	106第3季	1.39元	105年	3.82元
營業利益率	15.47%	106第2季	0.98元	104年	4.40元
稅前淨利率	15.44%	106第1季	1.12元	103年	6.11元
資產報酬率	4.09%	105第4季	1.34元	102年	6.62元
股東權益報酬率	7.20%	每股淨值	20.03元	101年	5.04元

近4季EPS總和為4.83元

表6-54d 詩肯收租股買前檢查表

民國（年）	最高價（元）（月/日）	最低價（元）（月/日）	收盤均價（元）	淨值（元）	EPS（元）	本益比（P/E）	ROE（%）	現金息（元）	現金殖利率（%）	現金配息率（%）	負債比（%）	董監事持股（%）	外資持股（%）
101	69.80（03/26）	40.50（11/21）	55.35	18.10	5.04	10.98	27.85	4.00	7.23	79.37	28.38	40.20	47.74
102	120.00（12/02）	44.50（01/17）	77.96	19.94	6.62	11.78	33.20	5.00	6.41	75.53	47.82	40.21	47.94
103	116.00（02/19）	71.60（11/18）	99.17	20.34	6.11	16.23	30.04	5.11	5.15	83.63	45.10	38.72	47.44
104	81.00（01/12）	41.00（08/25）	65.98	18.58	4.40	15.00	23.68	3.50	5.30	79.55	48.38	37.56	48.05
105	54.90（03/07）	41.80（08/17）	48.13	19.24	3.82	12.60	19.85	2.97	6.17	77.75	50.29	38.79	51.02
平均						13.32	26.92	4.12	6.05	79.16			
是否符合SOP：						○	○		◆	○	○	○	○

②複查買價＝平均P/E×近4季EPS
＝13.32×4.83元＝64.34元

①基準買價＝4.12元×15＝61.8元
買入P/E＝基準買價÷近4季EPS
＝61.8元÷4.83元＝12.8
※12.8＜15，OK

註1：配股記錄：100～102年均配股0.5元
註2：106Q3股價淨值比（P/B）=2.74
註3：最近4季（105Q4～106Q3）
　　　EPS=4.83元
註4：106/10/31股價：54.80元
註5：106/10/31適當買價：61.8元

註6：買前最近4季EPS（自填）：
註7：買前基準買價（自填）：
註8：買前複查買價（自填）：
註9：買前適當買價（自填）：
註10：本次買入價（自填）：

(55) 海韻電（6203）

成立：1975/09/19	上櫃：2002/12/26	產業別：電子零組件
地址：台北市內湖區內湖路一段360巷19號8F	電話：02-26590338	發言人：李欽漳（執行副總）
主要業務：電源供應器97.44%、其他2.56%（2016年）。為電腦電源供應器大廠，主要應用於PC及工業電腦，以自有品牌SeaSonic行銷全球。並積極開發高階新產品，因應同業的競爭。		
106年Q3：資本額8億元，總資產22.07億元。Q1～Q3累計：EPS 0.78元，Q1～Q3累計：ROE 4.47%		

表6-55a 海韻電股利政策

（單位：元）

民國（年）	現金股利	盈餘配股	公積配股	股票股利	合計
105	2.00	0.00	0.00	0.00	2.00
104	2.00	0.00	0.00	0.00	2.00
103	3.50	0.00	0.00	0.00	3.50
102	3.00	0.00	0.00	0.00	3.00
101	2.30	0.50	0.00	0.50	2.80
100	2.70	0.00	0.00	0.00	2.70
99	3.50	0.00	0.00	0.00	3.50
98	3.21	3.00	0.00	3.00	6.21
97	5.09	0.00	0.00	0.00	5.09
96	8.59	0.00	0.00	0.00	8.59

表6-55b 海韻電年度成交資訊

民國（年）	張數	金額（仟元）	筆數（仟）	最高價	日期	最低價	日期	收盤均價
105	9,297	299,526	7	36.10	08/08	28.60	01/14	32.22
104	18,981	743,668	14	51.10	01/09	26.60	08/25	39.18
103	131,425	7,727,726	88	74.60	07/11	35.90	02/05	58.80
102	16,172	578,973	11	40.00	08/20	31.80	11/13	35.80
101	18,666	700,309	13	44.80	03/15	30.20	01/02	37.52
100	19,944	832,115	15	56.00	01/13	28.95	10/03	41.72
99	67,325	5,124,813	43	94.40	04/29	53.00	11/11	76.12
98	88,737	5,179,517	58	76.50	08/04	31.20	01/13	58.37
97	96,570	9,211,521	60	245.00	02/27	29.90	11/20	115.03
96	37,169	5,962,751	16	244.50	11/07	108.00	02/08	151.23

表6-55c ▶ 海韻電近4季與近5年的EPS

獲利能力（106年第3季）		最新4季每股盈餘		最新5年每股盈餘	
營業毛利率	29.42%	106第3季	0.57元	105年	2.52元
營業利益率	12.89%	106第2季	0.42元	104年	2.46元
稅前淨利率	11.96%	106第1季	-0.21元	103年	4.38元
資產報酬率	2.17%	105第4季	0.76元	102年	3.45元
股東權益報酬率	3.34%	每股淨值	17.45元	101年	3.35元

近4季EPS總和為1.54元

表6-55d ▶ 海韻電收租股買前檢查表

民國（年）	最高價（元）（月/日）	最低價（元）（月/日）	收盤均價（元）	淨值（元）	EPS（元）	本益比（P/E）	ROE（%）	現金息（元）	現金殖利率（%）	現金配息率（%）	負債比（%）	董監事持股（%）	外資持股（%）
101	44.80（03/15）	30.20（01/02）	37.52	17.50	3.35	11.20	19.14	2.30	6.13	68.66	41.44	47.95	5.64
102	40.00（08/20）	31.80（11/13）	35.80	18.00	3.45	10.38	19.17	3.00	8.38	86.96	35.46	48.03	5.64
103	74.60（07/11）	35.90（02/05）	58.80	19.43	4.38	13.42	22.54	3.50	5.95	79.91	28.13	48.03	5.64
104	51.10（01/09）	26.60（08/25）	39.18	18.39	2.46	15.93	13.38	2.00	5.10	81.30	28.08	47.15	5.40
105	36.10（08/08）	28.60（01/14）	32.22	18.74	2.52	9.79	25.12	2.00	6.47	63.38	28.92	47.24	5.33
平均					2.56	12.14	19.87	2.56	6.41	76.04			
			是否符合SOP：			○	○		◆	○	○	○	○

②複查買價＝平均P/E×近4季EPS
　　　　　＝12.14×1.54元＝18.7元

①基準買價＝2.56元×15＝38.4元
買入P/E＝基準買價÷近4季EPS
　　　　＝38.4元÷1.54元＝24.93
※24.93＞15，不宜

註1：配股記錄：101年配股0.5元
註2：106Q3股價淨值比（P/B）=1.7
註3：最近4季（105Q4～106Q3）
　　　EPS=1.54元
註4：106/10/31 股價：29.60元
註5：106/10/31 適當買價：18.7元

註6：買前最近4季EPS（自填）：
註7：買前基準買價（自填）：
註8：買前複查買價（自填）：
註9：買前適當買價（自填）：
註10：本次買入價（自填）：

㊌ 慶生（6210）

成立：1984/10/05	上櫃：2003/02/14	產業別：電子零組件
地址：桃園市中壢區中壢工業區松江北路24號	電話：03-4529556	發言人：范揚淵（財務部經理）

主要業務：印刷電路板100%（2016年）。主攻客製化工業用電腦的印刷電路板（PCB），以生產客製化高利潤PCB，來因應同業競爭。

106年Q3：資本額3.5億元，總資產10.75億元。
Q1～Q3累計：EPS 3.41元，Q1～Q3累計：ROE 14.74%

表6-56a 慶生股利政策

（單位：元）

民國（年）	現金股利	盈餘配股	公積配股	股票股利	合計
105	2.00	0.00	0.00	0.00	2.00
104	4.00	0.00	0.00	0.00	4.00
103	4.00	0.00	0.00	0.00	4.00
102	3.50	0.00	0.00	0.00	3.50
101	3.00	0.00	0.00	0.00	3.00
100	3.00	0.00	0.00	0.00	3.00
99	4.00	0.00	0.00	0.00	4.00
98	1.00	0.00	0.00	0.00	1.00
97	0.70	0.00	0.00	0.00	0.70
96	0.45	0.00	0.00	0.00	0.45

表6-56b 慶生年度成交資訊

民國（年）	張數	金額（仟元）	筆數（仟）	最高價	日期	最低價	日期	收盤均價
105	19,769	846,305	13	48.70	03/23	30.15	11/14	42.81
104	71,938	4,008,896	44	69.50	04/14	36.35	08/24	55.73
103	33,286	1,497,237	21	49.45	03/27	39.60	10/28	44.98
102	28,877	1,311,360	14	51.70	08/20	39.65	01/08	45.41
101	57,180	2,646,690	20	55.00	09/26	31.60	01/13	46.29
100	48,823	2,545,281	25	64.60	03/11	30.50	08/22	52.13
99	267,358	10,119,780	111	53.90	09/07	16.50	01/27	37.85
98	138,551	2,519,127	51	24.30	10/20	11.45	02/03	18.18
97	54,638	1,794,796	11	43.90	04/21	13.50	12/30	27.47
96	61,026	891,055	18	21.80	10/30	9.29	01/03	15.01

表6-56c 慶生近4季與近5年的EPS

獲利能力（106年第3季）		最新4季每股盈餘		最新5年每股盈餘	
營業毛利率	37.14%	106第3季	1.24元	105年	3.27元
營業利益率	24.41%	106第2季	0.86元	104年	5.40元
稅前淨利率	24.54%	106第1季	1.31元	103年	5.77元
資產報酬率	4.03%	105第4季	1.10元	102年	4.28元
股東權益報酬率	5.51%	每股淨值	23.14元	101年	4.47元

近4季EPS總和為4.51元

表6-56d 慶生收租股買前檢查表

民國（年）	最高價（元）（月/日）	最低價（元）（月/日）	收盤均價（元）	淨值（元）	EPS（元）	本益比（P/E）	ROE（%）	現金息（元）	現金殖利率（%）	現金配息率（%）	負債比（%）	董監事持股（%）	外資持股（%）
101	55.00（09/26）	31.60（01/13）	46.29	18.14	4.47	10.36	24.64	3.00	6.48	67.11	30.88	21.48	1.86
102	51.70（08/20）	39.65（01/08）	45.41	18.71	4.28	10.61	22.88	3.50	7.71	81.78	32.19	21.48	0.07
103	49.45（03/27）	39.60（10/28）	44.98	21.05	5.77	7.80	27.41	4.00	8.89	69.32	32.38	21.48	0.10
104	69.50（04/14）	36.35（08/24）	55.73	22.40	5.40	10.32	24.11	4.00	7.18	74.07	28.31	22.01	1.01
105	48.70（03/23）	30.15（11/14）	42.81	21.73	3.27	13.09	15.05	2.00	4.67	61.16	23.76	22.21	0.25
平均						10.43	22.82	3.30	6.99	70.69			
是否符合SOP：						○	○		○	○	○	♦	

②複查買價＝平均P/E×近4季EPS
＝10.43×4.51元＝47.04元

①基準買價＝3.30元×15＝49.50元
買入P/E＝基準買價÷近4季EPS
＝49.5元÷4.51元＝10.98
※10.98＜15，OK

註1：配股記錄：無
註2：106Q3股價淨值比（P/B）＝1.83
註3：最近4季（105Q4～106Q3）
　　　EPS＝4.51元
註4：106/10/31股價：42.30元
註5：106/10/31適當買價：47.04元

註6：買前最近4季EPS（自填）：
註7：買前基準買價（自填）：
註8：買前複查買價（自填）：
註9：買前適當買價（自填）：
註10：本次買入價（自填）：

㊗ 普萊德（6263）

成立：1993/01/05	上櫃：2003/09/17	產業別：通信網路
地址：新北市新店區民權路96號10F	電話：02-22199518	發言人：林滿足（財務長）

主要業務：乙太網路供電34.27%、交換器20.54%、工業網路19.72%、光纖網路系統產品10.62%、寬頻網路設備3.95%、無線網路產品3.78%、監控2.85%等（2016年）。以自有品牌Planet行銷全球，今年推出新產品，有助營運獲利。

106年Q3：資本額6.25億元，總資產14.83億元。
Q1～Q3累計：EPS 3.46元，Q1～Q3累計：ROE 18.34%

表6-57a 普萊德股利政策

（單位：元）

民國（年）	現金股利	盈餘配股	公積配股	股票股利	合計
105	3.90	0.00	0.00	0.00	3.90
104	3.80	0.00	0.00	0.00	3.80
103	3.30	0.20	0.00	0.20	3.50
102	2.60	0.20	0.00	0.20	2.80
101	2.10	0.20	0.00	0.20	2.30
100	1.40	0.00	0.00	0.00	1.40
99	1.50	0.00	0.00	0.00	1.50
98	1.70	0.30	0.00	0.30	2.00
97	2.00	0.30	0.00	0.30	2.30
96	2.80	0.50	0.00	0.50	3.30

表6-57b 普萊德年度成交資訊

民國（年）	張數	金額（仟元）	筆數（仟）	最高價	日期	最低價	日期	收盤均價
105	21,412	1,003,839	16	52.50	07/07	38.00	01/14	46.88
104	89,688	4,748,201	61	66.10	05/29	35.95	08/24	52.94
103	56,116	2,642,532	37	56.60	04/10	37.90	01/02	47.09
102	51,525	1,675,030	31	40.00	12/24	25.60	01/28	32.51
101	22,330	538,991	13	29.10	07/05	17.35	01/03	24.14
100	11,574	270,727	8	30.45	01/06	15.80	11/23	23.39
99	47,545	1,630,521	29	38.80	03/18	28.50	05/25	34.29
98	79,184	2,333,117	43	38.60	10/20	16.90	02/02	29.46
97	29,643	1,061,850	19	45.40	05/22	17.10	12/05	32.84
96	180,753	12,407,750	100	82.90	07/06	38.10	12/18	61.56

普萊德近4季與近5年的EPS

獲利能力（106年第3季）		最新4季每股盈餘		最新5年每股盈餘	
營業毛利率	38.36%	106第3季	1.24元	105年	4.38元
營業利益率	25.39%	106第2季	1.16元	104年	4.26元
稅前淨利率	26.70%	106第1季	1.05元	103年	4.00元
資產報酬率	5.01%	105第4季	1.19元	102年	3.20元
股東權益報酬率	6.81%	每股淨值	18.87元	101年	2.62元

近4季EPS總和為4.64元

表6-57d 普萊德收租股買前檢查表

民國（年）	最高價（元）（月/日）	最低價（元）（月/日）	收盤均價（元）	淨值（元）	EPS（元）	本益比（P/E）	ROE（%）	現金息（元）	現金殖利率（%）	現金配息率（%）	負債比（%）	董監事持股（%）	外資持股（%）
101	29.10（07/05）	17.35（01/03）	24.14	16.11	2.62	9.21	16.26	2.10	8.70	80.15	14.48	41.47	0.05
102	40.00（12/24）	25.60（01/28）	32.51	16.96	3.20	10.16	18.87	2.60	8.00	81.25	18.83	41.23	0.05
103	56.60（04/10）	37.90（01/02）	47.09	18.08	4.00	11.77	22.12	3.30	7.01	82.50	18.86	41.03	0.38
104	66.10（05/29）	35.95（08/24）	52.94	18.73	4.26	12.43	22.74	3.80	7.18	89.20	15.87	40.97	0.32
105	52.50（07/07）	38.00（01/14）	46.88	19.30	4.38	15.49	10.13	3.90	5.99	92.72	19.19	40.98	0.71
平均				11.81	18.03	3.14	7.37	85.16					
是否符合SOP：				○	○	○		○	○	○	○	○	

②複查買價＝平均P/E×近4季EPS
＝11.81×4.64元＝54.8元

①基準買價＝3.14元×15＝47.1元
買入P/E＝基準買價÷近4季EPS
＝47.1元÷4.64元＝10.15
※10.15＜15，OK

註1：配股記錄：101～103年均配股0.2元
註2：106Q3股價淨值比（P/B）＝2.99
註3：最近4季（105Q4～106Q3）
　　　EPS＝4.64元
註4：106/10/31股價：56.40元
註5：106/10/31適當買價：47.1元

註6：買前最近4季EPS（自填）：
註7：買前基準買價（自填）：
註8：買前複查買價（自填）：
註9：買前適當買價（自填）：
註10：本次買入價（自填）：

㊽ 迅德（6292）

成立：1986/05/19	上櫃：2003/11/26	產業別：電子零組件
地址：桃園市龜山區民生北路 　　　一段38-1號	電話：03-3554556	發言人：張美薇 　　　　（財務行政部經理）

主要業務：變壓器95.94%、電源供應器3.87%、其他0.18%（2016年）。為
　　　　　（工業）變壓器大廠，主攻汽車、醫療、照明LED等工業市場，投資
　　　　　德信科技，有助於開發客源，可提升獲利率。

106年Q3：資本額4.69億元，總資產16.63億元。
　　　　　　Q1～Q3累計：EPS 1.92元，Q1～Q3累計：ROE 9.99%

表6-58a 迅德股利政策

（單位：元）

民國（年）	現金股利	盈餘配股	公積配股	股票股利	合計
105	3.20	0.00	0.00	0.00	3.20
104	2.00	0.00	0.00	0.00	2.00
103	3.00	0.00	0.00	0.00	3.00
102	3.20	0.00	0.00	0.00	3.20
101	2.50	0.00	0.00	0.00	2.50
100	1.50	0.00	0.00	0.00	1.50
99	2.90	0.00	0.00	0.00	2.90
98	1.60	0.00	0.00	0.00	1.60
97	0.41	0.00	0.00	0.00	0.41
96	1.21	0.05	0.00	0.05	1.26

表6-58b 迅德年度成交資訊

民國 （年）	張數	金額（仟元）	筆數（仟）	最高價	日期	最低價	日期	收盤均價
105	5,986	168,520	4	30.60	03/07	25.10	01/07	28.15
104	16,249	535,340	8	37.45	03/19	24.10	08/24	32.95
103	33,104	1,134,031	18	39.45	03/21	27.30	10/13	34.26
102	41,468	1,218,781	22	35.30	12/25	22.25	01/08	29.39
101	12,749	314,083	6	28.95	03/05	21.00	06/04	24.64
100	24,469	812,072	14	37.85	05/09	20.85	11/25	33.19
99	62,882	2,047,636	27	41.50	04/30	23.30	02/05	32.56
98	25,224	453,971	11	26.40	12/21	8.71	03/02	18.00
97	5,252	92,411	3	23.15	04/08	9.87	12/05	17.19
96	59,545	1,613,317	25	33.30	08/10	19.60	12/20	26.17

表6-58c 迅德近4季與近5年的EPS

獲利能力（106年第3季）		最新4季每股盈餘		最新5年每股盈餘	
營業毛利率	26.50%	106第3季	0.80元	105年	3.35元
營業利益率	9.48%	106第2季	0.70元	104年	2.06元
稅前淨利率	12.31%	106第1季	0.42元	103年	3.31元
資產報酬率	2.31%	105第4季	1.05元	102年	2.72元
股東權益報酬率	4.24%	每股淨值	19.22元	101年	2.81元

近4季EPS總和為2.97元

表6-58d 迅德收租股買前檢查表

民國（年）	最高價（元）（月/日）	最低價（元）（月/日）	收盤均價（元）	淨值（元）	EPS（元）	本益比（P/E）	ROE（%）	現金息（元）	現金殖利率（%）	現金配息率（%）	負債比（%）	董監事持股（%）	外資持股（%）
101	28.95（03/05）	21.00（06/04）	24.64	19.85	2.81	8.77	14.16	2.50	10.15	88.97	29.29	50.71	0.02
102	35.30（12/25）	22.25（01/08）	29.39	20.54	2.72	10.81	13.24	3.20	10.89	117.65	30.03	45.03	0.02
103	39.45（03/21）	27.30（10/13）	34.26	21.02	3.31	10.35	15.75	3.00	8.76	90.63	33.78	45.00	0.34
104	37.45（03/19）	24.10（8/24）	32.95	20.04	2.06	16.00	10.28	2.00	6.07	97.09	40.50	51.52	0.19
105	30.60（03/07）	25.10（01/07）	28.15	20.76	3.35	8.40	16.14	3.20	11.37	95.52	40.68	40.90	0.18
平均						10.86	13.91	2.78	9.45	97.97			
是否符合SOP：						○	◆		○	○	○	○	○

②複查買價=平均P/E×近4季EPS
=10.86×2.97元=32.25元

①基準買價=2.78元×15=41.7元
買入P/E=基準買價÷近4季EPS
=41.7元÷2.97元=14.04
※14.04＜15，ok

註1：配股記錄：無
註2：106Q3股價淨值比（P/B）=1.69
註3：最近4季（105Q4～106Q3）
　　　EPS=2.97元
註4：106/10/31股價：32.55元
註5：106/10/31適當買價：32.25元

註6：買前最近4季EPS（自填）：
註7：買前基準買價（自填）：
註8：買前複查買價（自填）：
註9：買前適當買價（自填）：
註10：本次買入價（自填）：

(59) 廣積（8050）

成立：2000/02/15	上櫃：2003/10/24	產業別：電腦及周邊設備
地址：台北市南港區園區街3-1號11F	電話：02-26557588	發言人：吳玉成（總經理）
主要業務：高階系統產品70.04%、其他13.82%、單板電腦主機板13.26%、嵌入式電腦主機板2.88%（2016年）。主攻汽車、醫療、網通等工業電腦市場，與緯創（3231）策略結盟，有助營運，子公司廣錠則專攻博奕產品。		
106年Q3：資本額12.35億元，總資產51.35億元。Q1～Q3累計：EPS 2.35元，Q1～Q3累計：ROE 9.69%		

表6-59a 廣積股利政策

（單位：元）

民國（年）	現金股利	盈餘配股	公積配股	股票股利	合計
105	4.03	0.38	0.00	0.38	4.41
104	3.49	0.38	0.00	0.38	3.87
103	3.33	0.50	0.00	0.50	3.83
102	4.52	0.51	0.00	0.51	5.03
101	2.93	0.49	0.00	0.49	3.42
100	2.99	0.44	0.00	0.44	3.43
99	3.02	0.31	0.00	0.31	3.33
98	2.34	0.10	0.10	0.20	2.54
97	1.98	0.10	0.39	0.49	2.47
96	4.03	1.01	0.00	1.01	5.04

表6-59b 廣積年度成交資訊

民國（年）	張數	金額（仟元）	筆數（仟）	最高價	日期	最低價	日期	收盤均價
105	303,648	19,312,902	211	75.50	09/22	46.05	01/18	63.60
104	348,501	21,182,728	234	79.20	06/03	39.60	08/25	60.78
103	369,740	22,940,115	225	74.00	06/09	43.85	01/02	62.04
102	102,213	4,161,338	62	44.90	12/30	35.40	01/17	40.71
101	70,183	2,849,150	44	47.20	03/09	33.20	10/29	40.60
100	65,403	3,059,892	41	54.70	05/11	31.10	11/24	46.78
99	90,050	4,839,185	58	64.70	01/19	44.10	05/25	53.74
98	293,552	15,388,724	172	66.70	09/22	33.20	01/21	52.42
97	194,307	15,772,405	135	120.00	04/23	30.35	11/18	73.21
96	481,919	56,693,610	296	178.50	07/10	62.20	03/05	107.93

表6-59c 廣積近4季與近5年的EPS

獲利能力（106年第3季）		最新4季每股盈餘		最新5年每股盈餘	
營業毛利率	31.34%	106第3季	1.22元	105年	5.31元
營業利益率	11.39%	106第2季	0.54元	104年	4.45元
稅前淨利率	14.95%	106第1季	0.64元	103年	4.07元
資產報酬率	3.79%	105第4季	0.83元	102年	2.89元
股東權益報酬率	6.04%	每股淨值	24.25元	101年	3.83元

近4季EPS總和為3.23元

表6-59d 廣積收租股買前檢查表

民國（年）	最高價（元）（月/日）	最低價（元）（月/日）	收盤均價（元）	淨值（元）	EPS（元）	本益比（P/E）	ROE（%）	現金息（元）	現金殖利率（%）	現金配息率（%）	負債比（%）	董監事持股（%）	外資持股（%）
101	47.20（03/09）	33.20（10/29）	40.60	24.69	3.83	10.60	15.51	2.93	7.22	76.50	27.60	6.29	0.88
102	44.90（12/30）	35.40（01/17）	40.71	24.32	2.89	14.09	11.88	4.52	11.10	156.40	25.67	6.58	2.14
103	74.00（06/09）	43.85（01/02）	62.04	22.80	4.07	15.24	17.85	3.33	5.37	81.82	35.40	8.61	5.20
104	79.20（06/03）	39.60（08/25）	60.78	24.12	4.45	13.66	18.45	3.49	5.74	78.43	27.42	8.43	5.11
105	75.50（09/22）	46.05（01/18）	63.60	25.88	5.31	11.98	20.52	4.03	6.34	75.89	26.70	5.46	2.88
平均						13.11	16.84	3.66	7.15	93.81			
		是否符合SOP：				○	○		○	○	○	X	X

②複查買價=平均P/E×近4季EPS
　　　　　=13.11×3.23元=42.35元

①基準買價=3.66元×15=54.9元
買入P/E=基準買價÷近4季EPS
　　　　=54.9元÷3.23元=17
※17>15，不宜

註1：配股記錄：每年配股，見表6-59a
註2：106Q3股價淨值比（P/B）=2.19
註3：最近4季（105Q4～106Q3）
　　　EPS=3.23元
註4：106/10/31股價：53.10元
註5：106/10/31適當買價：42.35元

註6：買前最近4季EPS（自填）：
註7：買前基準買價（自填）：
註8：買前複查買價（自填）：
註9：買前適當買價（自填）：
註10：本次買入價（自填）：

⑥ 鉅邁（8435）

成立：1977/09/01	上櫃：2012/12/28	產業別：其他
地址：新北市汐止區新台五路一段77號5F-4	電話：02-26988112	發言人：郭侗（財會處副總）

主要業務：冷卻水系統52.09%、製程系統22.59%、鍋爐水系統12.10%、其他6.17%、商品出售4.65%、廢水處理系統2.40%（2016年）。台灣第三大水處理廠商，是老牌公司，但2012年才上櫃，中國業務穩定成長。以客製化、高利潤產品為主，因環保法規趨嚴，可望帶動營運成長。

106年Q3：資本額3.17億元，總資產8.57億元。
Q1～Q3累計：EPS 2.66元，Q1～Q3累計：ROE 11.85%

表6-60a 鉅邁股利政策

（單位：元）

民國（年）	現金股利	盈餘配股	公積配股	股票股利	合計
105	3.00	0.00	0.00	0.00	3.00
104	3.15	0.00	0.00	0.00	3.15
103	3.00	0.30	0.00	0.30	3.30
102	2.90	0.40	0.00	0.40	3.30
101	3.00	0.00	0.00	0.00	3.00
100	2.50	0.50	0.00	0.50	3.00

表6-60b 鉅邁年度成交資訊

民國（年）	張數	金額（仟元）	筆數（仟）	最高價	日期	最低價	日期	收盤均價
105	4,525	203,812	4	49.85	03/14	40.00	12/09	45.04
104	13,141	697,949	9	60.30	04/21	43.65	08/24	53.11
103	23,210	1,220,748	16	57.60	01/08	46.80	02/05	52.60
102	47,539	2,429,503	33	60.20	12/25	39.00	01/02	51.11
101	2,060	82,038	1	41.00	12/28	38.40	12/28	39.82

表6-60c 鉅邁近4季與近5年的EPS

獲利能力（106年第3季）		最新4季每股盈餘		最新5年每股盈餘	
營業毛利率	47.03%	106第3季	0.86元	105年	2.98元
營業利益率	17.89%	106第2季	1.12元	104年	3.09元
稅前淨利率	18.39%	106第1季	0.68元	103年	3.27元
資產報酬率	3.10%	105第4季	0.96元	102年	3.70元
股東權益報酬率	3.91%	每股淨值	22.45元	101年	3.68元

近4季EPS總和為3.62元

表6-60d 鉅邁收租股買前檢查表

民國（年）	最高價（元）（月/日）	最低價（元）（月/日）	收盤均價（元）	淨值（元）	EPS（元）	本益比（P/E）	ROE（%）	現金息（元）	現金殖利率（%）	現金配息率（%）	負債比（%）	董監事持股（%）	外資持股（%）
101	41.00（12/28）	38.40（12/28）	39.82	23.36	3.68	10.82	15.75	3.00	7.53	81.52	17.64	19.11	0
102	60.20（12/25）	39.00（01/02）	51.11	24.57	3.70	13.81	15.06	2.90	5.67	78.38	13.98	20.85	0
103	57.60（01/08）	46.80（02/05）	52.60	24.45	3.27	16.09	13.37	3.00	5.70	91.74	15.63	17.52	0.39
104	60.30（04/21）	43.65（08/24）	53.11	23.75	3.09	17.19	13.01	3.15	5.93	101.94	16.33	16.72	0.09
105	49.85（03/14）	40.00（12/09）	45.04	22.88	2.98	15.11	13.02	3.00	6.66	100.67	18.53	15.89	0
平均						14.60	14.04	3.01	6.30	90.85			
是否符合SOP：						○	◆		◆	○	○	X	X

②複查買價＝平均P/E×近4季EPS
　　＝14.6×3.62元=52.85元

①基準買價=3.01元×15=45.15元
　買入P/E=基準買價÷近4季EPS
　　　　＝45.15元÷3.62元=12.47
　※12.47＜15，OK

註1：配股記錄：102年0.4元,103年0.3元
註2：106Q3股價淨值比（P/B）=1.84
註3：最近4季（105Q4～106Q3）
　　　EPS=3.62元
註4：106/10/31股價：41.30元
註5：106/10/31適當買價：45.15元

註6：買前最近4季EPS（自填）：
註7：買前基準買價（自填）：
註8：買前複查買價（自填）：
註9：買前適當買價（自填）：
註10：本次買入價（自填）：

⑥¹ 長興（1717）

成立：1964/12/03	上市：1994/03/31	產業別：化工
地址：高雄市三民區建工路 　　　578號	電話：07-3838181	發言人：顏淑雯 　　　　（副總經理）

主要業務：合成樹脂53.27%、電子材料（KFT2）27.01%、特殊材料17.17%、其他2.56%（2016年）。亞洲最大的合成樹脂廠，也是乾膜（防焊）光阻劑大廠，台灣、中國、日本、泰國、馬來西亞及美國等均有生產據點。

106年Q3：資本額115.91億元，總資產540.44億元。
Q1～Q3累計：EPS：1.07元，Q1～Q3累計：ROE 6.22%

表6-61a 長興股利政策

（單位：元）

民國（年）	現金股利	盈餘配股	公積配股	股票股利	合計
105	1.50	0.50	0.00	0.50	2.00
104	1.50	0.80	0.00	0.80	2.30
103	1.80	0.00	0.00	0.00	1.80
102	1.40	0.30	0.00	0.30	1.70
101	1.10	0.00	0.00	0.00	1.10
100	1.00	0.00	0.00	0.00	1.00
99	1.50	0.50	0.00	0.50	2.00
98	2.20	0.50	0.00	0.50	2.70
97	1.50	0.10	0.00	0.10	1.60
96	1.40	1.00	0.00	1.00	2.40

表6-61b 長興年度成交資訊

民國（年）	張數	金額（仟元）	筆數（仟）	最高價	日期	最低價	日期	收盤均價
105	173,899	5,795,623	92	35.80	7/15	30.60	1/18	33.10
104	185,102	5,944,019	95	35.90	4/30	27.20	8/25	31.53
103	322,811	10,277,996	146	37.40	7/17	27.60	2/05	31.15
102	318,507	7,947,585	138	29.25	12/31	22.50	5/31	25.29
101	194,282	4,695,710	103	26.85	3/14	21.40	6/15	24.09
100	358,049	11,023,983	166	35.95	1/20	20.90	11/24	29.19
99	597,706	19,930,091	224	38.25	4/29	29.00	5/25	32.49
98	958,585	24,653,595	320	34.50	12/29	13.70	1/21	25.07
97	581,615	16,748,217	204	39.00	3/06	13.90	10/28	26.38
96	977,944	46,138,817	337	61.00	4/03	30.50	12/17	47.15

表6-61c ▶ 長興近4季與近5年的EPS

獲利能力（106年第3季）		最新4季每股盈餘		最新5年每股盈餘	
營業毛利率	18.15%	106第3季	0.39元	105年	2.38元
營業利益率	5.60%	106第2季	0.26元	104年	2.81元
稅前淨利率	4.92%	106第1季	0.44元	103年	2.26元
資產報酬率	1.04%	105第4季	0.41元	102年	1.94元
股東權益報酬率	2.17%	每股淨值	17.20元	101年	1.27元

近4季EPS總和為1.5元

表6-61d ▶ 長興收租股買前檢查表

民國（年）	最高價（元）（月/日）	最低價（元）（月/日）	收盤均價（元）	淨值（元）	EPS（元）	本益比（P/E）	ROE（%）	現金息（元）	現金殖利率（%）	現金配息率（%）	負債比（%）	董監事持股（%）	外資持股（%）
101	26.85（03/14）	21.40（06/15）	24.09	18.4	1.27	18.97	6.90	1.10	4.57	86.61	53.5	18.64	14.31
102	29.25（12/31）	22.50（05/31）	25.29	19.97	1.94	13.04	9.71	1.40	5.54	72.16	54.35	19.02	15.16
103	37.40（07/17）	27.60（02/05）	31.15	21.01	2.26	13.78	10.76	1.80	5.78	79.65	53.47	18.85	12.42
104	35.90（04/30）	27.20（08/25）	31.53	21.39	2.81	11.22	13.14	1.50	4.76	53.38	54.42	18.81	12.40
105	35.80（07/15）	30.60（01/18）	33.10	18.74	2.38	13.91	12.70	1.50	4.53	63.03	59.00	18.72	13.20
平均						14.18	10.64	1.46	5.03	70.97			
是否符合SOP：						○	▲		X	○	▲	○	○

②複查買價＝平均P/E×近4季EPS
＝14.18×1.5元=21.27元

①基準買價＝1.46元×15=21.9元
買入P/E＝基準買價÷近4季EPS
＝21.9÷1.5元＝14.6
※∵14.6＜15，OK

註1：近5年配股記錄：3年配股，見表6-61a
註2：106Q3股價淨值比（P/B）=1.77
註3：最近4季（105Q4～106Q3）
　　　EPS=1.5元
註4：106/10/31股價：30.45元
註5：106/10/31適當買價：21.27元

註6：買前最近4季EPS（自填）：
註7：買前基準買價（自填）：
註8：買前複查買價（自填）：
註9：買前適當買價（自填）：
註10：本次買入價（自填）：

⑥ 豐興（2015）

成立：1969/01/07	上市：1992/05/25	產業別：鋼鐵
地址：台中市后里區甲后路702號	電話：04-25565101	發言人：陳連興（營業三處協理）

主要業務：鋼筋34.83%、棒鋼、盤元33.30%、型鋼31.82%等（2016年）。為中部煉鋼廠，以國內市場為主，佔有率約13%，易受營建景氣影響，但近10年均配≧2元現金息。

106年Q3：資本額58.16億元，總資產192.86億元。
Q1～Q3累計：EPS 3.1元，Q1～Q3累計：ROE 10.8%

表6-62a 豐興股利政策

（單位：元）

民國（年）	現金股利	盈餘配股	公積配股	股票股利	合計
105	3.00	0.00	0.00	0.00	3.00
104	2.50	0.00	0.00	0.00	2.50
103	2.50	0.00	0.00	0.00	2.50
102	3.00	0.00	0.00	0.00	3.00
101	2.50	0.00	0.00	0.00	2.50
100	3.00	0.00	0.00	0.00	3.00
99	2.75	0.00	0.00	0.00	2.75
98	2.00	0.00	0.00	0.00	2.00
97	2.00	0.00	0.00	0.00	2.00
96	3.00	0.30	0.00	0.30	3.30

表6-62b 豐興年度成交資訊

民國（年）	張數	金額（仟元）	筆數（仟）	最高價	日期	最低價	日期	收盤均價
105	110,750	4,754,230	71	48.00	4/27	36.35	1/14	41.88
104	81,760	3,152,800	50	42.00	5/07	33.40	8/24	38.46
103	238,279	10,375,035	125	54.60	1/02	36.45	10/17	44.33
102	131,121	6,961,520	81	57.90	5/31	50.00	4/10	52.88
101	151,226	7,519,295	92	52.50	3/23	46.00	7/23	49.44
100	391,404	20,763,834	181	59.80	2/09	45.40	12/19	52.23
99	471,391	24,909,569	197	61.30	1/11	41.05	5/27	50.86
98	1,567,647	70,639,481	597	61.50	8/17	30.15	3/03	46.80
97	1,327,493	77,384,610	487	106.00	5/29	20.30	10/29	59.78
96	514,778	23,586,871	156	58.90	10/01	38.20	5/30	44.76

表6-62c 豐興近4季與近5年的EPS

獲利能力（106年第3季）		最新4季每股盈餘		最新5年每股盈餘	
營業毛利率	12.90%	106第3季	0.87元	105年	3.12元
營業利益率	9.79%	106第2季	0.99元	104年	3.45元
稅前淨利率	11.64%	106第1季	1.24元	103年	2.87元
資產報酬率	2.54%	105第4季	0.58元	102年	2.49元
股東權益報酬率	3.09%	每股淨值	28.71元	101年	2.78元

近4季EPS總和為3.68元

表6-62d 豐興收租股買前檢查表

民國（年）	最高價（元）（月/日）	最低價（元）（月/日）	收盤均價（元）	淨值（元）	EPS（元）	本益比（P/E）	ROE（%）	現金息（元）	現金殖利率（%）	現金配息率（%）	負債比（%）	董監事持股（%）	外資持股（%）
101	52.50（03/23）	46.00（07/23）	49.44	27.44	2.78	17.78	10.13	2.50	5.06	89.93	20.19	21.14	15.65
102	57.90（05/31）	50.00（04/10）	52.88	27.29	2.49	21.24	9.12	3.00	5.67	120.48	19.02	20.30	17.66
103	54.60（01/02）	36.45（10/17）	44.33	27.12	2.87	15.45	10.58	2.50	5.64	87.11	18.29	19.84	22.84
104	42.00（05/07）	33.40（08/24）	38.46	28.01	3.45	11.15	12.32	2.50	6.50	72.46	14.45	19.41	12.00
105	48.00（04/27）	36.35（01/14）	41.88	28.51	3.12	13.42	10.94	3.00	7.16	96.15	15.55	18.94	12.41
平均						15.81	10.62	2.70	6.01	93.23			
是否符合SOP：						◆	▲		◆		○	○	○

②複查買價=平均P/E×近4季EPS
=15×3.68元=55.2元
※平均P/E≧15，取15.00計算

①基準買價=2.7元×15=40.5元
買入P/E=基準買價÷近4季EPS
=40.5元÷3.68元=11.01
※11.01＜15，OK

註1：近5年配股記錄：無
註2：105Q3股價淨值比（P/B）=1.81
註3：最近4季（105Q4～106Q3）
EPS=3.68元
註4：106/10/31股價：52.10元
註5：106/10/31適當買價：40.5元

註6：買前最近4季EPS（自填）：
註7：買前基準買價（自填）：
註8：買前複查買價（自填）：
註9：買前適當買價（自填）：
註10：本次買入價（自填）：

㊷ 正新（2105）

成立：1969/12/19	上市：1987/12/07	產業別：橡膠
地址：彰化縣大村鄉黃厝村美 　　　港路215號	電話：04-8525151	發言人：羅永勵 　　　　（財務部協理）

主要業務：輻射層汽車外胎46.59%、輻射層卡車外胎17.34%、機車外胎
　　　　　13.65%、其他輪胎12.51%、自行車外胎5.92%、內胎4.77%等
　　　　　（2016年）。汽機車輪胎業龍頭，在中國、印尼、印度及越南等均有
　　　　　設廠，目前為全球第九大輪胎廠。

106年Q3：資本額324.14億元，總資產1,734.4億元。
　　　　　Q1～Q3累計：EPS 1.45元，Q1～Q3累計：ROE 5.79%

表6-63a ▶ 正新股利政策

（單位：元）

民國（年）	現金股利	盈餘配股	公積配股	股票股利	合計
105	3.00	0.00	0.00	0.00	3.00
104	3.00	0.00	0.00	0.00	3.00
103	3.00	0.00	0.00	0.00	3.00
102	3.00	0.00	0.00	0.00	3.00
101	1.50	1.50	0.00	1.50	3.00
100	1.40	1.40	0.00	1.40	2.80
99	2.00	2.00	0.00	2.00	4.00
98	2.00	2.50	0.00	2.50	4.50
97	1.00	1.00	0.00	1.00	2.00
96	1.20	1.50	0.00	1.50	2.70

表6-63b ▶ 正新年度成交資訊

民國 （年）	張數	金額（仟元）	筆數 （仟）	最高價	日期	最低價	日期	收盤均價
105	1,514,358	97,190,754	736	72.90	8/10	48.55	1/21	63.27
104	1,060,522	67,790,726	540	78.10	2/24	48.80	8/24	64.46
103	1,687,263	129,593,535	732	91.00	4/03	65.10	9/24	75.94
102	1,747,500	148,502,443	748	103.00	4/22	72.70	11/11	83.92
101	1,556,188	113,414,228	594	81.80	8/01	64.50	1/02	72.70
100	1,659,629	116,854,918	691	90.80	7/18	58.20	9/26	70.33
99	1,988,971	136,269,922	763	84.60	8/02	57.70	2/06	67.62
98	2,450,042	135,353,310	827	76.50	11/25	22.50	1/21	53.32
97	1,625,398	76,801,698	570	64.00	3/25	26.25	11/24	45.54
96	2,068,807	103,266,147	575	75.40	10/03	28.50	3/14	46.26

表6-63c ▶ 正新近4季與近5年的EPS

獲利能力（106年第3季）		最新4季每股盈餘		最新5年每股盈餘	
營業毛利率	20.45%	106第3季	0.33元	105年	4.09元
營業利益率	4.52%	106第2季	0.53元	104年	3.94元
稅前淨利率	5.25%	106第1季	0.59元	103年	4.94元
資產報酬率	0.75%	105第4季	0.69元	102年	5.72元
股東權益報酬率	1.30%	每股淨值	25.05元	101年	5.64元

近4季EPS總和為2.14元

表6-63d ▶ 正新收租股買前檢查表

民國（年）	最高價（元）（月/日）	最低價（元）（月/日）	收盤均價（元）	淨值（元）	EPS（元）	本益比（P/E）	ROE（%）	現金息（元）	現金殖利率（%）	現金配息率（%）	負債比（%）	董監事持股（%）	外資持股（%）
101	81.80（08/01）	64.50（01/02）	72.70	22.31	5.64	12.89	25.28	1.50	2.06	26.60	58.02	43.49	14.59
102	81.20（08/27）	72.70（11/11）	83.92	24.31	5.72	14.67	23.53	3.00	3.57	52.45	51.06	43.24	19.78
103	102.00（07/01）	65.10（09/24）	75.94	27.08	4.94	15.37	18.24	3.00	3.95	60.73	47.87	55.95	5.43
104	119.50（04/28）	48.80（08/24）	64.46	27.51	3.94	16.36	14.32	3.00	4.65	76.14	45.80	29.02	13.49
105	72.90（08/10）	48.55（01/21）	63.27	26.99	4.09	15.47	15.15	3.00	4.74	73.35	47.51	25.42	13.80
平均						14.95	19.31	2.70	3.80	57.85			
是否符合SOP：						○	○		X	▲	○	○	

②複查買價=平均P/E×近4季EPS
=14.95×2.14元=31.99元

①基準買價=2.7元×15=40.5元
買入P/E=基準買價÷近4季EPS
=40.5元÷2.14元=18.93
※18.93＞15，不宜

註1：近5年配股記錄：101年1.5元
註2：106Q3股價淨值比（P/B）=2.38
註3：最近4季（105Q4～106Q3）
　　　EPS=2.14元
註4：106/10/31股價：59.50元
註5：106/10/31適當買價：31.99元

註6：買前最近4季EPS（自填）：
註7：買前基準買價（自填）：
註8：買前複查買價（自填）：
註9：買前適當買價（自填）：
註10：本次買入價（自填）：

㉖ 矽品（2325）

成立：1984/05/17	上市：1993/04/07	產業別：半導體
地址：台中市潭子區大豐路三段123號	電話：04-25341525	發言人：江百宏（董事長特助）

主要業務： 封裝87.32%、測試12.02%等（2016年）。全球第三大封裝測試廠，隨著物聯網、虛擬實境（VR）等新領域的應用，高階封測產能可望提升。

106年Q3： 資本額311.64億元，總資產1,564.41億元。
Q1～Q3累計：EPS 1.74元，Q1～Q3累計：ROE 8.10%

表6-64a 矽品股利政策

（單位：元）

民國（年）	現金股利	盈餘配股	公積配股	股票股利	合計
105	1.75	0.00	0.00	0.00	1.75
104	3.80	0.00	0.00	0.00	3.80
103	3.00	0.00	0.00	0.00	3.00
102	1.80	0.00	0.00	0.00	1.80
101	1.65	0.00	0.00	0.00	1.65
100	1.42	0.00	0.00	0.00	1.42
99	1.62	0.00	0.00	0.00	1.62
98	2.58	0.00	0.00	0.00	2.58
97	1.80	0.00	0.00	0.00	1.80
96	4.50	0.10	0.00	0.10	4.60

表6-64b 矽品年度成交資訊

民國（年）	張數	金額（仟元）	筆數（仟）	最高價	日期	最低價	日期	收盤均價
105	1,899,341	95,160,220	616	54.50	5/27	43.15	5/04	48.91
104	3,821,074	173,596,952	1,388	57.90	2/25	32.50	8/20	46.41
103	3,691,009	162,665,867	1,102	55.80	7/09	35.40	2/06	43.33
102	2,339,646	80,321,298	686	39.50	7/01	30.00	2/06	34.18
101	2,133,705	68,440,902	699	36.50	4/03	26.65	1/02	32.03
100	3,304,053	108,983,013	968	41.90	2/18	23.05	8/22	32.57
99	4,147,181	151,933,809	1,182	47.70	1/08	28.45	8/31	35.69
98	4,468,518	176,749,048	1,378	49.30	10/20	25.05	1/21	39.78
97	4,355,171	188,574,662	1,171	59.00	4/18	21.50	12/04	42.34
96	3,354,479	209,184,733	863	75.80	7/10	47.50	1/08	63.32

表6-64c ▶ 矽品近4季與近5年的EPS

獲利能力（106年第3季）		最新4季每股盈餘		最新5年每股盈餘	
營業毛利率	21.93%	106第3季	0.72元	105年	3.19元
營業利益率	12.48%	106第2季	0.69元	104年	2.81元
稅前淨利率	11.65%	106第1季	0.32元	103年	3.77元
資產報酬率	1.93%	105第4季	0.91元	102年	1.90元
股東權益報酬率	3.41%	每股淨值	21.62元	101年	1.83元

近4季EPS總和為2.64元

表6-64d ▶ 矽品收租股買前檢查表

民國（年）	最高價（元）（月/日）	最低價（元）（月/日）	收盤均價（元）	淨值（元）	EPS（元）	本益比（P/E）	ROE（%）	現金息（元）	現金殖利率（%）	現金配息率（%）	負債比（%）	董監事持股（%）	外資持股（%）
101	36.50（04/03）	26.65（01/02）	32.03	19.40	1.83	17.50	9.43	1.65	5.15	90.16	31.60	5.81	55.70
102	39.50（07/01）	30.00（02/06）	34.18	20.05	1.90	17.99	9.48	1.80	5.27	94.74	38.64	5.80	55.37
103	55.80（07/09）	35.40（02/06）	43.33	23.14	3.76	11.52	16.25	3.00	6.92	79.79	44.42	4.92	57.22
104	57.90（02/25）	32.50（08/20）	46.41	22.65	2.81	16.52	12.41	3.80	8.19	135.23	42.72	4.87	59.22
105	54.50（05/27）	43.15（05/04）	48.91	21.24	3.19	15.33	15.02	1.75	3.58	54.86	46.52	28.75	38.28
平均						15.77	12.52	2.40	5.82	90.96			
			是否符合SOP：			◆	◆		▲		○	○	○

②複查買價＝平均P/E×近4季EPS
　　　　　＝15.00×2.64元＝39.6元
　※平均P/E≧15，取15.00計算

①基準買價＝2.4元×15＝36元
　買入P/E＝基準買價÷近4季EPS
　　　　　＝36元÷2.64元＝13.64
　※13.64＜15，OK

註1：近5年配股記錄：無
註2：106Q3股價淨值比（P/B）＝2.21
註3：最近4季（105Q4～106Q3）
　　　EPS＝2.64元
註4：106/10/31股價：47.80元
註5：106/10/31適當買價：36元

註6：買前最近4季EPS（自填）：
註7：買前基準買價（自填）：
註8：買前複查買價（自填）：
註9：買前適當買價（自填）：
註10：本次買入價（自填）：

⑥⑤ 廣達（2382）

成立：1988/05/09	上市：88/01/08	產業別：電腦及周邊設備
地址：桃園市龜山區文化二路188號	電話：03-3272345	發言人：楊俊烈 （財務中心副總）
主要業務：資訊產品100%（2016年）。全球筆電（代工）業龍頭，並進攻雲端硬體市場。目前筆電業務趨緩，但雲端業務持續增加。		
106年Q3：資本額386.26億元，總資產6322.88億元。 Q1～Q3累計：EPS 2.79元，Q1～Q3累計：ROE 8.34%		

表6-65a ▶ 廣達股利政策

（單位：元）

民國（年）	現金股利	盈餘配股	公積配股	股票股利	合計
105	3.50	0.00	0.00	0.00	3.50
104	3.80	0.00	0.00	0.00	3.80
103	4.00	0.00	0.00	0.00	4.00
102	3.80	0.00	0.00	0.00	3.80
101	4.00	0.00	0.00	0.00	4.00
100	4.00	0.00	0.00	0.00	4.00
99	3.60	0.00	0.00	0.00	3.60
98	3.68	0.00	0.00	0.00	3.68
97	3.50	0.10	0.00	0.10	3.60
96	3.50	0.30	0.00	0.30	3.80

表6-65b ▶ 廣達年度成交資訊

民國（年）	張數	金額（仟元）	筆數（仟）	最高價	日期	最低價	日期	收盤均價
105	1,507,156	89,023,380	730	69.00	7/21	47.35	1/20	58.69
104	1,604,969	107,795,620	756	82.50	2/04	50.50	11/30	66.96
103	1,906,751	150,449,225	803	91.00	7/01	67.60	1/03	79.31
102	1,814,618	117,373,044	740	71.00	10/30	56.40	4/22	64.88
101	2,615,949	192,334,776	1,034	86.40	5/04	62.10	2/01	73.57
100	2,692,746	162,371,912	953	73.00	7/27	48.10	9/23	60.09
99	2,619,768	151,992,038	889	72.30	1/18	45.40	9/01	58.50
98	3,508,341	196,023,260	1,162	75.30	9/16	29.55	1/12	54.84
97	2,831,540	121,375,744	838	53.10	5/07	29.35	10/28	42.54
96	3,606,078	189,569,080	948	59.90	1/02	42.50	12/21	51.83

表6-65c 廣達近4季與近5年的EPS

獲利能力（106年第3季）		最新4季每股盈餘		最新5年每股盈餘	
營業毛利率	4.48%	106第3季	1.04元	105年	3.93元
營業利益率	1.75%	106第2季	1.03元	104年	4.62元
稅前淨利率	2.06%	106第1季	0.72元	103年	4.90元
資產報酬率	0.77%	105第4季	1.05元	102年	4.84元
股東權益報酬率	2.97%	每股淨值	33.45元	101年	6.01元

近4季EPS總和為3.84元

表6-65d 廣達收租股買前檢查表

民國（年）	最高價（元）（月/日）	最低價（元）（月/日）	收盤均價（元）	淨值（元）	EPS（元）	本益比（P/E）	ROE（%）	現金息（元）	現金殖利率（%）	現金配息率（%）	負債比（%）	董監事持股（%）	外資持股（%）
101	86.40（05/04）	62.10（02/01）	73.57	32.24	6.01	12.24	18.64	4.00	5.44	66.56	76.88	33.32	37.87
102	71.00（10/30）	56.40（04/22）	64.88	31.99	4.84	13.40	15.13	3.80	5.86	78.51	76.51	31.63	35.86
103	91.00（07/01）	67.60（01/03）	79.31	34.34	4.90	16.19	14.27	4.00	5.04	81.63	76.95	29.93	40.33
104	82.50（02/04）	50.50（11/30）	66.96	34.44	4.62	14.49	13.41	3.80	5.68	82.25	73.65	29.12	37.99
105	69.00（07/21）	47.35（01/20）	58.69	34.47	3.93	14.93	11.40	3.5	5.96	89.06	76.22	28.47	35.93
平均						14.25	14.57	3.82	5.60	79.60			
			是否符合SOP：			○	◆		▲	○	X	○

②複查買價＝平均P/E×近4季EPS
=14.25×3.84元=54.72元

①基準買價=3.82元×15=57.3元
買入P/E=基準買價÷近4季EPS
=57.3元÷3.84元=14.92
※14.92＜15，OK

註1：近5年配股記錄：無
註2：106Q3股價淨值比（P/B）=2.12
註3：最近4季（105Q4～106Q3）
　　　EPS=3.84元
註4：106/10/31股價：71.00元
註5：106/10/31適當買價：54.72元

註6：買前最近4季EPS（自填）：
註7：買前基準買價（自填）：
註8：買前複查買價（自填）：
註9：買前適當買價（自填）：
註10：本次買入價（自填）：

⑯ 群光（2385）

成立：1983/02/22	上市：1999/01/05	產業別：電子零組件
地址：新北市三重區光復路二 　　　段69號	電話：02-66266788	發言人：林玉玲 　　　　　（副總經理）

主要業務：電子零組件51.99%、消費性及其他電子產品46.79%等（2016年）。 　　　　　隨著無人機、無線網路攝影機、電競產品及智慧家庭產品的成長， 　　　　　營運展望佳。

106年Q3：資本額72.06億元，總資產682.34億元。 　　　　　Q1～Q3累計：EPS 4元，Q1～Q3累計：ROE 11.7 %

表6-66a 群光股利政策

（單位：元）

民國（年）	現金股利	盈餘配股	公積配股	股票股利	合計
105	4.25	0.05	0.00	0.05	4.30
104	4.30	0.05	0.00	0.05	4.35
103	4.65	0.05	0.00	0.05	4.70
102	4.60	0.05	0.00	0.05	4.65
101	4.10	0.10	0.00	0.10	4.20
100	4.00	0.35	0.00	0.35	4.35
99	4.00	0.35	0.00	0.35	4.35
98	3.50	0.50	0.00	0.50	4.00
97	2.46	0.49	0.00	0.49	2.95
96	3.50	0.70	0.00	0.70	4.20

表6-66b 群光年度成交資訊

民國 （年）	張數	金額（仟元）	筆數 （仟）	最高價	日期	最低價	日期	收盤均價
105	272,531	20,585,535	198	82.80	3/31	62.90	1/21	75.61
104	384,983	31,631,459	260	90.80	1/28	68.20	12/14	82.39
103	474,602	39,769,175	304	100.00	9/01	73.00	2/06	83.36
102	548,143	41,660,151	334	87.20	4/30	67.50	8/28	76.07
101	625,107	37,650,076	350	69.50	10/01	49.00	1/12	60.15
100	559,431	30,231,182	286	67.00	1/19	40.70	8/09	53.39
99	1,158,881	84,125,530	563	90.90	1/14	57.00	8/31	73.34
98	1,209,027	72,801,300	512	82.30	9/01	29.35	1/13	61.36
97	469,184	21,600,606	192	69.20	5/16	25.60	11/26	50.08
96	472,859	28,891,927	182	81.60	7/09	45.90	1/08	58.90

表6-66c 群光近4季與近5年的EPS

獲利能力（106年第3季）		最新4季每股盈餘		最新5年每股盈餘	
營業毛利率	17.50%	106第3季	1.80元	105年	5.24元
營業利益率	7.78%	106第2季	1.30元	104年	5.79元
稅前淨利率	8.55%	106第1季	0.90元	103年	6.22元
資產報酬率	2.37%	105第4季	2.09元	102年	5.83元
股東權益報酬率	5.67%	每股淨值	34.19元	101年	6.05元

近4季EPS總和為6.09元

表6-66d 群光收租股買前檢查表

民國（年）	最高價（元）（月/日）	最低價（元）（月/日）	收盤均價（元）	淨值（元）	EPS（元）	本益比（P/E）	ROE（%）	現金息（元）	現金殖利率（%）	現金配息率（%）	負債比（%）	董監事持股（%）	外資持股（%）
101	74.50（07/30）	48.60（01/02）	64.59	26.37	6.05	10.68	22.94	4.10	6.35	67.77	58.99	19.84	26.18
102	83.30（12/02）	65.80（01/17）	74.42	32.31	5.83	12.77	18.04	4.60	6.18	78.90	52.25	19.78	39.24
103	87.50（07/02）	70.20（10/27）	77.80	33.62	6.22	12.51	18.50	4.65	5.98	74.76	54.69	19.68	39.55
104	83.30（05/05）	61.30（08/24）	75.85	33.54	5.79	13.10	17.26	4.30	5.67	74.27	55.63	19.78	39.24
105	79.70（12/13）	67.50（01/28）	73.28	35.93	5.24	13.98	14.58	4.25	5.80	81.11	55.64	19.84	26.18
平均						12.61	18.27	4.38	5.99	75.36			
是否符合SOP：						○	○		▲	○	◆	○	○

②複查買價＝平均P/E×近4季EPS
　　　　　＝12.61×6.09元＝76.79元

①基準買價＝4.38元×15＝65.7元
買入P/E＝基準買價÷近4季EPS
　　　　＝65.7÷6.09元＝10.79
※10.79＜15，OK

註1：近5年配股記錄：每年配股，見表6-66a
註2：106Q3 股價淨值比（P/B）=2.21
註3：最近 4 季（105Q4～106Q3）
　　　EPS=6.09 元
註4：106/10/31 股價：75.50 元
註5：106/10/31 適當買價：65.7 元

註6：買前最近 4 季 EPS（自填）：
註7：買前基準買價（自填）：
註8：買前複查買價（自填）：
註9：買前適當買價（自填）：
註10：本次買入價（自填）：

㊿ 興富發（2542）

成立：1980/01/23	上市：1999/05/03	產業別：建材營造
地址：台北市大安區敦化南路 　　　二段76號8F	電話：02-27555899	發言人：廖昭雄 　　　　（開發部副總）

主要業務：房屋94.08%、建築工程5.16%等（2016年）。為營造業的購地王，
　　　　　受房地產業景氣影響，業績明顯衰退，近3年來EPS及股價均隨之下
　　　　　跌，期盼房市景氣回溫的榮景。

106年Q3：資本額116.66億元，總資產1,226.35億元。
　　　　　Q1～Q3累計：EPS 1.62元，Q1～Q3累計：ROE 6.04 %

表6-67a 興富發股利政策

（單位：元）

民國（年）	現金股利	盈餘配股	公積配股	股票股利	合計
105	5.00	0.00	0.00	0.00	5.00
104	6.00	0.00	0.00	0.00	6.00
103	4.00	3.00	0.00	3.00	7.00
102	2.00	5.00	0.00	5.00	7.00
101	3.00	0.00	0.00	0.00	3.00
100	3.00	0.00	0.00	0.00	3.00
99	6.10	0.00	0.00	0.00	6.10
98	5.04	0.00	0.00	0.00	5.04
97	2.30	0.42	0.04	0.46	2.76
96	3.01	0.43	0.07	0.50	3.51

表6-67b 興富發年度成交資訊

民國 （年）	張數	金額（仟元）	筆數 （仟）	最高價	日期	最低價	日期	收盤均價
105	1,235,768	55,327,936	671	54.40	7/05	28.65	1/22	45.45
104	858,629	49,631,097	508	83.00	4/08	34.15	12/14	60.93
103	658,681	40,179,491	328	74.00	8/19	47.50	9/30	61.98
102	509,020	33,074,579	299	76.40	8/06	54.90	1/02	64.21
101	565,338	28,586,600	300	57.50	3/21	41.05	10/29	49.52
100	1,208,336	74,262,222	546	76.00	7/22	38.10	12/20	59.37
99	2,352,545	127,157,389	942	67.90	12/02	43.70	2/06	52.99
98	2,725,154	96,728,303	917	49.60	10/15	12.10	3/03	31.91
97	2,662,358	94,595,830	854	59.70	4/21	11.10	11/21	31.00
96	1,260,243	57,050,782	373	68.20	7/26	24.20	12/18	42.84

表6-67c 興富發近4季與近5年的EPS

獲利能力（106年第3季）		最新4季每股盈餘		最新5年每股盈餘	
營業毛利率	29.19%	106第3季	1.06元	105年	5.57元
營業利益率	20.05%	106第2季	0.26元	104年	7.06元
稅前淨利率	20.43%	106第1季	0.30元	103年	11.44元
資產報酬率	1.37%	105第4季	0.84元	102年	10.85元
股東權益報酬率	4.02%	每股淨值	26.83元	101年	8.13元

近4季EPS總和為2.46元

表6-67d 興富發收租股買前檢查表

民國（年）	最高價（元）（月/日）	最低價（元）（月/日）	收盤均價（元）	淨值（元）	EPS（元）	本益比（P/E）	ROE（%）	現金息（元）	現金殖利率（%）	現金配息率（%）	負債比（%）	董監事持股（%）	外資持股（%）
101	57.50（03/21）	41.05（10/29）	49.52	37.71	8.13	6.09	21.56	3.00	6.06	36.90	73.37	8.50	20.95
102	76.40（08/06）	54.90（01/02）	64.21	36.65	10.85	5.92	29.60	2.00	3.11	18.43	75.86	8.49	26.72
103	74.00（08/19）	47.50（09/30）	61.98	34.56	11.44	5.42	33.10	6.45	34.97	68.32	8.48	28.07	
104	83.00（04/08）	34.15（12/14）	60.93	30.78	7.06	8.63	22.94	9.85	84.99	65.57	8.41	33.71	
105	54.40[07/05]	28.65（01/22）	45.45	30.33	5.57	8.16	18.36	5.00	11.00	89.77	65.16	9.57	29.16
平均						6.84	25.11	4.00	7.30	53.01			
是否符合SOP：				○		○		○	X	X	○	○	

②複查買價＝平均P/E×近4季EPS
　　　　　＝6.84×2.46元＝16.83元

①基準買價＝4元×15＝60.0元
買入P/E＝基準買價÷近4季EPS
　　　　＝60.0元÷2.46元＝24.39
※24.39＞15，不宜

註1：近5年配股記錄：102年5元，103年3元
註2：106Q3股價淨值比（P/B）=1.50
註3：最近4季（105Q4～106Q3）EPS=2.46元
註4：106/10/31股價：40.30元
註5：106/10/31適當買價：16.83元
註6：買前最近4季EPS（自填）：
註7：買前基準買價（自填）：
註8：買前複查買價（自填）：
註9：買前適當買價（自填）：
註10：本次買入價（自填）：

⑱ 華南金（2880）

成立：2001/12/19	上市：2001/12/19	產業別：金融保險
地址：台北市信義區松仁路 123號	電話：02-23713111	發言人：呂金火 （副總經理）

主要業務：淨利息收益63.60%、手續費18.30%、保險業務淨收益6.00%、透過損益按FV衡量之金融資產負債3.80%、備供出售金融資產之已實現損益3.70%等（2016年）。為官股金控，配合政府推動新南向政策。每年穩定配股配息。

106年Q3：資本額1,104.65億元，總資產25,702.73億元。
Q1～Q3累計：EPS 0.88元，Q1～Q3累計：ROE 5.99 %

表6-68a 華南金股利政策

（單位：元）

民國（年）	現金股利	盈餘配股	公積配股	股票股利	合計
105	0.70	0.50	0.00	0.50	1.20
104	0.63	0.62	0.00	0.62	1.25
103	0.62	0.62	0.00	0.62	1.24
102	0.70	0.30	0.00	0.30	1.00
101	0.50	0.50	0.00	0.50	1.00
100	0.50	0.50	0.00	0.50	1.00
99	0.30	0.60	0.00	0.60	0.90
98	0.20	0.55	0.00	0.55	0.75
97	0.70	0.30	0.00	0.30	1.00
96	1.00	0.20	0.00	0.20	1.20

表6-68b 華南金年度成交資訊

民國（年）	張數	金額（仟元）	筆數（仟）	最高價	日期	最低價	日期	收盤均價
105	2,170,610	35,005,800	591	17.85	8/11	13.90	1/21	16.04
104	1,912,148	32,446,336	553	19.45	4/27	14.40	8/24	16.99
103	1,413,948	25,321,531	435	19.60	7/31	16.75	2/06	17.80
102	1,599,602	27,301,165	415	17.90	2/20	15.95	8/22	17.06
101	2,171,730	36,099,915	501	17.80	3/14	15.00	11/15	16.41
100	2,116,654	43,176,262	510	24.80	1/03	16.00	12/19	20.61
99	1,614,672	32,569,824	398	24.80	12/31	16.90	5/25	19.65
98	2,650,271	51,592,832	598	24.40	6/01	15.25	2/02	19.08
97	2,822,186	68,866,737	553	32.35	5/20	13.60	11/21	23.61
96	1,643,771	38,356,973	327	25.50	1/03	19.75	8/17	23.05

表6-68c 華南金近4季與近5年的EPS

獲利能力（106年第3季）		最新4季每股盈餘		最新5年每股盈餘	
營業毛利率	NA	106第3季	0.34元	105年	1.34元
營業利益率	NA	106第2季	0.33元	104年	1.42元
稅前淨利率	33.82%	106第1季	0.22元	103年	1.41元
資產報酬率	0.15%	105第4季	0.34元	102年	1.11元
股東權益報酬率	2.35%	每股淨值	14.70元	101年	1.03元

近4季EPS總和為1.23元

表6-68d 華南金收租股買前檢查表

民國（年）	最高價（元）（月/日）	最低價（元）（月/日）	收盤均價（元）	淨值（元）	EPS（元）	本益比（P/E）	ROE（%）	現金息（元）	現金殖利率（%）	現金配息率（%）	負債比（%）	董監事持股（%）	外資持股（%）
101	17.80（03/14）	15.00（11/15）	16.41	15.39	1.03	15.93	6.69	0.50	3.05	48.54	93.56	11.41	25.48
102	17.90（02/20）	15.95（08/22）	17.06	14.98	1.11	15.37	7.41	0.70	4.10	63.06	93.73	13.50	25.48
103	19.60（07/31）	16.75（02/06）	17.80	15.43	1.41	12.62	9.14	0.62	3.48	43.97	93.63	15.41	25.32
104	19.45（04/27）	14.40（08/24）	16.99	15.45	1.42	11.96	9.19	0.63	3.71	44.37	93.49	18.52	25.32
105	17.85（08/11）	13.90（01/21）	16.04	15.11	1.34	11.97	8.87	0.70	4.36	52.24	93.76	17.54	25.32
平均						13.57	8.26	0.63	3.74	50.44			
是否符合SOP：						○	X		X	X	X	○	○

②複查買價＝平均P/E×近4季EPS
＝13.57×1.23元＝16.69元

①基準買價＝0.63元×15＝9.45元
買入P/E＝基準買價÷近4季EPS
＝9.45元÷1.23元＝7.68
※7.68＜15，OK

註1：近5年配股記錄：每年配股，見表6-68a
註2：106Q3 股價淨值比（P/B）＝1.12
註3：最近4季（105Q4～106Q3）
　　　EPS＝1.23元
註4：106/10/31 股價：16.50元
註5：106/10/31 適當買價：9.45元
註6：買前最近4季EPS（自填）：
註7：買前基準買價（自填）：
註8：買前複查買價（自填）：
註9：買前適當買價（自填）：
註10：本次買入價（自填）：

⑥⑨ 玉山金（2884）

成立：2002/01/28	上市：2002/01/28	產業別：金融保險
地址：台北市民生東路3段115號1樓	電話：02-21751313	發言人：黃男州（總經理）

主要業務：淨利息收益45.30%、手續費37.90%、透過損益按FV衡量之金融資產負債12.90%、兌換損益1.90%、備供出售金融資產之已實現損益1.30%等（2016年）。海外共有25個據點、營運體質佳、獲利穩，每年穩定配股配息。

106年Q3： 資本額1,018.55億元，總資產20,376.17億元。
Q1～Q3累計：EPS 1.18元，Q1～Q3累計：ROE 8.25 ％   .

表6-69a 玉山金股利政策

（單位：元）

民國（年）	現金股利	盈餘配股	公積配股	股票股利	合計
105	0.49	0.74	0.00	0.74	1.23
104	0.43	1.00	0.00	1.00	1.43
103	0.44	0.87	0.00	0.87	1.31
102	0.28	0.89	0.00	0.89	1.17
101	0.30	1.00	0.00	1.00	1.30
100	0.20	0.50	0.00	0.50	0.70
99	0.20	0.70	0.00	0.70	0.90
98	0.20	0.40	0.00	0.40	0.60
97	0.00	0.30	0.00	0.30	0.30
96	0.40	0.40	0.00	0.40	0.80

表6-69b 玉山金年度成交資訊

民國（年）	張數	金額（仟元）	筆數（仟）	最高價	日期	最低價	日期	收盤均價
105	4,270,510	76,457,867	1,115	19.90	7/27	15.85	1/22	17.99
104	4,067,230	80,523,720	1,000	22.15	4/28	17.95	8/24	19.80
103	3,682,883	70,246,260	808	20.80	7/29	17.90	3/24	19.14
102	3,940,833	73,323,213	754	20.60	9/23	15.80	1/09	18.57
101	2,965,666	46,468,534	648	17.60	9/17	12.70	1/18	15.59
100	3,238,495	56,882,179	627	21.85	5/23	11.95	12/20	17.67
99	1,947,895	28,423,677	403	20.50	12/30	10.65	2/06	14.48
98	4,278,354	46,845,589	667	15.00	10/20	7.10	1/21	10.79
97	1,835,588	23,779,489	290	19.45	3/26	6.23	10/28	13.91
96	1,236,711	23,179,190	204	23.20	1/03	16.10	12/18	18.73

表6-69c ▶ 玉山金近4季與近5年的EPS

獲利能力（106年第3季）		最新4季每股盈餘		最新5年每股盈餘	
營業毛利率	NA	106第3季	0.40元	105年	1.50元
營業利益率	NA	106第2季	0.41元	104年	1.63元
稅前淨利率	38.15%	106第1季	0.43元	103年	1.56元
資產報酬率	0.20%	105第4季	0.28元	102年	1.53元
股東權益報酬率	2.78%	每股淨值	14.31元	101年	1.46元

近4季EPS總和為1.52元

表6-69d ▶ 玉山金收租股買前檢查表

民國（年）	最高價（元）（月/日）	最低價（元）（月/日）	收盤均價（元）	淨值（元）	EPS（元）	本益比（P/E）	ROE（%）	現金息（元）	現金殖利率（%）	現金配息率（%）	負債比（%）	董監事持股（%）	外資持股（%）
101	17.60（09/17）	12.70（01/18）	15.59	15.00	1.46	10.68	9.73	0.30	1.92	20.55	93.96	7.79	36.55
102	20.60（09/23）	15.80（01/09）	18.57	14.96	1.53	12.14	10.23	0.28	1.51	18.30	93.96	7.41	44.29
103	20.80（07/29）	17.90（03/24）	19.14	15.15	1.56	12.14	10.30	0.44	2.30	28.21	93.13	7.20	53.38
104	22.15（04/28）	17.95（08/24）	19.80	15.21	1.56	12.15	10.23	0.43	2.17	26.38	93.15	3.98	58.58
105	19.90（07/27）	15.85（01/22）	17.99	14.66	1.50	11.99	10.23	0.49	2.72	32.67	93.14	2.81	56.64
平均						11.85	10.24	0.39	2.13	25.22			
是否符合SOP：						○	▲		X	X	X	○	○

②複查買價=平均P/E×近4季EPS
=11.85×1.52元=18.01元

①基準買價=0.39元×15=5.85元
買入P/E=基準買價÷近4季EPS
=5.85元÷1.52元=3.85
※3.85＜15，OK

註1：近5年配股記錄：每年配股，見表6-69a
註2：106Q3 股價淨值比（P/B）=1.28
註3：最近4季（105Q4～106Q3）
　　　EPS=1.52元
註4：106/10/31 股價：18.35元
註5：106/10/31 適當買價：5.85元

註6：買前最近4季 EPS（自填）：
註7：買前基準買價（自填）：
註8：買前複查買價（自填）：
註9：買前適當買價（自填）：
註10：本次買入價（自填）：

⑦⓪ 中信金（2891）

成立：2002/05/17	上市：2002/05/17	產業別：金融保險
地址：台北市南港區經貿二路 　　　168號27F、29F	電話：02-33277777	發言人：吳一揆 　　　　　（總經理）

主要業務：保險業務淨收益63.20%、淨利息收益26.10%、手續費5.30%、透過損益按FV衡量之金融資產負債3.90%、備供出售金融資產之已實現損益3.10%等（2016年）。國內消費金融龍頭，資本額為金控股之冠，每年穩定配股配息。

106年Q3： 資本額1,949.7億元，總資產52,249.04億元。
　　　　　Q1～Q3累計：EPS 1.59 元，Q1～Q3累計：ROE 10.54 %

表6-70a 中信金股利政策

（單位：元）

民國（年）	現金股利	盈餘配股	公積配股	股票股利	合計
105	1.00	0.00	0.00	0.00	1.00
104	0.81	0.80	0.00	0.80	1.61
103	0.81	0.81	0.00	0.81	1.62
102	0.38	0.37	0.00	0.37	0.75
101	0.71	0.70	0.00	0.70	1.41
100	0.40	0.88	0.00	0.88	1.28
99	0.73	0.72	0.00	0.72	1.45
98	0.64	0.39	0.25	0.64	1.28
97	0.18	0.00	0.32	0.32	0.50
96	0.20	0.40	0.40	0.80	1.00

表6-70b 中信金年度成交資訊

民國（年）	張數	金額（仟元）	筆數（仟）	最高價	日期	最低價	日期	收盤均價
105	10,001,368	170,802,502	2,045	19.70	8/19	14.50	1/27	17.05
104	10,386,977	211,177,368	2,089	24.80	4/28	16.05	12/14	20.44
103	7,258,997	146,929,237	1,451	22.15	9/01	17.95	5/02	20.14
102	9,643,072	177,856,271	1,571	20.35	12/31	16.45	1/17	18.64
101	7,989,554	142,929,110	1,483	20.85	2/04	15.45	11/19	17.80
100	10,631,930	235,492,312	1,786	27.10	7/27	16.10	11/23	22.35
99	9,976,892	187,568,141	1,604	21.80	12/31	15.15	5/25	18.69
98	19,729,015	341,168,782	2,697	23.40	6/02	9.60	2/23	17.74
97	14,169,038	302,656,682	1,672	32.70	4/16	7.90	10/30	22.17
96	7,347,017	185,643,796	866	28.50	7/18	21.20	8/17	25.10

表6-70c 中信金近4季與近5年的EPS

獲利能力（106年第3季）		最新4季每股盈餘		最新5年每股盈餘	
營業毛利率	NA	106第3季	0.60元	105年	1.43元
營業利益率	NA	106第2季	0.47元	104年	2.10元
稅前淨利率	39.39%	106第1季	0.52元	103年	2.58元
資產報酬率	0.23%	105第4季	0.24元	102年	1.50元
股東權益報酬率	4.02%	每股淨值	15.09元	101年	1.65元

近4季EPS總和為1.83元

表6-70d 中信金收租股買前檢查表

民國（年）	最高價（元）（月/日）	最低價（元）（月/日）	收盤均價（元）	淨值（元）	EPS（元）	本益比（P/E）	ROE（%）	現金息（元）	現金殖利率（%）	現金配息率（%）	負債比（%）	董監事持股（%）	外資持股（%）
101	20.85（02/04）	15.45（11/19）	17.80	13.71	1.65	10.79	12.04	0.71	3.99	43.03	91.93	4.12	45.19
102	20.35（12/31）	16.45（01/17）	18.64	13.10	1.50	12.43	11.45	0.38	2.04	25.33	92.05	3.89	41.66
103	22.15（09/01）	17.95（05/02）	20.14	15.03	2.58	7.81	17.17	0.81	4.02	31.40	93.72	1.18	40.55
104	24.80（04/28）	16.05（12/14）	20.44	15.39	2.10	9.73	13.65	0.81	3.96	38.57	93.96	1.20	47.45
105	19.70（08/19）	14.50（01/27）	17.05	14.49	1.43	11.92	9.87	1.00	5.87	69.93	94.17	1.12	37.36
平均						10.54	12.83	0.74	3.98	41.65			
是否符合SOP：				○	◆				X	X	X	○	○

②複查買價＝平均P/E×近4季EPS
＝10.54×1.83元＝19.29元

①基準買價＝0.74元×15＝11.1元
買入P/E＝基準買價÷近4季EPS
＝11.1元÷1.83元＝6.07
※6.07＜15，OK

註1：近5年配股記錄：4年配股，見表6-70a
註2：106Q3 股價淨值比（P/B）＝1.28
註3：最近4季（105Q4～106Q3）
　　　EPS＝1.83元
註4：106/10/31 股價：19.30元
註5：106/10/31 適當買價：11.1元

註6：買前最近4季EPS（自填）：
註7：買前基準買價（自填）：
註8：買前複查買價（自填）：
註9：買前適當買價（自填）：
註10：本次買入價（自填）：

⑦ 第一金（2892）

成立：2003/01/02	上市：2003/01/02	產業別：金融保險
地址：台北市重慶南路一段30號18樓	電話：02-23111111	發言人：廖美祝（副總經理）

主要業務：淨利息收益63.90%、手續費19.30%、透過損益按FV衡量之金融資產負債5.70%、保險業務淨收益3.00%、兌換損益2.10%、備供出售金融資產之已實現損益2.10%等（2016年）。為官股金控，每年配股配息。但2017年Q4受慶富獵雷艦案影響，EPS恐下滑。

106年Q3： 資本額1,221.64億元，總資產25,857.33億元。
Q1～Q3累計：EPS 1.22元，Q1～Q3累計：ROE 7.77 %

表6-71a 第一金股利政策

（單位：元）

民國（年）	現金股利	盈餘配股	公積配股	股票股利	合計
105	1.20	0.20	0.00	0.20	1.40
104	0.95	0.45	0.00	0.45	1.40
103	0.70	0.65	0.00	0.65	1.35
102	0.50	0.70	0.00	0.70	1.20
101	0.45	0.65	0.00	0.65	1.10
100	0.40	0.55	0.05	0.60	1.00
99	0.30	0.60	0.00	0.60	0.90
98	0.50	0.25	0.00	0.25	0.75
97	0.50	0.25	0.00	0.25	0.75
96	1.70	0.12	0.00	0.12	1.82

表6-71b 第一金年度成交資訊

民國（年）	張數	金額（仟元）	筆數（仟）	最高價	日期	最低價	日期	收盤均價
105	4,963,591	81,381,546	1,119	17.80	8/02	14.15	1/21	16.31
104	4,215,548	72,246,489	972	19.85	5/04	14.85	12/14	17.37
103	3,057,170	57,037,149	642	20.90	7/29	17.70	5/02	18.48
102	2,831,277	51,118,006	604	19.40	2/20	16.80	8/12	17.98
101	3,744,308	66,745,398	820	19.70	2/10	16.20	11/16	17.62
100	8,939,917	203,422,521	1,759	27.55	1/19	16.10	12/20	22.70
99	6,057,216	123,010,515	1,077	27.35	12/31	15.80	5/25	19.06
98	11,564,887	208,525,410	1,850	22.40	6/01	12.20	2/24	18.29
97	11,034,205	292,379,211	1,742	38.80	5/19	12.35	10/28	25.75
96	3,462,721	82,950,714	500	27.00	11/01	20.25	8/17	23.55

表6-71c ▶ 第一金近4季與近5年的EPS

獲利能力（106年第3季）		最新4季每股盈餘		最新5年每股盈餘	
營業毛利率	NA	106第3季	0.43元	105年	1.45元
營業利益率	NA	106第2季	0.43元	104年	1.55元
稅前淨利率	45.14%	106第1季	0.36元	103年	1.52元
資產報酬率	0.20%	105第4季	0.33元	102年	1.26元
股東權益報酬率	2.76%	每股淨值	15.70元	101年	1.25元

近4季EPS總和為1.55元

表6-71d ▶ 第一金收租股買前檢查表

民國（年）	最高價（元）（月/日）	最低價（元）（月/日）	收盤均價（元）	淨值（元）	EPS（元）	本益比（P/E）	ROE（%）	現金息（元）	現金殖利率（%）	現金配息率（%）	負債比（%）	董監事持股（%）	外資持股（%）
101	19.70（02/10）	16.20（11/16）	17.62	16.48	1.25	14.10	7.58	0.45	2.55	36.00	93.65	16.73	21.18
102	19.40（02/20）	16.80（08/12）	17.98	16.26	1.26	14.27	7.75	0.50	2.78	39.68	93.76	19.49	21.17
103	20.90（07/29）	17.70（05/02）	18.48	16.63	1.52	12.16	9.14	0.70	3.79	46.05	93.45	20.90	21.17
104	19.85（05/04）	14.85（12/14）	17.37	16.37	1.55	11.21	9.47	0.95	5.47	61.29	92.48	24.18	21.17
105	17.80（08/02）	14.15（01/21）	16.31	16.01	1.425	11.45	8.90	1.20	7.36	84.21	92.44	21.67	19.04
平均						12.64	8.57	0.76	4.39	53.45			
是否符合SOP：						○	○		◆	X	X	○	○

②複查買價＝平均P/E×近4季EPS
　　　　　＝12.64×1.55元＝19.59元

①基準買價＝0.76元×15＝11.4元
　買入P/E＝基準買價÷近4季EPS
　　　　　＝11.4元÷1.55元＝7.35
　※7.35＜15，OK

註1：近5年配股記錄：每年配股，見表6-71a
註2：106Q3股價淨值比（P/B）=1.24
註3：最近4季（105Q4～106Q3）
　　　EPS=1.55元
註4：106/10/31股價：19.45元
註5：106/10/31適當買價：11.4元

註6：買前最近4季EPS（自填）：
註7：買前基準買價（自填）：
註8：買前複查買價（自填）：
註9：買前適當買價（自填）：
註10：本次買入價（自填）：

㉒ 大聯大（3702）

成立：2005/11/09	上市：2005/11/09	產業別：電子通路
地址：台北市內湖區堤頂大道 二段489號8F	電話：02-87978860	發言人：袁興文 （副總）

主要業務：核心元件30.68%、類比及混合訊號元件16.93%、記憶元件16.20%、離散及邏輯元件11.63%、其他元件11.53%、光學元件8.33%等（2016年）。亞洲最大的IC通路商，也逐漸開拓打入北美市場。

106年Q3：資本額182.51億元，總資產1,907.53億元。
Q1～Q3累計：EPS 3.2元，Q1～Q3累計：ROE 11.49 %

表6-72a ▸ 大聯大股利政策

（單位：元）

民國（年）	現金股利	盈餘配股	公積配股	股票股利	合計
105	2.29	0.00	0.00	0.00	2.29
104	2.40	0.00	0.00	0.00	2.40
103	2.50	0.00	0.00	0.00	2.50
102	2.30	0.00	0.00	0.00	2.30
101	2.40	0.00	0.00	0.00	2.40
100	2.60	0.00	0.00	0.00	2.60
99	2.10	0.00	0.90	0.90	3.00
98	2.00	1.80	0.00	1.80	3.80
97	1.40	0.00	0.00	0.00	1.40
96	2.08	0.31	0.00	0.31	2.39

表6-72b ▸ 大聯大年度成交資訊

民國（年）	張數	金額（仟元）	筆數（仟）	最高價	日期	最低價	日期	收盤均價
105	1,093,436	40,343,742	523	41.10	7/22	29.90	1/18	36.07
104	979,615	35,414,328	507	41.40	3/25	27.25	8/24	35.95
103	1,379,634	52,640,998	550	43.50	6/05	34.05	1/06	37.56
102	1,535,531	54,088,027	610	40.15	1/30	32.60	11/22	35.15
101	1,341,751	50,714,375	566	43.25	3/19	30.00	7/25	37.42
100	1,794,796	81,116,881	788	59.40	1/21	28.90	11/23	45.42
99	2,054,993	121,252,696	904	76.10	8/10	46.30	2/06	58.79
98	3,532,859	111,671,327	1,169	56.00	12/31	15.80	1/06	34.93
97	2,773,429	85,800,709	963	46.70	4/24	10.95	11/21	31.12
96	3,164,962	112,047,425	960	56.90	10/29	16.45	1/11	29.92

表6-72c 大聯大近4季與近5年的EPS

獲利能力（106年第3季）		最新4季每股盈餘		最新5年每股盈餘	
營業毛利率	4.19%	106第3季	1.11元	105年	3.18元
營業利益率	1.86%	106第2季	1.02元	104年	3.27元
稅前淨利率	1.68%	106第1季	1.07元	103年	3.51元
資產報酬率	1.30%	105第4季	0.20元	102年	2.87元
股東權益報酬率	4.05%	每股淨值	27.84元	101年	2.72元

近4季EPS總和為3.4元

表6-72d 大聯大收租股買前檢查表

民國（年）	最高價（元）（月/日）	最低價（元）（月/日）	收盤均價（元）	淨值（元）	EPS（元）	本益比（P/E）	ROE（%）	現金息（元）	現金殖利率（%）	現金配息率（%）	負債比（%）	董監事持股（%）	外資持股（%）
101	43.25（03/19）	30.00（07/25）	37.42	23.04	2.72	13.76	11.81	2.40	6.41	6.41	88.24	11.93	38.19
102	40.15（01/30）	32.60（11/22）	35.15	24.09	2.87	12.25	11.91	2.30	6.54	6.54	80.14	11.51	34.81
103	43.50（06/05）	34.05（01/06）	37.56	27.21	3.51	12.90	12.90	2.50	6.66	6.66	71.23	11.67	30.22
104	41.40（03/25）	27.25（08/24）	35.95	28.85	3.27	10.99	11.33	2.40	6.68	6.68	73.39	10.52	29.80
105	41.10（07/22）	29.90（01/18）	36.07	28.89	3.18	11.34	11.01	2.29	5.72	6.35	72.01	10.49	29.87
平均						11.81	11.79	2.38	6.53		77.00		
	是否符合SOP：					○	▲		◆	○	X	○	○

②複查買價＝平均P/E×近4季EPS
＝11.81×3.4元＝40.15元

①基準買價＝2.38元×15＝35.7元
買入P/E＝基準買價÷近4季EPS
＝35.7元÷3.4元＝10.5
※∵10.5＜15，OK

註1：近5年配股記錄：無
註2：106Q3股價淨值比（P/B）＝1.48
註3：最近4季（105Q4～106Q3）
　　　EPS＝3.4元
註4：106/10/31股價：41.30元
註5：106/10/31適當買價：35.7元

註6：買前最近4季EPS（自填）：
註7：買前基準買價（自填）：
註8：買前複查買價（自填）：
註9：買前適當買價（自填）：
註10：本次買入價（自填）：

⑦③ 遠傳（4904）

成立：1997/04/11	上市：2001/12/10	產業別：通信網路
地址：台北市大安區敦化南路 　　　二段207號28F	電話：02-77235000	發言人：郎亞玲 （公關處資深協理）

主要業務：行動通信服務62.89%、商品銷售和其他收入28.65%、數據通訊服 　　　　　務4.12%、國際通信服務2.86%、國內固定通信業務1.48%（2016 　　　　　年）。每年現金配息率均達100%以上，是電信三雄中，唯一每年股 　　　　　價可能低於65元者。
106年Q3：資本額325.85億元，總資產1,251.89億元。 　　　　　　Q1～Q3累計：EPS 2.64元，Q1～Q3累計：ROE 12.75 %

表6-73a 遠傳股利政策

（單位：元）

民國（年）	現金股利	盈餘配股	公積配股	股票股利	合計
105	3.75	0.00	0.00	0.00	3.75
104	3.75	0.00	0.00	0.00	3.75
103	3.75	0.00	0.00	0.00	3.75
102	3.75	0.00	0.00	0.00	3.75
101	3.50	0.00	0.00	0.00	3.50
100	3.00	0.00	0.00	0.00	3.00
99	2.50	0.00	0.00	0.00	2.50
98	2.80	0.00	0.00	0.00	2.80
97	2.80	0.00	0.00	0.00	2.80
96	3.10	0.00	0.00	0.00	3.10

表6-73b 遠傳年度成交資訊

民國 （年）	張數	金額（仟元）	筆數 （仟）	最高價	日期	最低價	日期	收盤均價
105	1,198,021	87,513,058	605	81.90	7/11	64.50	1/07	73.11
104	1,085,018	78,378,997	531	80.50	2/24	65.00	12/14	72.28
103	1,120,475	71,583,162	533	73.00	12/31	57.00	9/16	64.24
102	1,536,074	107,856,927	608	83.00	7/23	59.60	10/22	71.04
101	1,944,796	127,000,295	689	76.10	12/12	53.00	1/18	66.56
100	1,444,631	69,740,645	498	61.10	11/29	41.55	2/15	46.89
99	1,148,258	45,981,839	323	45.60	8/09	36.90	2/10	40.71
98	1,964,821	72,175,826	531	41.00	7/20	31.20	2/19	36.53
97	1,732,285	74,886,217	377	54.90	3/31	29.25	11/07	43.71
96	1,563,627	61,475,430	275	44.50	11/30	35.30	1/23	39.25

表6-73c ▶ 遠傳近4季與近5年的EPS

獲利能力（106年第3季）		最新4季每股盈餘		最新5年每股盈餘	
營業毛利率	38.99%	106第3季	0.88元	105年	3.50元
營業利益率	16.33%	106第2季	0.90元	104年	3.52元
稅前淨利率	15.17%	106第1季	0.87元	103年	3.52元
資產報酬率	2.29%	105第4季	0.67元	102年	3.63元
股東權益報酬率	4.29%	每股淨值	20.71元	101年	3.25元

近4季EPS總和為3.32元

表6-73d ▶ 遠傳收租股買前檢查表

民國（年）	最高價（元）（月/日）	最低價（元）（月/日）	收盤均價（元）	淨值（元）	EPS（元）	本益比（P/E）	ROE（%）	現金息（元）	現金殖利率（%）	現金配息率（%）	負債比（%）	董監事持股（%）	外資持股（%）
101	76.10（12/12）	53.00（01/18）	66.56	22.38	3.25	20.48	14.52	3.50	5.26	107.69	24.95	33.75	37.94
102	83.00（07/23）	59.60（10/22）	71.04	22.34	3.63	19.57	16.25	3.75	5.28	103.31	38.45	33.76	33.52
103	73.00（12/31）	57.00（09/16）	64.24	22.32	3.52	18.25	15.77	3.75	5.84	106.53	40.56	33.76	27.49
104	80.50（02/24）	65.00（12/14）	72.28	22.07	3.52	20.53	15.95	3.75	5.19	106.53	46.92	33.76	31.86
105	81.90（07/11）	64.50（01/07）	73.11	21.79	3.50	20.89	16.06	3.75	5.13	107.14	45.99	32.95	32.59
平均						19.94	15.71	3.70	5.34	106.24			
是否符合SOP：						X	○	▲	○	○	○	○	

②複查買價=平均P/E×近4季EPS
=15×3.32元=49.8元
※平均P/E≧15，取15.00計算

①基準買價=3.70元×15=55.5元
買入P/E=基準買價÷近4季EPS
=55.5元÷3.32元=16.72
※16.72＞15，不宜

註1：近5年配股記錄：無
註2：106Q3股價淨值比（P/B）=3.41
註3：最近4季（105Q4～106Q3）
　　　EPS=3.32元
註4：106/10/31股價：70.80元
註5：106/10/31適當買價：49.8元

註6：買前最近4季EPS（自填）：
註7：買前基準買價（自填）：
註8：買前複查買價（自填）：
註9：買前適當買價（自填）：
註10：本次買入價（自填）：

⑦ 瑞儀（6176）

成立：1995/07/24	上市：2007/05/15	產業別：光電
地址：高雄市高雄加工出口區 　　　中六路1號	電話：07-8216151	發言人：張紋祥 　　　　（特助）

主要業務：背光模組80.84%、其他19.16%（2016年）。電子零組件及模具製造，主攻（平板）電腦、手機、電視及車用面板等應用。
※有廠商將推出不需背光模組的OLED螢幕的高階手機，其業績恐受影響，有待觀察。

106年Q3：資本額46.5億元，總資產524.59億元。
Q1～Q3累計：EPS 4.86元，Q1～Q3累計：ROE 10.01 %

表6-74a 瑞儀股利政策

（單位：元）

民國（年）	現金股利	盈餘配股	公積配股	股票股利	合計
105	4.50	0.00	0.00	0.00	4.50
104	4.50	0.00	0.00	0.00	4.50
103	5.50	0.00	0.00	0.00	5.50
102	7.00	0.00	0.00	0.00	7.00
101	8.00	0.30	0.00	0.30	8.30
100	6.50	0.30	0.00	0.30	6.80
99	3.80	0.30	0.00	0.30	4.10
98	2.30	0.30	0.00	0.30	2.60
97	1.70	0.30	0.00	0.30	2.00
96	3.00	0.30	0.00	0.30	3.30

表6-74b 瑞儀年度成交資訊

民國（年）	張數	金額（仟元）	筆數（仟）	最高價	日期	最低價	日期	收盤均價
105	1,590,787	87,592	894	75.40	1/04	44.20	5/06	55.41
104	1,189,063	115,741	749	120.00	6/24	71.60	8/10	97.75
103	983,967	121,437	566	144.00	7/22	95.50	10/27	120.79
102	936,981	99,757	536	123.00	3/25	86.40	8/08	107.27
101	1,552,628	196,987	873	158.50	6/25	82.30	1/02	126.86
100	2,301,498	204,436	1,145	121.00	7/28	56.10	1/03	87.05
99	834,281	39,655	357	65.00	12/14	37.20	2/06	45.28
98	1,426,746	54,834	542	49.00	7/22	19.40	1/10	37.15
97	979,416	33,793	362	50.40	5/20	16.80	11/26	33.53
96	717,907	37,827	278	61.80	7/09	36.50	12/18	50.68

表6-74c 瑞儀近4季與近5年的EPS

獲利能力（106年第3季）		最新4季每股盈餘		最新5年每股盈餘	
營業毛利率	13.77%	106第3季	1.68元	105年	6.81元
營業利益率	8.48%	106第2季	1.64元	104年	6.61元
稅前淨利率	7.03%	106第1季	1.55元	103年	8.01元
資產報酬率	1.63%	105第4季	2.35元	102年	10.13元
股東權益報酬率	3.54%	每股淨值	48.57元	101年	12.05元

近4季EPS總和為7.22元

表6-74d 瑞儀收租股買前檢查表

民國（年）	最高價（元）（月/日）	最低價（元）（月/日）	收盤均價（元）	淨值（元）	EPS（元）	本益比（P/E）	ROE（%）	現金息（元）	現金殖利率（%）	現金配息率（%）	負債比（%）	董監事持股（%）	外資持股（%）
101	158.50（06/25）	82.30（01/02）	126.86	46.09	12.05	10.53	26.14	8.00	6.31	66.39	21.13	5.05	59.24
102	123.00（03/25）	86.40（08/08）	107.27	48.01	10.13	10.59	21.10	7.00	6.53	69.10	57.50	12.87	57.37
103	144.00（07/22）	95.50（10/27）	120.79	52.58	8.01	15.08	15.23	5.50	4.55	68.66	55.81	4.60	64.84
104	120.00（06/24）	71.60（08/10）	97.75	52.27	6.61	14.79	12.65	4.50	4.60	68.08	54.99	4.94	55.69
105	75.40（01/04）	44.20（05/06）	55.41	49.40	6.81	8.14	13.79	4.50	8.12	66.08	53.57	4.77	45.37
平均						11.82	17.78	5.90	6.02	67.66			
			是否符合SOP：			○	○		◆	◆	○	○	○

②複查買價=平均P/E×近4季EPS
　　　　　=11.82×7.22元=85.34元

①基準買價=5.9元×15=88.5元
買入P/E=基準買價÷近4季EPS
　　　　=88.5元÷7.22元=12.26
※12.26＜15，OK

註1：近5年配股記錄：101年0.3元
註2：106Q3股價淨值比（P/B）=1.38
註3：最近4季（105Q4～106Q3）
　　　EPS=7.22元
註4：106/10/31股價：67.00元
註5：106/10/31適當買價：85.34元

註6：買前最近4季EPS（自填）：
註7：買前基準買價（自填）：
註8：買前複查買價（自填）：
註9：買前適當買價（自填）：
註10：本次買入價（自填）：

⑦⑤ 中鼎（9933）

成立：1979/04/06	上市：1993/05/28	產業別：其他
地址：台北市士林區中山北路 六段89號	電話：02-28339999	發言人：蕭銘證 （副總）

主要業務：工程服務92.93%、環境資源服務6.46%等（2016年）。國內統包工程龍頭，除國內市場外，也積極拓展中東、東協及印度等市場業務，逐漸成長中。

106年Q3： 資本額76.33億元，總資產604.37億元。
Q1～Q3累計：EPS 2.84元，Q1～Q3累計：ROE 12.65 %

表6-75a 中鼎股利政策

（單位：元）

民國（年）	現金股利	盈餘配股	公積配股	股票股利	合計
105	2.60	0.00	0.00	0.00	2.60
104	2.40	0.00	0.00	0.00	2.40
103	2.23	0.00	0.00	0.00	2.23
102	1.99	0.00	0.00	0.00	1.99
101	2.84	0.00	0.00	0.00	2.84
100	2.76	0.00	0.00	0.00	2.76
99	2.42	0.00	0.00	0.00	2.42
98	2.37	0.00	0.00	0.00	2.37
97	1.92	0.00	0.00	0.00	1.92
96	1.74	0.12	0.00	0.12	1.86

表6-75b 中鼎年度成交資訊

民國（年）	張數	金額（仟元）	筆數（仟）	最高價	日期	最低價	日期	收盤均價
105	580,529	25,437,662	325	51.80	11/28	34.60	1/14	44.56
104	416,5834	17,577,481	253	55.50	4/24	33.05	12/14	46.57
103	366,645	17,727,417	226	56.00	6/13	39.70	2/06	48.93
102	462,531	25,351,141	274	65.50	3/15	42.30	8/22	54.53
101	531,629	29,192,905	295	69.50	10/01	40.00	2/04	54.23
100	445,508	16,668,874	171	42.15	12/21	31.00	3/15	36.73
99	356,334	11,863,425	153	36.35	8/23	30.80	1/26	33.19
98	1,283,098	35,660,605	383	36.00	8/14	19.80	2/11	27.65
97	591,310	13,764,575	185	29.20	4/17	17.45	10/28	23.25
96	682,954	19,026,650	189	33.55	1/23	18.60	12/24	27.07

表6-75c ▶ 中鼎近4季與近5年的EPS

獲利能力（106年第3季）		最新4季每股盈餘		最新5年每股盈餘	
營業毛利率	7.32%	106第3季	0.67元	105年	2.92元
營業利益率	4.36%	106第2季	1.59元	104年	2.69元
稅前淨利率	4.67%	106第1季	0.58元	103年	2.79元
資產報酬率	1.09%	105第4季	0.65元	102年	2.22元
股東權益報酬率	3.27%	每股淨值	22.45元	100年	3.22元

近4季EPS總和為3.49元

表6-75d ▶ 中鼎收租股買前檢查表

民國（年）	最高價（元）（月/日）	最低價（元）（月/日）	收盤均價（元）	淨值（元）	EPS（元）	本益比（P/E）	ROE（%）	現金息（元）	現金殖利率（%）	現金配息率（%）	負債比（%）	董監事持股（%）	外資持股（%）
101	69.50（10/01）	40.00（02/04）	54.23	20.84	3.32	16.33	15.93	2.84	5.24	85.54	67.06	9.8	55.59
102	65.50（03/15）	42.30（08/22）	54.53	22.08	2.22	24.56	10.05	1.99	3.65	89.64	61.21	9.86	55.82
103	56.00（06/13）	39.70（02/06）	48.93	22.66	2.51	19.49	11.08	2.23	4.56	88.84	65.33	9.93	48.97
104	55.50（04/24）	33.05（12/14）	46.57	22.40	2.69	17.31	12.01	2.40	5.15	89.22	67.25	9.51	50.85
105	51.80（11/28）	34.60（01/14）	44.56	22.44	2.92	15.26	13.01	2.60	5.83	89.04	69.51	8.68	41.21
平均						18.59	12.42	2.41	4.89	88.46			
是否符合SOP：						X	◆		X	○	X	○	○

②複查買價＝平均P/E×近4季EPS
　　　　　＝15.00×3.49元＝52.35元
※平均P/E≧15，取15.00計算

①基準買價＝2.41元×15＝36.15元
　買入P/E＝基準買價÷近4季EPS
　　　　　＝36.15元÷3.49元＝10.36
※10.36＜15，OK

註1：近5年配股記錄：無
註2：106Q3股價淨值比（P/B）＝2.08
註3：最近4季（105Q4～106Q3）
　　　EPS＝3.49元
註4：106/10/31股價：46.75元
註5：106/10/31適當買價：36.15元

註6：買前最近4季EPS（自填）：
註7：買前基準買價（自填）：
註8：買前複查買價（自填）：
註9：買前適當買價（自填）：
註10：本次買入價（自填）：

圖表索引

表1-1	收租股操作SOP	023
表1-2	「複利率本利和」速查表	031
表1-3	合宜的持股檔數	034
表2-1	台積電（2330）年度成交資訊	053
表2-2	台積電收租股買前檢查表	055
表2-3	長抱10年股票的報酬率排行榜	057
表3-1	股素人1998～2002年買進的 7檔績優股	077
表3-2	1998～2017年，曾套牢並加碼 的股票	080
表3-3	巴菲特前5大持股的最大跌幅	084
表3-4	股神巴菲特的投資報酬率	085
表3-5	四大基金105年的投資報酬率	086
表3-6	三大基金2011～2016年的 投資報酬率	086
表4-1	董監事持股比例下限依資本額而異	100
表4-2	60檔「董監改選行情」潛力股	104
表5-1	3檔完全符合收租股買前檢查表的股票 （2016年1月）	113
表5-2a	台灣50成份股（1/2）	117
表5-2b	台灣50成份股（2/2）	119
表5-3a	中型100成份股（1/4）	121
表5-3b	中型100成份股（2/4）	123
表5-3c	中型100成份股（3/4）	125
表5-3d	中型100成份股（4/4）	127
表5-4	台灣50歷年來的股價區間與現金息	132
表6A	收租股買前檢查表的評判等級	138
表6B	五鼎（1733）收租股買前檢查表 （106年弱勢股1/4）	144
表6C	旭軟（3390）收租股買前檢查表 （106年弱勢股2/4）	144
表6D	天鉞電（5251）收租股買前檢查表 （106年弱勢股3/4）	145
表6E	先豐（5349）收租股買前檢查表 （106年弱勢股4/4）	145
表6-1	大統益（1232）4張表	146
表6-2	大億（1521）4張表	148
表6-3	中宇（1535）4張表	150
表6-4	中砂（1560）4張表	152
表6-5	信錦（1582）4張表	154
表6-6	花仙子（1730）4張表	156
表6-7	勝一（1773）4張表	158
表6-8	橋椿（2062）4張表	160
表6-9	鑫永銓（2114）4張表	162
表6-10	漢唐（2404）4張表	164
表6-11	新巨（2420）4張表	166
表6-12	互盛（2433）4張表	168
表6-13	超豐（2441）4張表	170
表6-14	神腦（2450）4張表	172
表6-15	敦陽科（2480）4張表	174
表6-16	匯僑（2904）4張表	176
表6-17	德律（3030）4張表	178
表6-18	融程電（3416）4張表	180
表6-19	晶睿（3454）4張表	182
表6-20	安馳（3528）4張表	184
表6-21	瑞智（4532）4張表	186
表6-22	訊連（5203）4張表	188
表6-23	達興（5234）4張表	190
表6-24	松翰（5471）4張表	192
表6-25	鳳凰（5706）4張表	194
表6-26	鎰勝（6115）4張表	196
表6-27	上福（6128）4張表	198
表6-28	豐藝（6189）4張表	200
表6-29	盛群（6202）4張表	202
表6-30	居易（6216）4張表	204
表6-31	聚鼎（6224）4張表	206
表6-32	福興（9924）4張表	208
表6-33	新保（9925）4張表	210
表6-34	泰銘（9927）4張表	212
表6-35	中聯資（9930）4張表	214
表6-36	祺驊（1593）4張表	216
表6-37	艾訊（3088）4張表	218
表6-38	帛漢（3299）4張表	220
表6-39	崇越電（3388）4張表	222

表6-40	安勤（3479）4張表	224		圖2-2	微笑曲線 vs. 悲情曲線	060
表6-41	聚積（3527）4張表	226		圖2-3	宏達電（2498）股價週線圖	
表6-42	大塚（3570）4張表	228			（2016/9～2017/11）	061
表6-43	閎康（3587）4張表	230		圖2-4a	颱風泰利預測路徑圖	
表6-44	百略（4103）4張表	232			（2017/09/10）	064
表6-45	世坤（4305）4張表	234		圖2-4b	颱風泰利預測路徑圖	
表6-46	堃霖（4527）4張表	236			（2017/09/12）	065
表6-47	亞泰（4974）4張表	238		圖2-5	中鋼（2002）股價月線圖	066
表6-48	科誠（4987）4張表	240		圖2-6	台橡（2103）股價月線圖	067
表6-49	華祺（5015）4張表	242		圖2-7	中宇（1535）股價月線圖	069
表6-50	新鼎（5209）4張表	244		圖4-1a	董監事改選資訊查詢網站（1/2）	107
表6-51	高技（5439）4張表	246		圖4-1b	董監事改選資訊查詢網站（2/2）	107
表6-52	彩富（5489）4張表	248		圖5-1	台灣50的股價月線圖	130
表6-53	元大期（6023）4張表	250		圖5-2	上市公司的指數月線圖	131
表6-54	詩肯（6195）4張表	252				
表6-55	海韻電（6203）4張表	254				
表6-56	慶生（6210）4張表	256				
表6-57	普萊德（6263）4張表	258				
表6-58	訊德（6292）4張表	260				
表6-59	廣積（8050）4張表	262				
表6-60	鉅邁（8435）4張表	264				
表6-61	長興（1717）4張表	266				
表6-62	豐興（2015）4張表	268				
表6-63	正新（2105）4張表	270				
表6-64	矽品（2325）4張表	272				
表6-65	廣達（2383）4張表	274				
表6-66	群光（2385）4張表	276				
表6-67	興富發（2542）4張表	278				
表6-68	華南金（2880）4張表	280				
表6-69	玉山金（2884）4張表	282				
表6-70	中信金（2891）4張表	284				
表6-71	第一金（2892）4張表	286				
表6-72	大聯大（3702）4張表	288				
表6-73	遠傳（4904）4張表	290				
表6-74	瑞儀（6176）4張表	292				
表6-75	中鼎（9933）4張表	294				
圖2-1	台積電（2330）股價月線圖	057				

NOTE

298

NOTE

國家圖書館出版品預行編目(CIP)資料

理科阿伯的存股術：股素人、卡小孜教你資產翻倍的12個選股方法！/ 股素人、卡小孜著
－－ 二版 －－ 新北市；大樂文化 , 2019.12
面； 公分. －（優渥叢書）（Money；30）

ISBN 978-957-8710-51-1（平裝）
1. 股票投資　2. 投資技術　3. 投資分析
563.53　　　　　　　　　　　　　　　　　　　　　108019731

Money　030

理科阿伯的存股術

股素人、卡小孜教你資產翻倍的12個選股方法！
（原書名：《股素人、卡小孜的收租股總覽Ⅱ》）

作　　者／股素人、卡小孜
封面設計／蕭壽佳
內頁排版／思　思
責任編輯／林映華
主　　編／皮海屏
圖書企劃／王薇捷
發行專員／劉怡安
會計經理／陳碧蘭
發行經理／高世權、呂和儒
總編輯、總經理／蔡連壽
出 版 者／大樂文化有限公司（優渥誌）
　　　　　　地址：220 新北市板橋區文化路一段 268 號 18 樓之一
　　　　　　電話：（02）2258-3656
　　　　　　傳真：（02）2258-3656
　　　　　　詢問購書相關資訊請洽：2258-3656
　　　　　　郵政劃撥帳號／50211045　戶名／大樂文化有限公司

香港發行／豐達出版發行有限公司
地址：香港柴灣永泰道 70 號柴灣工業城 2 期 1805 室
電話：852-2172 6513　傳真：852-2172 4355

法律顧問／第一國際法律事務所余淑杏律師
印　　刷／科億印刷有限公司

出版日期／2018 年 2 月 5 日
　　　　　2019 年 12 月 30 日二版
定　　價／350 元　　（缺頁或損毀的書，請寄回更換）
Ｉ Ｓ Ｂ Ｎ　978-957-8710-51-1